Level **7**

READER'S BANK

Plant the Seeds of Love for English!

저는 독해집의 사명이 흥미로운 지문을 통해서 독해력을 향상시키는 것이라고 생각합니다. 그리고 독해력 향상 못지않게 중요한 것이 바로 독자들의 가슴에 영어에 대한 사랑의 씨앗을 심어주는 것이라고 굳게 믿고 있습니다. 이런 이유로 저희 영어연구소에서는 독자들에게 영어에 대한 흥미와 호기심을 불어넣을 수 있는 지문을 찾기 위해 많은 노력을 했습니다.

저희들이 심은 사랑의 씨앗들이 독자들의 가슴에서 무럭무럭 자라나서 아름다운 영어 사랑의 꽃을 피우면 얼마나 좋을까요! 먼 훗날 독자들로부터 리더스뱅크 덕분에 영어를 좋아하게 되었다는 말을 들을 수 있다면 저희들은 무한히 기쁠 것입니다.

이 책을 만들기 위해 지난 2년간 애쓰신 분들이 많습니다. 흥미와 감동을 주는 글감을 만드느라 함께 노력한 저희 영어연구소 개발자들, 완성도 높은 지문을 위해 수많은 시간 동안 저와 머리를 맞대고 작업한 Quinn(집에 상주하는 원어민 작가), 지속적으로 교정과 편집을 해주신 Richard Pak(숙명여대 교수), 채영인 님(재미 교포 편집장) 등 모두에게 깊은 감사를 드리며, 지난 30년간 지속적으로 이 책의 클래스룸 테스팅에서 마지막 교정까지 열정적으로 도와주신 김인수 선생님께도 고맙다는 말씀 전하고 싶습니다.

리더스뱅크 저자
이 장 돌 올림

About Reader's Bank

지난 35년 동안 대한민국 1,400만 명이 넘는 학생들이 Reader's Bank 시리즈로 영어 독해를 공부하였습니다. '영어 독해서의 바이블' Reader's Bank는 학생들의 영어 학습을 효율적으로 이끌 수 있도록 끊임없이 양질의 콘텐츠를 개발할 것입니다.

1 10단계 맞춤형 독해 시스템!

Reader's Bank는 초등 수준에서 중·고등 수준까지의 다양한 독자층을 대상으로 만든 독해 시리즈입니다. Level 1~Level 10 중에서 자신의 실력에 맞는 책을 골라 차근차근 체계적으로 단계를 밟아 올라가면 자신도 모르는 사이에 점차적으로 독해 실력이 크게 향상될 것입니다.

2 흥미도 높은 지문과 양질의 문제!

Reader's Bank 시리즈는 오랜 준비 기간에 걸쳐, 유익하고 흥미로운 지문들을 엄선하여 수록하였습니다. 지문에 딸린 문제들은 기본적으로 수능 경향에 초점을 맞추었지만 내신에 많이 등장하는 문항들도 적절한 비중으로 포함시켜서, 장기적인 목표인 수능과 단기적인 목표인 내신을 모두 대비할 수 있도록 균형 있게 다루었습니다.

3 문법, 어휘 및 쓰기 실력을 키워주는 다양한 연습 문제와 QR 코드

독해 지문에 나온 어휘와 문법은 Review Test와 Workbook을 통해 복습할 수 있으며, 지문을 원어민의 음성으로 읽어주는 MP3 파일은 QR 코드 스캔 한 번으로 들을 수 있습니다.

How to Study

흥미로운 영어 지문

- 지식과 상식을 풍부하게 만드는 알찬 영어 지문으로 구성
- 설문을 통해 학생과 선생님이 관심 있는 주제로 선정
- 다수의 원어민과 오랜 경험을 가진 선생님들의 현장 검토 실시
- 난이도 별 표시 / 어휘 수
  난이도: ★★★ 상 / ★★☆ 중 / ★☆☆ 하
  어휘 수: 지문을 구성하는 단어의 개수
- QR 코드
  스마트폰으로 스캔하여 생생한 원어민 음성으로 녹음한 지문 MP3 청취

- **Grammar Link**
  – 지문에서 사용한 핵심 문법을 예문으로 간결하게 정리
  – 교과서 핵심 문법으로 쉽고 빠르게 학교 시험 대비

35

Job

★★☆ / 180 words

In ten years, what will be the most important job? Some experts predict that it will be "big data specialist." Then, what is big data? It refers to extremely large user data sets that are analyzed by computers. A big data specialist's job is to pick out only the most important pieces of information out of millions of user data.

YouTube is a good example of what a big data specialist does. When you log on to YouTube, it shows videos that are similar to the ones you've watched. How do big data specialists know what you like? They first go through your user data and look at which sites you frequently visit. By doing so, they figure out what interests you and recommend what you are likely to love. Furthermore, they monitor your activities on Facebook or Instagram to keep track of your buying and behavior patterns.

As the demand for big data analysis increases, _____
_____. If you're thinking of your future career, why don't you consider becoming a big data specialist?

> **Grammar Link**
> 8행 | **부정대명사 one**: 앞에 나온 명사의 반복을 피하기 위해 사용한다.
> Boiled potatoes are healthier than fried **ones**. ▶ = potatoes
> 삶은 감자가 튀긴 것들보다 건강에 더 좋다.
> As I missed the train, I waited for the next **one**. ▶ = train
> 내가 기차를 놓쳤기 때문에, 나는 다음 것을 기다렸다.
>
> 불특정한 대상을 나타낼 때는 it, them 등의 지칭 대명사를 쓰지 않아요.

112 | LEVEL 7

English Only

영어 문제와 단어 영영 풀이

Review Test

Unit 마무리 어휘·문법 문제

Word Hunter

흥미로운 단어 퍼즐

Laugh & Think

위트가 넘치는 만화

정답과 해설 p.68

1 이 글의 제목으로 가장 적절한 것은?

① A Short History of Big Data
② How to Find the Best Big Data Specialist
③ Big Data Specialists: A Promising Future Job
④ How to Be a Successful YouTube Video Maker
⑤ Skills Necessary to Become a Big Data Specialist

2 이 글의 빈칸에 들어갈 말로 가장 적절한 것은?

① social media will rely on big data
② people will use social media more carefully
③ the importance of social media will increase
④ the demand for big data specialists will increase
⑤ people will have more difficulty dealing with big data

[서술형]

3 다음은 이 글의 내용을 설명한 것이다. 빈칸에 들어갈 말을 보기 에서 골라 쓰시오.

〈How big data specialists know what you like〉

> They look into your (A) _____ data and monitor
> (B) _____ you visited most often.
>
> ↓
>
> They find out what your (C) _____ are.
>
> ↓
>
> They make (D) _____ on what you are likely to love.

┌ 보기 ────────────────────────┐
│ interests   user   suggestions   websites │
└──────────────────────────────┘

G

4 다음 문장의 괄호 안에서 알맞은 것을 고르시오.

(1) This box is too small. I need a bigger (one / it).
(2) I lost my textbook yesterday. I couldn't find (one / it).

Did You Know?

SNS? No, Social Media!

우리가 많이 사용하는 SNS는 Social Network Services(또는 Sites)의 약자로, 트위터, 페이스북, 웨이보와 같은 소셜 네트워크 서비스를 일컫는다. 하지만 SNS는 실제로 영어권에서는 사용하지 않는 말이다. SNS대신 social media라고 해야 올바른 표현이다.

Words

expert 전문가
predict 예측하다
refer to ~을 나타내다
extremely 극도로, 극히
user data set 사용자가 만들었거나 사용한 자료의 집합체
analyze 분석하다
(n. analysis 분석)
pick out ~을 고르다
log on to ~에 접속하다
go through
~을 살펴보다, 조사하다
frequently 자주, 흔히
figure out ~을 알아내다
interest ~에 관심[흥미]을 끌다;
관심, 흥미
recommend 추천하다
monitor 모니터하다, 감시하다
keep track of
~을 기록하다, 따라[파악]하다
behavior pattern 행동 패턴
demand 요구, 수요; 요구하다
career 직업
consider 고려하다
囲 1. promising 유망한
  2. social media 소셜 미디어
    (소셜 네트워크 서비스)

· · · · ·
핵심을 찌르는 다양한 문제

● **지문 이해에 꼭 필요한 다양한 유형의 문제들로 구성**

● **서술형 내신 문제** [서술형]
  주관식, 도식화, 서술형 등 다양한 유형의 문제로 내신 대비

● **문법 문제** G
  Grammar Link에서 익힌 문법을 문제를 통해 확인

●**Did You Know?**
  지문 내용과 함께 알아두면 좋은 흥미진진한 배경지식

● **Words**
  지문 속 주요 단어와 표현 정리

책 속의 책

정답과 해설

친절한 해설, 지문 끊어 읽기, 구문 풀이

Workbook

단어 정리와 지문 해석 연습

단어장

지문별 주요 단어 정리 및 우리말 발음 제시

Contents

Contents

"People with goals succeed
because they know where they are going."

목표가 있는 사람은 성공한다.
어디로 가고 있는지 알기 때문이다.

— Earl Nightingale (얼 나이팅게일)

01

Art

★★☆ / 160 words

An unusual art contest took place in the United States in 2018. The artists taking part were robots! 19 international teams of humans and their robots participated and made over 100 paintings. The competition's rules were simple. All the paintings had to be made with real brushes and paint. The robot did the actual painting, but it was the human who came up with the idea and directed the robot.

Some robots painted creative landscapes. Others copied great artworks from the past. For example, the robot that took first place copied a painting by the famous French artist Cézanne. Amazingly, the robot identified and reproduced the painting's pattern on its own.

Some artists object to using robots for art on the grounds that it cannot reflect human creativity. However, artists who use robots disagree. Their reasoning is simple: robot art is just a new genre of art. Robots are tools for creative expression in the same way that cameras are.

Grammar Link

6행 | **It is + 강조 어구 + that[who] ~:** ~한 것은(사람은) 바로 …이다

It was <u>Paul</u> **that[who]** called me this morning.
오늘 아침에 내게 전화한 사람은 바로 Paul이었다.

It was <u>the woman</u> **that[who]** helped the old lady to get on the bus.
그 노부인이 버스에 타도록 도와준 사람은 바로 그 여자였다.

강조하는 어구가 사람일 때,
that 대신 who로 바꿔
쓸 수 있어요.

1 이 글의 제목으로 가장 적절한 것은?

① The Popularity of Robot Art
② Robot Painting: A New Form of Art
③ The Influence of Art on Technology
④ How Robots Reproduce French Art
⑤ Modern Versions of Cézanne's Works

2 밑줄 친 An unusual art contest에 관한 설명 중, 이 글의 내용과 일치하지 <u>않는</u> 것은?

① 2018년에 미국에서 열렸다.
② 사람과 로봇으로 구성된 19개의 팀이 참가했다.
③ 로봇들이 붓과 물감으로 그림을 그렸다.
④ 작업의 전 과정이 모두 로봇에 의해 이루어졌다.
⑤ 유명 화가의 작품을 모방한 그림도 나왔다.

3 다음 대화의 괄호 안에서 알맞은 것을 고르시오.

> Bora I'm (for / against) the use of robots to create arts. They just copy paintings by famous artists.
>
> Sumin I disagree. Just like cameras, robots are simply (tools / patterns) for creative works.

Ⓖ

4 다음 문장에서 강조하고 있는 부분에 밑줄 치시오.

(1) It was his advice that we all decided to follow.

(2) It is my mom who is speaking in front of the people.

Did You Know?

로봇 미술 경진 대회
(The Robot Art Competition)

2018년 로봇 미술 경진 대회의 대상은 미국의 한 로봇 엔지니어가 개발한 '클라우드페인터(CloudPainter)'가 차지했다. 우승한 작품은 폴 세잔(Paul Cézanne)의 「레스타그의 집들」을 인공지능이 재해석해 로봇 팔로 그린 것으로, 클라우드페인터는 대회가 시작된 2016년부터 계속 작품을 낸 끝에 2017년 3위에 이어 대상을 거머쥐었다고 한다.

Words

take part (in) (~에) 참여하다
(=participate (in))
competition 경연 대회, 시합
(=contest)
actual 실제의
come up with
~을 내놓다, 제시하다
direct 지시[명령]하다
(n. director 책임자, 감독)
landscape 풍경; 풍경화
copy 모방하다, 베끼다
artwork 미술품
take first place 1위를 차지하다
identify 찾다, 발견하다, 식별하다
reproduce
다시 만들어 내다, 재현하다
on one's own 혼자, 혼자 힘으로
object to ~에 반대하다
on the grounds that
~라는 근거[이유]로
reflect 나타내다, 반영하다
reasoning 추론, 추리
genre 장르, 유형
tool (목적을 이루기 위한) 도구[수단]
expression 표현
문 1. influence 영향
version 판, 형태
3. for ~에 찬성하는
(↔ against ~에 반대하는)

02

Technology

★ ☆ ☆ / 133 words

The world is running out of fossil fuels like coal and oil. Then, what will be the next main source of energy? Scientists say the best alternative is hydrogen. 3

Hydrogen is ideal for a couple of reasons. First, it is an infinite source of energy. We don't have to worry about using it up because it is made from water and is recycled back into water after 6 use. Also, hydrogen generates water vapor when burned and does not emit smoke, so it is considered "clean energy" that can protect the environment. 9

However, we have not yet found a way to produce hydrogen at a low cost. Hydrogen can also explode, so we need to be careful when storing it. If these problems are solved, hydrogen might 12 become the best energy source for us.

Grammar Link

7/12행 | 접속사와 함께 쓰는 분사구문

접속사의 의미를 강조하기 위해 접속사와 함께 써요.

While working, he often drank coffee. ▶ = While he worked,
그는 일을 하는 동안, 종종 커피를 마셨다.

Hydrogen generates water vapor **when burned**. ▶ = when it is burned
수소는 연소될 때, 수증기를 발생시킨다.

1 이 글의 제목으로 가장 적절한 것은?

① Problems of Hydrogen Energy
② The Process of Producing Hydrogen
③ Everything You Need to Know about Hydrogen
④ The Role of Hydrogen in the Global Energy System
⑤ Hydrogen: The Perfect Energy Source for the Future

2 다음 hydrogen의 장점과 단점을 정리한 것 중 <u>잘못된</u> 것은?

Advantages	Disadvantages
① unlimited energy	④ risk of explosion
② no pollution	⑤ difficulty of storage
③ low cost of production	

서술형

3 이 글의 내용과 일치하도록 빈칸에 알맞은 말을 본문에서 찾아 쓰시오.

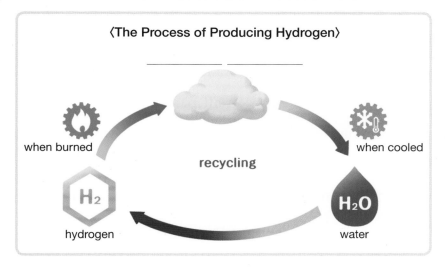

〈The Process of Producing Hydrogen〉

when burned / recycling / when cooled / H₂ hydrogen / H₂O water

Words

run out of ~을 다 써버리다, ~이 없어지다
fossil fuel 화석 연료
coal 석탄
source 근원, 원천
alternative 대안, 선택 가능한 것
hydrogen 수소
ideal 이상적인, 가장 알맞은
infinite 무한한 (↔ finite 유한한)
use up ~을 다 쓰다, 다 써버리다
recycle (폐품을) 재활용하다
generate 발생시키다, 만들어 내다
water vapor 수증기
burn (연료를) 태우다
emit (빛·열·가스 등을) 내다[내뿜다]
protect 보호하다
environment 환경
at a low cost 적은 비용으로
explode 터지다, 폭발하다
(*n*. explosion 폭발)
store 저장하다, 보관하다; 가게
(*n*. storage 저장)
문 **2. unlimited** 무한한, 무제한의
risk 위험

Ⓖ

4 다음 두 문장이 같은 뜻이 되도록 빈칸에 알맞은 말을 쓰시오.

While he was reading a comic book, he listened to K-pop.
= _____ _____ a comic book, he listened to K-pop.

03
Language

★★★ / 219 words

▲ William Shakespeare (1564~1616)

Today, people like simple sentence structures. For example, instead of saying "We gave the tree water," we prefer to say "We watered the tree." Also, instead of saying, "He gave me the courage ₃ to speak up," we prefer to say "He encouraged me to speak up." But it was not always this way. Hundreds of years ago, nouns were only used as nouns and verbs were only used as verbs. However, one ₆ person changed all of this. His name was William Shakespeare, a 16th-century *playwright.

Shakespeare knew that he could not express himself fully by ₉ using nouns only as nouns or verbs only as verbs. So he tried breaking the rules of grammar. He used nouns as verbs without changing the words, and sometimes made nouns into verbs by ₁₂ adding prefixes. For example, in *Othello*, he wrote, "encave yourself" instead of "put yourself in a cave."

When people saw Shakespeare doing this, they were impressed ₁₅ and started following him. Nowadays we go one step further and try to erase the lines between all parts of speech (noun, verb, adjective and adverb, etc.). We use adjectives as verbs and verbs as ₁₈ nouns. These developments enriched the English language and gave its speakers more freedom. Next time you see a noun used as a verb, think of Shakespeare's wisdom!

*playwright 극작가

Grammar Link

10행 | **try + -ing**: (시험 삼아) ~해보다
I **tried fixing** the machine, but it didn't work.
나는 그 기계를 고쳐봤지만, 그것은 작동하지 않았다.

17행 | **try + to부정사**: ~하려고 애쓰다
He **tried to listen** to the teacher's suggestions. 그는 선생님의 제안을 들으려고 애썼다.

1 이 글의 내용을 한 문장으로 요약하고자 할 때, 빈칸 (A), (B)에 가장 적절한 것은?

> Since Shakespeare ___(A)___ the lines between parts of speech, we have more ___(B)___ in using the English Language.

	(A)		(B)
①	erased	·····	problems
②	added	·····	freedom
③	erased	·····	freedom
④	added	·····	problems
⑤	divided	·····	wisdom

2 영어에 관한 설명 중, 이 글의 내용과 일치하지 <u>않는</u> 것은?

① 수백 년 전에는 명사는 명사로만 사용했다.

② Shakespeare는 당대의 문법으로는 자신을 충분히 표현할 수 없었다.

③ 사람들은 Shakespeare의 문법 파괴를 좋아하지 않았다.

④ 요즘에는 영어 품사의 경계가 모호해졌다.

⑤ Shakespeare는 영어의 표현을 풍부하게 하는 데 기여했다.

(서술형)

3 이 글의 밑줄 친 These developments의 내용과 일치하도록 다음 문장을 보기 처럼 바꿔 쓰시오.

┌ 보기 ─────────────────────────
We gave the tree water. → We watered the tree.
└────────────────────────────────

She sent me an email. → _____

Ⓖ

4 다음 우리말과 일치하도록 주어진 단어를 이용해 빈칸에 알맞은 말을 쓰시오.

나는 내 가족들을 위해서 크리스마스 쿠키를 한 번 만들어 봤다. (try, make)

I _____ _____ Christmas cookies for my family.

Words

water 물; (화초 등에) 물을 주다
courage 용기
(v. encourage 용기를 북돋우다, 격려하다)
speak up 더 크게 말하다, 털어놓고 말하다
noun 명사
verb 동사
break the rules 규칙을 위반하다[깨뜨리다]
grammar 문법
prefix 접두사
cave 동굴
impressed 감명[감동]을 받은
(n. impression 인상, 느낌)
erase 지우다, 없애다
line 선, 경계(선)
part of speech 품사
adjective 형용사
adverb 부사
enrich 질을 높이다, 풍요롭게 하다

Review Test

정답과 해설 p.07

1 밑줄 친 부분과 유사한 의미의 단어는?

> We had no <u>alternative</u> but to eat pizza.

① tool   ② choice   ③ advice   ④ information

2 다음 중 나머지 셋을 모두 포함할 수 있는 것은?

① hill   ② river   ③ tree   ④ landscape

3 우리말 풀이가 <u>틀린</u> 것은?

① at a low cost: 적은 비용으로   ② parts of speech: 품사들
③ use up the energy: 에너지를 다 쓰다   ④ take first place: 처음 개최하다

[4-5] 다음 영영 풀이에 해당하는 단어를 고르시오.

4
> tell someone what they should do

① direct   ② identify   ③ recycle   ④ reproduce

5
> a word that refers to a person, place or thing

① verb   ② noun   ③ adverb   ④ adjective

[6-7] 다음 우리말과 일치하도록 주어진 말을 바르게 배열하시오.

6 식사하는 동안 그는 아무 말도 하지 않았다.

He didn't _____.
              (while / say / eating / anything)

7 어제 나와 테니스를 친 사람은 바로 James였다.

_____ played tennis with me yesterday.
      (who / it / James / was)

8 다음 우리말에 맞게 빈칸에 알맞은 말을 쓰시오.

그는 지루한 책을 읽어봤지만, 잠들 수 없었다.
He _____ _____ a boring book, but he couldn't fall asleep.

04

Plants

★ ★ ☆ / 134 words

Can you imagine a tree that talks? Of course, no tree has lips or says words. Strange as it may sound, some trees do manage to communicate. For instance, a *willow tree sends out a special smell when it is attacked by insects. Then, other willow trees in the area catch this smell. Knowing that harmful insects are nearby, they quickly make a certain chemical in their leaves. This chemical drives the insects away from the willow trees. In the same way, *poplars send out a warning smell to their fellow trees when they are invaded by *caterpillars. Then, the trees that receive the signal give out disgusting chemicals to drive away the insects. So for some trees, their smell acts as a good means of ____(A)____ as well as ____(B)____ against their enemies.

*willow tree 버드나무 *poplar 포플러나무 *caterpillar 애벌레

Grammar Link

2행 | 형용사 + as + 주어 + 동사 ~: 비록 ~일지라도 (양보)

Young as she is, she is very wise.
= **Though** she is **young**, she is very wise.

Strange as it may seem, the story is based on facts.
= **Although** it may seem **strange**, the story is based on facts.
이상하게 보일지 몰라도, 그 이야기는 사실에 근거하고 있다.

「though(although) + 주어 + 동사 + 형용사 ~」로 바꿔 쓸 수 있어요.

1 이 글의 빈칸 (A)와 (B)에 들어갈 말로 가장 적절한 것은?

	(A)		(B)
①	communication	·····	defense
②	warning	·····	invasion
③	communication	·····	strength
④	expression	·····	defense
⑤	expression	·····	invasion

2 이 글의 내용과 일치하는 것은?

① 버드나무는 곤충을 유인하기 위해 냄새를 풍긴다.
② 버드나무는 뿌리에서 독성 화학 물질을 만들어 낸다.
③ 포플러나무는 잎 색깔을 바꿔 근처 나무들에게 경고한다.
④ 포플러나무는 애벌레를 내쫓기 위해 화학 물질을 뿜어낸다.
⑤ 애벌레들은 여러 화학 물질에 내성을 가지고 있다.

3 이 글의 흐름에 맞게 순서대로 배열하시오.

[1] Willow or poplar trees are attacked by insects.

[ ] The trees nearby make the chemical that the insects don't like.

[ ] The insects go away, and the trees succeed in driving them away.

[ ] They send out a warning smell to their fellow trees.

Ⓖ

4 다음 두 문장이 같은 뜻이 되도록 빈칸에 알맞은 말을 쓰시오.

Though the rose is beautiful, it has many thorns.

= _____ _____ the rose is, it has many thorns.

Words

manage to 용케 ~하다
send out (빛·향기 등을) 방출하다
(=give out)
catch 알아채다, 포착하다
harmful 유해한
chemical 화학 물질; 화학의
drive away ~을 쫓아내다
fellow 동료의, 같은 처지에 있는
invade 침입하다
(*n*. invasion 침입)
disgusting 역겨운
means 수단
cf. mean 의미하다; 못된
문 1. **defense** 방어, 수비
    warning 경고
   4. **thorn** 가시

05

Origin

★☆☆ / 160 words

When you think of the country Iceland, you probably imagine a very cold place covered with ice.

(A) He then went sailing and discovered a terrible place covered ₃ with ice. But he wanted to attract people to the place, so he named it Greenland! His trick worked well, and lots of Vikings moved to Greenland. ₆

(B) Greenland, on the other hand, makes you think of a land covered with plants. Most of Greenland, however, is covered with ice. It was named by Erik the Red, another Viking. After ₉ he killed someone on Iceland, he was kicked off the island.

(C) But this is not true. Although Iceland is located quite far north, it is warmed by the *Gulf Stream and its natural hot ₁₂ springs. Only 11% of Iceland is covered with ice, and it is mostly green in the summer. So why is it called Iceland? A Viking explorer who didn't like the island called it Iceland as ₁₅ an insult to the place.

* **Gulf Stream** 멕시코 만류

Greenland

Iceland

Greenland

Iceland

Grammar Link

2/3/7행 | 「주격 관계대명사 + be동사」의 생략

a very cold place (**which**[**that**] **is**) covered with ice
얼음으로 뒤덮인 매우 추운 곳
Sam is always kind to people (**who are**) around him.
Sam은 그의 주변에 있는 사람들에게 항상 친절하다.

「주격 관계대명사 + be동사」가
생략되면 뒤에 남아 있는
형용사구, 분사구, 전치사구가
앞의 명사를 꾸며줘요.

1 이 글의 (A), (B), (C)를 글의 흐름에 맞게 순서대로 배열한 것은?

① (A) – (B) – (C)　　　　② (A) – (C) – (B)

③ (B) – (A) – (C)　　　　④ (C) – (A) – (B)

⑤ (C) – (B) – (A)

2 이 글의 제목으로 가장 적절한 것은?

① The Beauty of Iceland and Greenland

② The Explorers of Iceland and Greenland

③ Misleading Names of Iceland and Greenland

④ The Viking Legends in Iceland and Greenland

⑤ The Vikings' Ways of Life in Iceland and Greenland

(서술형)

3 다음은 Iceland와 Greenland를 비교한 것이다. 각 빈칸에 알맞은 말을 본문에서 찾아 쓰시오.

	🏳 Iceland	🏳 Greenland
Environment	a quite warm, mostly (A) _____ place	a tough place covered with (C) _____
The person who named It	A Viking explorer	Erik the Red
Why it was named so	The explorer didn't like the place and wanted to give it a bad name as a(n) (B) _____.	Erik the Red wanted to (D) _____ people to the place.

Ⓖ

4 다음 문장에서 「관계대명사＋be동사」가 생략된 곳을 찾아 알맞은 형태로 써 넣으시오.

(1) Look at the tall girls sitting on the bench.

(2) He was holding a bag full of cookies.

Words

sail 항해하다
discover 발견하다
attract 끌어들이다
(*a.* attractive 매혹적인)
name 이름을 지어주다, 명명하다; 이름
trick 교묘한 방법, 속임수
work (원하는) 효과가 나다; 일하다
be kicked off ～에서 쫓겨나다
cf. kick off 쫓아내다
be located 위치하다, ～에 있다
hot spring 온천
explorer 탐험가
(*v.* explore 탐험하다)
insult 모욕, 무례; 모욕하다
[문] 2. **misleading** 오해의 소지가 있는
3. **tough** 힘든, 거친

Are two foods with the same number of calories equally nutritious? The answer is no. Let's consider a sweet potato and a soft drink. What's the difference between 100 calories of a sweet potato and 100 calories of a cola? Sweet potatoes provide our body with valuable nutrients such as *carbohydrates and proteins, as well as a number of vitamins and minerals. So if you consume 100 calories of a sweet potato, they will mostly be burned as your body takes in the nutrients. _____, a cola has almost no nutrients; it's just sugar. Moreover, if you consume too much sugar at once, your body cannot process it quickly. So if you consume 100 calories of a cola, your body is likely to store most of the sugar in its liver as fat.

The bottom line is that you should not make decisions about what to eat based on the number of calories alone. It's important to be aware of not only how many calories you're taking in each day, but also how they affect your body. Knowing the nutritional value of your food will help you make smarter food choices.

*carbohydrate 탄수화물

1 According to the passage, which set of words best fits in blanks (A) and (B)?

> Two foods with the same number of ___(A)___ can have different ___(B)___ .

       (A)   (B)

① calories   ····· vitamins and minerals

② nutrients ····· burning rate

③ nutrients ····· calorie values

④ calories   ····· burning rates

⑤ calories   ····· nutritional values

2 Write T if the statement is true, or F if it is false.

(1) _____ A sweet potato has less carbohydrates and sugar than a cola.

(2) _____ When you drink a cola, it can be mostly stored as fat.

(3) _____ When you choose food, the number of calories is the most important.

3 Which one best fits in the blank?

① Besides   ② Similarly

③ As a result   ④ In contrast

⑤ For instance

Words

nutritious	영양가가 높은, 영양분이 많은 (*cf.* nutritional 영양상의) / having substances that you need to be healthy and grow
soft drink	청량음료 / a cold drink that is usually sweet
provide A with B	A에게 B를 공급하다 / give someone something that they need
valuable	소중한, 귀중한, 가치가 큰 (*n.* value 가치) / very useful or helpful
nutrient	영양소, 영양분 / a substance that helps plants and animals to live and grow
consume	먹다; 마시다 / eat or drink something
take in	(몸속으로) ~을 섭취[흡수]하다 / absorb something into the body
at once	한번에, 동시에 / together, at the same time
process	처리하다 / make food, materials or goods ready to be used
store	저장하다 / put things away and keep them until you need them
liver	간 (신체 기관) / a large organ in the body that cleans the body and stores nutrition
be aware of	~을 알다 / know or realize something
affect	영향을 미치다 / produce an effect on

Review Test

[1-3] 다음 빈칸에 알맞은 단어를 고르시오.

1

The food is very _____ as it is rich in proteins and vitamins.

① fellow   ② natural   ③ disgusting   ④ nutritious

2

A good gesture in one country can be a(n) _____ in other countries.

① trick   ② insult   ③ decision   ④ enemy

3

I ride the bus as a(n) _____ of transportation when I go to work.

① signal   ② means   ③ invasion   ④ warnings

[4-5] 다음 문장이 같은 의미가 되도록 빈칸에 알맞은 말을 보기 에서 골라 쓰시오.

┌ 보기 ┐
attempted   aware   afraid   managed

4 She was not _____ of the danger up ahead.

= She did not know the danger up ahead.

5 He _____ to achieve his goal.

= He achieved his goal after having a lot of difficulty.

6 빈칸에 공통으로 들어가기에 알맞은 것은?

• My mom and dad _____ in the same company.
• The plan didn't _____, so our team couldn't finish the project in time.

① act   ② work   ③ discover   ④ communicate

[7-8] 다음 두 문장이 같은 의미가 되도록 빈칸을 채우시오.

7 I gave her a ring which was made of gold.

= I gave her a ring _____ _____ _____.

8 Although he is young, he is very smart.

= _____ _____ _____ _____, he is very smart.

Word Hunter

● 주어진 영영 풀이나 우리말에 해당하는 단어로 퍼즐을 완성하시오.

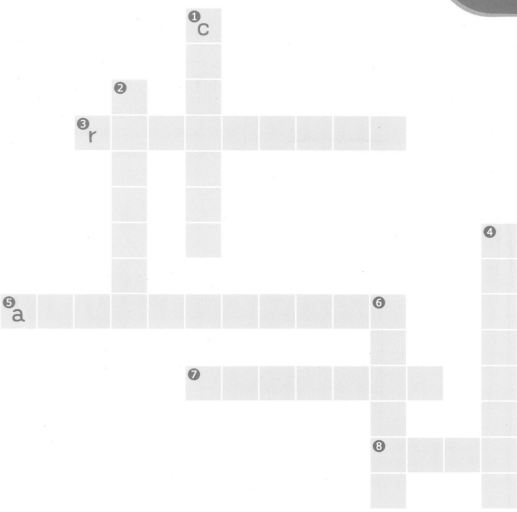

Across
❸ 판단을 내리기 위해 어떤 것에 대해 신중하게 사고하는 과정
❺ something you can choose instead of something else
❼ paintings and objects produced by artists
❽ a large hole in the side of a hill or under the ground

Down
❶ eat or drink something
❷ the act of protecting something or someone from attack
❹ someone who travels through an unknown area to find out about it
❻ 어떤 것의 질을 향상시키다

When the Internet Takes Over...

해석 [인터넷이 지배할 때…] 내가 오렌지 주스 사오라고 하지 않았어? 도대체 내 말을 듣는 법이 없어!

UNIT

03

07

Health

★★☆ / 152 words

"We are too clean!" says Professor Robin Marks. "That's why dry skin is so common today." He explains how hot water removes natural oils from our skin: "Think of a buttery knife under hot ₃ water. Hot water melts the oil and washes it away. ____(A)____, hot water washes away the natural oil that your body produces to protect your skin. If you add soap to hot water, your skin may ₆ become too dry and even get damaged. We bathe so often that soap is not really necessary."

Many skin doctors also advise people not to use too much soap ₉ for different reasons. They say that soap can contain harmful chemicals. These can be absorbed through our skin and damage our nerves and organs. ____(B)____, if overly used, soaps might remove ₁₂ beneficial bacteria living on your skin. Doctors suggest that, if you must shower every day, you take a warm shower without soap.

Grammar Link

13행 | 제안, 주장, 요구, 명령의 동사 + that + 주어 + (should) + 동사원형 ~
They **suggested** that she (**should**) **give up** the plan. (○)
그들은 그녀가 그 계획을 포기할 것을 제안했다.
cf. They **suggest** that she **gives up** the plan. (×)
He **insisted** that Mary (**should**) **be** invited to the party.
그는 Mary가 파티에 초대되어야 한다고 주장했다.

주로 suggest, propose, insist, demand 등의 동사들이 함께 쓰여요!

1 이 글의 내용으로 보아, 다음 빈칸에 들어갈 말로 가장 적절한 것은?

> Both hot baths and _____ can be harmful for your skin.

① cold baths ② natural oils

③ too much soap ④ too much bacteria

⑤ dangerous chemicals

2 이 글의 빈칸 (A)와 (B)에 들어갈 말로 가장 적절한 것은?

	(A)		(B)
①	Likewise	·····	Also
②	Likewise	·····	In contrast
③	However	·····	In short
④	Besides	·····	In short
⑤	However	·····	Also

3 비누 사용에 대한 이 글의 내용과 일치하면 T, 일치하지 <u>않으면</u> F를 쓰시오.

(1) _____ Soap tends to dry out your skin.

(2) _____ Chemicals found in soaps don't affect your body.

(3) _____ Soaps only kill bad bacteria on your skin.

Ⓖ

4 다음 문장에서 어색한 부분을 찾아 바르게 고치시오.

그는 자신의 딸이 항상 저녁 8시 이전에 귀가해야 한다고 주장한다.

He insists that his daughter always comes home before 8 p.m.

Words

remove A from B
B로부터 A를 없애다, 제거하다
buttery 버터가 묻은; 버터가 든
melt 녹다, 녹이다
wash away ~을 씻어내다
get damaged 손상되다
cf. damage 손상을 주다; 손상
bathe 목욕하다 (= take a bath)
advise 조언하다, 충고하다
(*n.* advice 조언, 충고)
contain 포함하다, 함유하다
chemical 화학 물질
absorb 흡수하다 (= take in)
nerve 신경
organ (인체 내의) 장기, 기관
overly 지나치게, 몹시
beneficial 이로운
(*n.* benefit 혜택, 이득)
shower 샤워를 하다; 샤워
(= take a shower)
문 3. **dry out** ~을 건조하게 하다

08

Sports

★★★ / 185 words

What kind of factors affect the outcome of a baseball game? Surprisingly, the weather is one of the most important factors that influence the outcome of a game. This is because the weather affects the density of air, which is important for baseball. On cold, dry days, the air is thick. On hot, humid days, it is thin. 3

Hot air is thin. This means that when a baseball travels, there is less air for it to hit. So it travels farther when it is warm. When do batters hit the most home runs? It's usually in the summer. This is because it is warmer and more humid, especially during the rainy season. For example, during the 2017 KBO (Korea Baseball Organization) season, the average number of home runs per game was 2 in April, but 3 in July. 6 9 12

Home runs are more common high up in the mountains, too. Why? In high places, the air is thin, so the ball travels farther. This explains why the most home runs in the Major Leagues happen at Coors Field in Colorado, which is near the Rocky Mountains. 15

Grammar Link

11행 | **the number of + 복수형 명사 + 단수형 동사**: ~의 수

<u>**The number**</u> of cars in the city **is** rapidly increasing. 그 도시의 차량 수는 급격히 증가하고 있다.
　　주어　　　　　　　　　　단수형 동사

cf. a number of + 복수형 명사 + 복수형 동사: 많은 ~

A number of <u>people</u> **were** killed by the disease. 많은 사람들이 그 질병으로 사망했다.
　　　　　　주어　복수형 동사

1 이 글의 제목으로 가장 적절한 것은?

① How to Hit Home Runs

② Temperature Affects Air Weight

③ How a Baseball Travels in the Air

④ Why Home Runs Are on the Rise

⑤ The Effects of Weather and Altitude on Baseballs

서술형

2 이 글의 내용과 일치하도록 각 빈칸에 알맞은 말을 본문에서 찾아 쓰시오.

Cause	On hot, humid days, the air is (A) _____ , so there is (B) _____ air to hit a baseball.
Effect	The baseball travels (C) _____ on hot, humid days than on cold, (D) _____ days.

3 이 글의 내용과 일치하지 <u>않는</u> 것은?

① 날씨는 공기의 밀도에 변화를 가져온다.

② 공기의 밀도가 낮으면 공이 공기의 저항을 덜 받는다.

③ 한국에서는 여름보다 봄에 더 많은 홈런이 나온다.

④ 높은 지대에서는 야구공이 더 멀리 날아 간다.

⑤ 메이저리그에서는 쿠어스 필드에서 홈런이 가장 많이 나온다.

G

4 다음 문장의 괄호 안에서 알맞은 것을 고르시오.

(1) The number of newborn babies (is / are) decreasing in Korea.

(2) (A / The) number of teenagers want to be a singer.

Did You Know?

날씨와 공기의 저항

공기가 대기권의 일정한 면적을 누르고 있는 힘을 '기압'이라고 한다. 공기가 덥고 습하면 저기압이 형성되기 쉽고, 춥고 건조하면 고기압이 형성되기 쉽다. 보통 저기압일 때 공기의 밀도가 낮고, 고기압일 때 공기의 밀도가 높다. 따라서 덥고 습한 날씨에는 공기의 밀도가 낮아져 공기의 저항이 줄어든다. 반대로 공기의 밀도가 높은 춥고 건조한 날씨에는 공기의 저항이 크다. 날씨가 홈런에 영향을 미치는 이유가 여기에 있다.

Words

factor 요인
affect 영향을 미치다
(= influence)
outcome 결과
baseball 야구; 야구공
density 밀도
thick 짙은, 두꺼운 (↔ thin 희박한)
humid (날씨가) 습한
travel 이동하다; 여행하다
hit (저항하며) 부딪히다; 치다
(-hit-hit)
farther 더 멀리 (far의 비교급)
batter 타자
rainy season 장마철, 우기
average 평균의
per ~당, ~마다
문 1. **be on the rise**
증가하고 있다
altitude (해발) 고도, 높이
4. **decrease** 감소하다

09

Art

★★★ / 187 words

*Impressionism was a famous artistic movement that began in the late 19th century. Before Impressionism, most painters focused on traditional subject matters such as motionless objects, historical events and biblical stories. However, the Impressionists took an interest in the daily lives of ordinary people. For example, well-known Impressionists like Monet and Renoir often painted _____.

Moreover, the Impressionists had a completely different concept of color. Before the Impressionists, artists believed that everything had its own unique color. For instance, the sky was blue, apples were red and leaves were green. But the Impressionists realized that the color of an object constantly changes depending on the amount of sunlight and changes in the atmosphere. So they chose to paint the objects according to how they saw them in a particular place and moment. Probably the greatest contribution of the Impressionists is that they introduced the joy of perceiving things as we actually see them rather than as we are told to.

Impressionism began as a revolutionary approach toward the fine arts and soon became one of the most popular movements in art history.

*Impressionism 인상주의

▲ Édouard Manet, *The Monet Family in Their Garden at Argenteuil*, 1874

3

6

9

12

15

18

Grammar Link

17행 | 대부정사 to

동사(구)가 반복될 때 to만 남기고 동사(구)는 생략해요.

I would like to **help you**, but I won't be able to. (help you)
나는 너를 돕고 싶지만, 그럴 수 없을 것 같다.

You may **leave** now if you want to. 네가 원한다면 지금 떠나도 좋다.
(leave)

정답과 해설 p.17

1 이 글의 주제로 가장 적절한 것은?

① how to paint ordinary people's lives
② the features of Impressionist paintings
③ the negative influence of Impressionism
④ why Impressionist paintings are colorful
⑤ how Impressionism changed people's thoughts

2 이 글의 빈칸에 들어갈 말로 가장 적절한 것은?

① the Statue of Liberty
② Jesus carrying the Cross
③ scenes from the Trojan War
④ kings and queens in the palace
⑤ people enjoying picnics in the park

3 인상주의자들에 대한 이 글의 내용과 일치하면 T, 일치하지 않으면 F를 쓰시오.

(1) _____ They were interested in historical or biblical stories.

(2) _____ They thought that every object had its own fixed color.

(3) _____ They perceived things as they saw them without being influenced by tradition.

Ⓖ

4 다음 문장에서 밑줄 친 to 뒤에 생략된 말을 쓰시오.

(1) My boss asked me to work overtime, but I didn't want to.

(2) She wanted to go to the party, but her parents didn't allow her to.

Did You Know?

인상주의(Impressionism)

인상주의는 19세기 후반에서 20세기 초 프랑스를 중심으로 일어난 근대 예술운동으로 미술에서 시작하여 음악·문학 분야로 퍼져나갔다. 인상주의 미술은 모든 전통적인 회화 기법을 거부하고 색채·색조·질감 자체에 관심을 두는데, 이에 따라 인상파 화가들은 빛과 함께 시시각각으로 움직이는 색채의 변화 속에서 자연을 묘사하고, 색채나 색조의 순간적인 효과를 이용하여 눈에 보이는 세계를 정확하고 객관적으로 표현하려고 노력했다. 대표적인 인상파 화가로는 모네, 마네, 르누아르, 세잔, 고갱, 고흐 등이 있다.

Words

movement (조직적으로 벌이는) 운동; (몸의) 움직임
subject matter 주제, 소재
motionless 움직이지 않는, 가만히 있는
object 물체, 물건
biblical 성서의, 성서 속의 (n. bible 성서)
Impressionist 인상파 화가 (n. impression 인상, 느낌)
take an interest in ~에 관심을 갖다
ordinary 보통의, 평범한
constantly 끊임없이
depending on ~에 따라 cf. depend on ~에 의존하다
atmosphere 분위기, 대기 (지구를 둘러싼 공기층)
particular 특정한, 특별한
moment 순간, 때
contribution 기여, 이바지
perceive 인지[인식]하다
revolutionary 혁명적인, 획기적인
approach 접근법; 다가오다
fine arts 미술
문 1. **feature** 특징
    3. **fixed** 고정된, 변치 않는
    4. **work overtime** 초과 근무를 하다

Review Test

정답과 해설 p.19

1 짝지어진 단어의 관계가 나머지와 <u>다른</u> 것은?

① benefit – beneficial　　　　② bible – biblical

③ impression – Impressionist　　④ revolution – revolutionary

[2-3] 다음 영영 풀이에 해당하는 단어를 고르시오.

2

| being very wet and usually hot |

① dry　　　　② thin　　　　③ humid　　　　④ warm

3

| the feeling that an event or place gives you |

① approach　　② atmosphere　　③ influence　　④ situation

[4-5] 다음 빈칸에 공통으로 들어가기에 알맞은 것을 고르시오.

4

• People may not _____ things as they actually are.

• We cannot _____ any difference between these coins.

① perceive　　② believe　　③ remove　　④ absorb

5

• Many cities joined the bike riding _____ to reduce air pollution.

• They started a worldwide _____ to build houses for the homeless.

① object　　② moment　　③ contribution　　④ movement

6 다음 우리말에 맞게 주어진 단어를 이용해 빈칸에 알맞은 말을 쓰시오.

많은 사람들이 그 영화 배우를 만나려고 모였다. (number)

_____ _____ _____ people gathered to meet the movie star.

[7-8] 다음 중 생략할 수 있는 부분에 밑줄을 치시오.

7 I suggested that he should get up early to catch the train.

8 Jane didn't call him back because she didn't want to call him back.

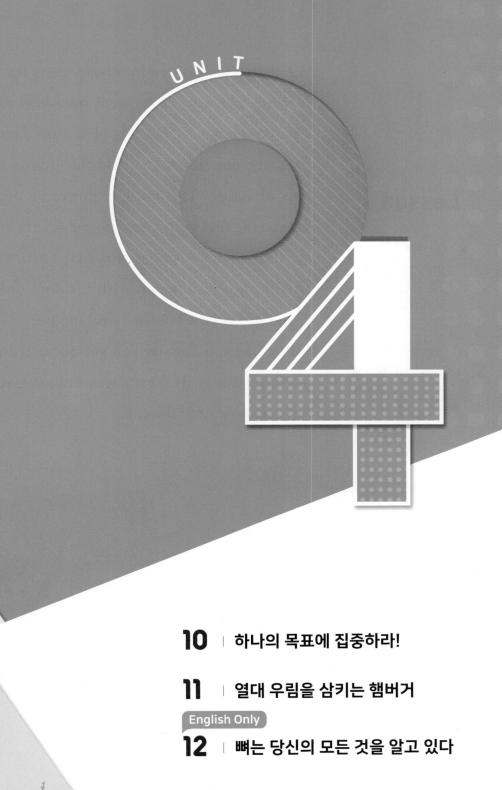

UNIT

04

HOLLYWOOD

10

Lesson

★ ☆ ☆ / 138 words

A man bought a new hunting dog. He was impatient to see how it would perform, so he went on a bear hunt. As soon as they entered the woods, the dog picked up a bear's trail. After some time, the dog stopped, sniffed the ground and then headed in a new direction. The dog had noticed a deer's trail, which had crossed the first trail. A few moments later, the dog stopped again, smelling a rabbit that had crossed the path of the deer. Finally, the tired hunter caught up with his dog, <u>only to find it barking proudly down the hole of a field mouse.</u>

Just like the dog, we can get distracted easily and fail while pursuing our goals. That's why once you set a goal, you should just stick to it until the end.

Grammar Link

8행 | **only + to부정사**: (~했으나) 결국 …하다

She hurried to the station, **only to find** that the last train had left a few minutes before.
그녀는 서둘러 역으로 갔으나, 결국 마지막 기차가 몇 분 전에 떠났다는 것을 알게 됐다.

He worked out so hard, **only to fail** to lose weight.
그는 매우 열심히 운동했지만, 결국 살을 빼는 데 실패했다.

'결과'를 나타내는 to부정사의 부사적 용법으로 기대와는 반대의 결과가 나올 때 사용해요.

1 이 글의 요지로 가장 적절한 것은?

① Just go ahead and take action.

② Don't be too hard on yourself.

③ Once you set a goal, just focus on it.

④ Do it now as tomorrow may never come.

⑤ When you try something new, be the first.

2 이 글의 밑줄 친 상황에서 사냥꾼이 느꼈을 감정으로 가장 적절한 것은?

① proud   ② scared

③ happy   ④ bored

⑤ disappointed

3 이 이야기를 들려주기에 가장 적절한 사람은?

① 할 일을 자꾸 잊어버리는 엄마

② 결심해도 3일을 못 가는 누나

③ 해야 할 일을 뒤로 미루는 아빠

④ 항상 음악을 들으면서 공부하는 동생

⑤ 가수를 지망했다가 갑자기 의사가 되겠다는 형

Ⓖ

4 다음 우리말과 일치하도록 주어진 말을 배열하시오.

그는 최선을 다했지만 결국 실패하고 말았다.

He did his best, _____.

(fail / to / only)

Words

be impatient to
~하고 싶어 안달하다 (=can't wait to)
perform 행하다, 수행하다
woods 숲 (forest보다는 작은 규모)
cf. wood 나무, 목재
pick up 탐지하다, 포착하다
trail 지나간 자국, 흔적
sniff (킁킁거리며) ~의 냄새를 맡다
head (특정 방향으로) 향하다; 머리
notice 알아채다, 인지하다
cross 가로지르다; ×표, 십자가
path 작은 길
catch up with ~을 따라잡다
bark 짖다
field mouse 들쥐
cf. field 들판
get distracted 산만해지다
cf. distract 주의를 흐트러뜨리다
pursue 추구하다
set a goal 목표를 세우다
stick to ~에 집착하다, 고수하다
圈 1. **hard on** ~에게 가혹한

11

Environment

★ ★ ★ / 170 words

Do you love hamburgers? You may be shocked to learn that tropical forests in Central and Latin America are burnt down to make your hamburgers. 3

At first sight, it's not easy to relate hamburgers to the disappearance of the forests. In order to produce the meat for just two hamburgers, you have to burn down a section of the tropical 6 forest as big as your classroom. Also, to make one hamburger, you have to destroy the habitats of 20 to 30 plant species, 100 insect species and dozens of bird, mammal and reptile species. 9

Since the start of the 20th century, roughly half of the world's rainforests have been wiped out to create fields for raising cattle. About 80% of the cattle raised in the rainforests are exported to 12 consumers globally to make hamburgers and steaks. With the increasing demand for meat, more and more forests are likely to be destroyed. If deforestation continues at the current rate, 15

_____ .

Grammar Link

10/12행 | [all, some, half, most, the rest, 분수, 퍼센트] + of + 복수형 명사 + 복수형 동사 ~

Half of the students in the class **want** to take a cooking class.
　　　복수형 명사　　　　　　　복수형 동사
그 반의 학생들 절반은 요리 수업을 듣고 싶어 한다.

cf. [all, some, half, most, the rest, 분수, 퍼센트] + of + 단수형 명사 + 단수형 동사 ~

The rest of the cake **was** rotten. 그 케이크의 나머지는 썩었다.
　　　단수형 명사　단수형 동사

1 이 글에서 필자가 주장하는 바로 가장 적절한 것은?

① 열대 우림이 사라지기 전에 빨리 조치를 취해야 한다.

② 삼림 파괴를 막기 위해 나무를 지속적으로 심어야 한다.

③ 열대 우림을 보호하기 위해 중남미 국가들을 도와야 한다.

④ 육식 위주의 식습관이 환경과 우리 건강에 미치는 영향을 알아야 한다.

⑤ 햄버거를 먹을 때, 그것이 열대 우림에 미치는 영향을 생각해봐야 한다.

2 이 글의 빈칸에 들어갈 말로 가장 적절한 것은?

① people will stop eating hamburgers

② the rainforests will remain as they are

③ the rainforests will not be destroyed any longer

④ all the insect species will disappear from the Earth

⑤ the remaining rainforests could be gone altogether in the next 100 years

3 이 글의 내용과 일치하면 T, 일치하지 않으면 F를 쓰시오.

(1) _____ 햄버거 두 개를 만들기 위해서 수십 종의 동식물 및 100종의 곤충 서식지가 사라진다.

(2) _____ 소를 키우기 위하여 20세기 이후 열대 우림의 반정도가 사라졌다.

(3) _____ 열대 우림에서 생산되는 소고기의 일부는 그 지역 주민들이 먹는다.

Ⓖ

4 다음 문장의 괄호 안에서 알맞은 것을 고르시오.

(1) Almost half of the population (live / lives) in this city.

(2) I found that most of the problems (was / were) fixed.

12

Body

★★☆ / 148 words

Learning about ancient humans is quite challenging. Thankfully, their bones give us clues and insights about them and their lives.

While you're alive, your bones are alive, too. Blood runs through them. They have their own nerves, and they grow, change shape and absorb chemicals just like the rest of your body. After death, the flesh rots away, but the hard bones remain sources of information. 6

By analyzing human bones, researchers can discover a dead person's age, sex, race and height. They can even tell how many children a woman had. The bones and teeth also show what kind 9 of diseases the person had or what kind of food they used to eat. By examining the shape and weight of the bones, researchers can find out which muscles were often used. This can give them an 12 idea as to what kind of work a person might have done.

▲ An archaeologist is cleaning a human skull with a brush.

1 **What is the best title for the passage?**

① Why Our Bones Last So Long

② Solving the Puzzle of Ancient Bones

③ The Effects of Lifestyle on Our Bones

④ A Comparison of Different Bone Types

⑤ Bones: The Key to Understanding Ancient People

2 **Which of the following CANNOT be known by analyzing people's bones?**

① eating habits   ② sex

③ medical history   ④ job

⑤ personality

3 **According to the passage, which set of words best fits in the blanks (A) and (B)?**

> While your soft parts disappear, the hard parts such as the bones and teeth ___(A)___ after death. This is why bones can provide ___(B)___ about a dead person.

	(A)	(B)		(A)	(B)
①	rot	····· chemicals	②	remain	····· chemicals
③	remain	····· information	④	rot	····· information
⑤	grow	····· respect			

Words

ancient	고대의 / very old
challenging	힘든, 어려운 / difficult in an interesting or enjoyable way
insight	이해, 식견, 통찰력 / a clear understanding of something
absorb	흡수하다 / take in something gradually
flesh	(사람·동물의) 살 / the soft part of the body of a person or animal that is between the skin and the bones
rot away	썩어 없어지다 / break down slowly and become worse
remain	~상태로 (남아) 있다 / continue to exist when other parts or things no longer do
analyze	분석하다 / study something in detail in order to discover more about it
race	인종 / one of the groups that people can be divided into, based on certain physical qualities such as skin color
tell	알려 주다 / give information about something
examine	조사하다, 검토하다 / look at something carefully to learn more about it
图 1. comparison	비교 / the process of considering two or more things and discovering the differences between them
2. personality	성격 / someone's character, especially the way they behave toward other people

Review Test

정답과 해설 p.24

1 우리말 풀이가 틀린 것은?

① stick to: ~을 고수하다   ② wipe out: ~을 완전히 파괴하다

③ catch up with: ~을 따라잡다   ④ be impatient to: ~하는 것을 매우 싫어하다

[2-4] 다음 영영 풀이에 해당하는 단어를 고르시오.

2
the natural home of a plant or animal

① path   ② section   ③ habitat   ④ position

3
belonging to a time long ago in history

① current   ② modern   ③ future   ④ ancient

4
study something in detail in order to discover more about it

① pursue   ② analyze   ③ export   ④ notice

5 빈칸에 공통으로 들어가기에 알맞은 것은?

- He left a _____ of footprints behind him.
- The dog found the fox's smell and started to follow its _____.

① shape   ② trail   ③ site   ④ hunt

6 다음 중 빈칸에 were가 들어갈 수 없는 것은?

① Most of the ideas _____ from him.

② Half of the kids _____ in that room.

③ The rest of the bread _____ eaten by Paul.

④ Some of the guests _____ dressed up at the party.

[7-8] 다음 우리말과 일치하도록 주어진 말을 바르게 배열하시오.

7 그녀는 신이 나서 집에 왔으나 아무도 집에 없다는 것을 알게 됐다.

She came home excited, _____.

(home / find / only / was / to / nobody)

8 학생들 모두가 그 지진에서 무사했다.

_____ from the earthquake.

(of / safe / the students / were / all)

● 주어진 알파벳으로 단어를 완성하여 빈칸을 채우시오.

1 r b k a

The dog began to _____ at the mailman.

2 t i d e a r t s d c

Ben seemed d_____ and not really interested in the meeting.

3 t e l c t a

The man is raising 100 c_____ on his farm.

4 p i s e c s e

There are over forty s_____ of bird living on the island.

5 p a t o l r c i

I like t_____ fruits such as bananas and pineapples.

6 e b h a t

I _____d, washed my hair and got dressed.

7 y r o n d r a i

Art should be part of o_____ life.

8 r f o a c t

The weather could be an important f_____ in tomorrow's game.

9 n o a g r

She decided to donate her o_____.

10 y d i n e t s

The population d_____ in Korea is pretty high.

Love Will Find a Way

해석 [사랑은 길을 찾아낸다] 1. 난 널 사랑해. 나도 널 사랑해. 2. 하지만 우린 달라. 3. 기다려줘. 4. 돌아와!

UNIT

05

13

Story

★★☆ / 156 words

Back in the year 1503, Christopher Columbus landed on the island of Jamaica. At first, the natives welcomed Columbus and his crew and gave them food. But the natives couldn't keep 3 providing them with food as months passed. Columbus was almost starving. One day, he hit upon a good idea to get over the crisis. He warned the natives that if they did not feed him, his god 6 would be angry and take away the moon. He knew from his *almanac that there was going to be an*eclipse of the moon. As you know, an eclipse is an occasion when the Earth is between the sun 9 and the moon. Since the moon is in the Earth's shadow, it is not visible. But the natives were unaware of this. So when an eclipse occurred, they were frightened. They gave Columbus all the food 12 he needed and begged him _____ in return.

*almanac 역서, 책력(태양, 달, 별의 운항을 기록한 책)   *eclipse of the moon 월식

Grammar Link

9행 | 관계부사 when

Spring is <u>the season</u> **when** the weather begins to get warm.
봄은 날씨가 따뜻해지기 시작하는 계절이다.

관계부사 when이
이끄는 절이 앞의 시간
명사를 수식해요.

cf. **When** we first met, we didn't have much time to talk. ▶ 부사절을 이끄는 접속사: ~할 때
우리가 처음 만났을 때, 우리는 이야기할 시간이 많이 없었다.

1 이 글의 밑줄 친 **a good idea**가 의미하는 것으로 가장 적절한 것은?

① growing crops on the island

② trading food with the natives

③ studying the lifestyles of the natives

④ stealing food from the natives at night

⑤ deceiving the natives by using scientific knowledge

(서술형)

2 이 글의 내용과 일치하도록 빈칸에 들어갈 말을 본문에서 찾아 문맥에 맞게 고쳐 쓰시오.

> **Q** Why were the natives frightened when the moon was not visible?
>
> **A** Because they believed that Columbus' god _____ _____ the moon from the sky.

3 이 글의 빈칸에 들어갈 말로 가장 적절한 것은?

① to tell them the truth

② to turn the night into the day

③ to give them back the moon

④ to teach them about the moon

⑤ to leave the island immediately

G

4 다음 중 밑줄 친 부분의 쓰임이 다른 하나는?

① Do you remember the time <u>when</u> we first met?

② I made many friends <u>when</u> I stayed in Europe.

③ Today is the day <u>when</u> Brian comes back from his trip.

Did You Know?

월식(Lunar Eclipse)

지구가 태양과 달 사이(태양-지구-달)에 위치할 때 지구의 그림자에 달이 가려지는 현상으로 보름달일 때만 월식을 볼 수 있다. 지구의 시간이 밤인 지역에서는 어디에서나 관측할 수 있으며, 달이 완전히 가려지는 현상도 최대 약 100분까지 지속된다.

Words

land on ~에 상륙하다
native 원주민; 토박이의
crew 선원, 승무원
provide A with B
A에게 B를 주다, 공급하다
starve 굶주리다, 굶어 죽다
hit upon 우연히 생각해내다;
우연히 만나다
get over 극복하다
crisis 위기, 최악의 고비
warn 경고하다
take away 빼앗다; 없애다
occasion (특정한) 때, 경우
visible (눈에) 보이는 (↔ invisible)
be unaware of ~을 모르다
cf. unaware ~을 알지 못하는
occur 일어나다
frightened 겁먹은, 무서워하는
beg 간청하다
in return 답례로, 대신에
[문] 1. **trade A with B**
A를 B와 교환[거래]하다
deceive 속이다
2. **immediately** 즉시

14

Health

★☆☆ / 136 words

What is the best way to lose weight? Most people believe that it is to eat less. But some nutritionists say that this is just a myth.

According to a ten-year study conducted by the UK General 3 Practice Research Database (GPRD), the "eat less approach" is not very ⓐ effective. Only 0.6% of people who ate less actually ⓑ succeeded in losing weight. Furthermore, 80% of those who did 6 lose weight ended up ⓒ gaining that weight back within a year.

So why doesn't the "eat less approach" work? This is because your body slows down its *metabolism rate when calorie intake is 9 ⓓ reduced. For example, when your body takes in 500 fewer calories, it also burns 500 fewer calories. Even if you eat less, you still won't ⓔ gain weight in the long term because your body will 12 adjust.

*metabolism rate 신진대사율

6행 | **동사의 의미를 강조하는 조동사 do**: do〔does, did〕+동사원형

I **do** want to start all over again.
나는 진정으로 처음부터 다시 시작하고 싶어.

She **did** email you several times, but you didn't reply.
그녀는 정말로 네게 몇 번이나 이메일을 보냈지만, 너는 답장을 하지 않았다.

시제나 주어의 수에 따라
do, does, did로 쓴다는 점에
유의해요.

1 이 글의 주제로 가장 적절한 것은?

① ways to lose weight effectively
② why people want to lose weight
③ common myths about weight control
④ why eating less doesn't help you lose weight
⑤ the relationship between metabolism and health

2 이 글에 따르면 칼로리 섭취량을 줄이면 우리 몸은 어떻게 반응하는가?

① 신진대사 속도에는 변화가 없지만 건강해진다.
② 신진대사가 둔화되어 기능에 문제가 생긴다.
③ 신진대사 속도가 느려져서 칼로리 소모량이 줄어든다.
④ 신진대사 속도가 빨라져서 칼로리 소모량이 늘어난다.
⑤ 신체 조직에 쌓인 불순물들을 태우므로 체중이 줄어든다.

3 이 글의 ⓐ~ⓔ 중, 문맥상 낱말의 쓰임이 적절하지 <u>않은</u> 것은?

① ⓐ   ② ⓑ   ③ ⓒ   ④ ⓓ   ⑤ ⓔ

ⓖ
4 다음 밑줄 친 부분을 조동사 do를 이용해 강조할 때, 빈칸에 알맞은 말을 쓰시오.

I <u>missed</u> the train because of the traffic jam.
→ I _____ _____ the train because of the traffic jam.

Words

lose weight 살이 빠지다,
살을 빼다 (↔ gain weight)
nutritionist 영양학자, 영양사
myth 근거 없는 믿음
conduct (특정한 활동을) 하다
approach 접근법; 다가가다
effective 효과적인
end up -ing 결국 ~하게 되다
work 효과가 있다; 일하다
slow down (속도, 진행을) 늦추다
intake 섭취(량)
reduce 줄이다
in the long term 장기적으로
cf. term 기간; 용어, 말
adjust 적응하다

15

Health

★★★ / 225 words

A good way to lose weight is not to eat at all for a certain period of time. Do you know what happens to your body when you fast?

The food that you eat eventually breaks down into *glucose or sugar, the fuel for your body cells. The way that your body stores and uses sugar is very unique. It stores sugar in the liver first. If the liver is full, your body transforms the sugar into fat and stores it in the muscles.

When your body uses the stored sugar and fat, it follows the same order: it first needs to use sugar from the liver and then fat from the muscles. In other words, as long as sugar remains in the liver, your body will not use the fat in your muscles. And if you consume even a little bit of food, sugar will remain in the liver. This is why you cannot (A) increase / reduce fat just by eating less.

However, if you don't eat anything for a day or two, your body will use up all the sugar in the liver. Then it will start to use the fat in the muscles. When the fat (B) disappears / appears , you lose weight. What is better is that using fat does not (C) raise / lower the metabolism rate. This is why fasting is a better way to lose weight.

*glucose 포도당

Grammar Link

10행 | **as long as＋주어＋동사...**: ～하는 한, ～하는 이상

As long as you don't tell him about it, everything will be fine.
네가 그에게 그것에 대해 말하지 않는 한, 모든 것은 괜찮을 것이다.

I can go back to work **as long as** you take care of the baby.
네가 아기를 돌보는 한, 나는 직장에 복귀할 수 있다.

1 이 글에서 필자가 주장하는 바로 가장 적절한 것은?

① Fasting can be dangerous for your health.

② Fasting can lead to a longer and healthier life.

③ You should not fast to lose weight in the long run.

④ Cutting down on calories should be the first step to weight loss.

⑤ Fasting can help you lose weight more effectively than eating less.

2 (A), (B), (C)의 각 네모 안에서 문맥에 맞는 낱말로 짝지어진 것은?

	(A)	(B)	(C)
①	increase	disappears	raise
②	increase	appears	lower
③	reduce	disappears	raise
④	reduce	appears	raise
⑤	reduce	disappears	lower

3 이 글의 내용과 일치하면 T, 일치하지 <u>않으면</u> F를 쓰시오.

(1) _____ 당이 지방으로 전환되면 간에 저장된다.

(2) _____ 우리 몸은 에너지를 얻기 위해 가장 먼저 근육 안에 있는 지방을 사용한다.

(3) _____ 음식을 조금만 먹어도 당은 간 속에 남아 있다.

Ⓖ
4 다음 우리말과 일치하도록 빈칸에 알맞은 말을 쓰시오.

네가 이 집에 사는 한, 너는 그 규칙들을 따라야 한다.

_____ _____ _____ you live in this house, you have to follow the rules.

Words

fast 단식하다, 금식하다; 빠른
eventually 결국
break down into ~로 분해되다
fuel 연료
store 저장하다 (a. stored 축적된)
liver 간
transform A into B
A를 B로 바꾸다, 변형시키다
order 순서; 주문
consume 먹다, 마시다;
(에너지를) 소모하다
use up ~을 다 쓰다
raise 높이다, 올리다
lower 낮추다, 내리다
[문] 1. **cut down on** ~을 줄이다

Review Test

정답과 해설 p.31

1 빈칸에 알맞은 단어는?

> Our country might soon face an energy _____.

① intake   ② crisis   ③ occasion   ④ approach

2 우리말 풀이가 틀린 것은?

① lose weight: 살이 빠지다   ② unaware of the danger: 위험을 모르고
③ consume energy: 에너지를 소모하다   ④ conduct a study: 연구 결과를 발표하다

[3-4] 다음 영영 풀이에 해당하는 단어를 고르시오.

3

> suffer or die because you do not have enough food to eat

① beg   ② land   ③ starve   ④ provide

4

> make something smaller in size or amount

① store   ② increase   ③ adjust   ④ reduce

5 빈칸에 공통으로 들어가기에 알맞은 것은?

> • Can I take your _____?
> • The names are listed in alphabetical _____.

① rule   ② way   ③ order   ④ term

[6-7] 다음 우리말에 맞게 빈칸에 알맞은 말을 쓰시오.

6 너는 나와 함께 있는 한 안전하다.
You are safe _____ _____ _____ you are with me.

7 나는 네 엄마를 처음 만난 날을 기억한다.
I remember the day _____ I met your mother for the first time.

8 다음 우리말과 일치하도록 주어진 말을 바르게 배열하시오.
나는 정말로 그 시험에 합격하기를 바란다.

_____
(pass the exam / do / I / hope to)

UNIT 6

16

Food

★☆☆ / 139 words

Miracle fruit is a kind of berry from West Africa. It's called "miracle" because it makes anything sour taste sweet. When eaten together with miracle fruit, lemon can taste sweet like candy. The berry's bush is an evergreen plant that grows up to six meters high. It produces white flowers and small red berries with a sweet flavor. A bush yields two crops every year after the rainy season. The fruit's seeds are about the size of coffee beans. 3 6

Surprisingly, miracle fruit does not contain much sugar. Instead, the fruit contains a special protein called miraculin. When you eat miracle fruit, this protein sticks to your tongue's *taste buds. _____, your brain mistakes acid for sugar for a moment. So you can eat lemon slices like candy. This sweetening effect only lasts from 15 to 60 minutes. 9 12

*taste bud (허의) 맛봉오리, 미뢰(맛을 느끼게 해주는 세포)

▲ Miracle fruit

Grammar Link

2/3행 | 감각동사(look, feel, smell, sound, taste) + 형용사

Some people think that flowers always **smell** sweet. ▶ sweetly (×)
어떤 사람들은 꽃은 항상 향기로운 냄새를 풍긴다고 생각한다.

They **looked** serious after the argument. ▶ seriously (×)
그들은 논쟁 후에 심각해 보였다.

형용사가 오감을 나타내는 동사를 보충 설명해 주며, 부사 형태로 쓰지 않도록 주의해요.

정답과 해설 p.32

1 miracle fruit에 관한 설명 중, 이 글의 내용과 일치하지 <u>않는</u> 것은?

① 일 년 내내 잎이 푸르며 하얀 꽃이 핀다.

② 나무는 6m까지 자라고, 붉은 열매가 열린다.

③ 우기가 끝난 후, 일 년에 두 번 수확한다.

④ 씨의 크기가 커피 열매와 비슷하다.

⑤ 당분 함량이 높아 같이 먹는 음식 또한 달콤한 맛이 나게 한다.

2 이 글의 빈칸에 들어갈 말로 가장 적절한 것은?

① As a result　　　　② However

③ Similarly　　　　④ On the other hand

⑤ Moreover

(서술형)

3 다음은 miracle fruit을 먹었을 때에 대해 설명한 것이다. 각 빈칸에 알맞은 말을 본문에서 찾아 쓰시오.

Miraculin sticks to the (A) _____ _____ on your tongue.

⬇

Your brain mistakes sour for (B) _____ .

⬇

You can experience this (C) _____ effect for up to an hour.

(G)

4 다음 문장의 괄호 안에서 알맞은 것을 고르시오.

(1) She looked (happy / happily) when she opened the gift box.

(2) Tell me if it sounds (strange / strangely) to you.

Did You Know?

기적의 열매(Miracle Fruit)

서아프리카에서는 오랫동안 이 열매를 달콤한 야자술을 만들거나 옥수수빵의 신맛을 개선하는 등 신맛이 나는 음식을 달콤하게 만들기 위한 용도로도 활용해 왔다. 최근 미국에서는 항암 치료 때문에 식욕 감퇴로 고통받는 암환자들에게 기적의 열매를 섭취하게 한 결과, 영양실조로 고생하던 환자들의 식욕이 눈에 띄게 좋아져 체중이 늘어났다는 임상 사례가 발표되었다.

Words

sour 신맛이 나는
bush 관목, 덤불
evergreen plant 상록식물
flavor 맛, 풍미
yield (농작물을) 생산하다
crop 농작물, 수확량
rainy season 장마철, 우기
bean 콩, 열매
contain 포함하다, 함유하다
stick to ~에 달라붙다
mistake A for B
A를 B로 오인하다
acid (화학) 산
sweeten 달게 하다
last 지속하다, 계속하다; 마지막의

17
Environment

★★★ / 148 words

Every year, millions of birds die because of city lights. Normally, migrating or hunting birds at night find their way by moonlight and starlight. However, when they reach big cities, they crash into office buildings because they are confused by the bright lights. On beaches near cities, baby sea turtles often crawl toward streetlights and get killed by passing cars. The turtles believe the bright lights are the moon shining on the water, so they naturally go toward them. Some animals even have difficulty having babies when they are exposed to bright lights.

Doctors think that humans are also being affected by too much light. ⓐ Both humans and *diurnal animals produce *melatonin during normal sleep hours. ⓑ Melatonin is a hormone mainly produced in the dark. ⓒ It improves immunity and blocks the growth of cancer cells. ⓓ Many researchers are studying how much melatonin is produced each day. ⓔ However, when people are exposed to nighttime light, their production of melatonin drops.

*diurnal 주행성의   *melatonin 멜라토닌 (피부색의 변화를 초래하는 호르몬)

Grammar Link

3행 | **자동사로 착각하기 쉬운 타동사:** reach, attend, discuss, marry, resemble 등

You need to **discuss** the issue with me. ▶ discuss about the issue (×)
너는 나와 그 사안을 논의할 필요가 있다.

Philip decided to **marry** Sara. ▶ marry with Sara (×)
Philip은 Sara와 결혼하기로 결심했다.

「동사＋전치사」의 형태로 쓰지 않도록 주의해야 해요.

정답과 해설 p.33

1 이 글의 주제로 가장 적절한 것은?

① the effects of melatonin
② the benefits of sound sleep
③ the problems of light pollution
④ ways to protect endangered animals
⑤ the relationship between light and health

2 이 글의 light pollution에 대한 내용으로 언급되지 <u>않은</u> 것은?

① Some animals lose their sense of direction.
② Some animals cannot tell streetlights from the moon.
③ Some animals might have difficulty reproducing.
④ It blocks the production of melatonin.
⑤ Both animals and humans become too active at night.

3 이 글의 ⓐ~ⓔ 중, 글의 전체 흐름과 관계 <u>없는</u> 문장은?

① ⓐ   ② ⓑ   ③ ⓒ   ④ ⓓ   ⑤ ⓔ

ⓖ

4 다음 문장의 밑줄 친 부분을 자연스러운 문장이 되도록 고치시오.

(1) My friend will <u>reach to</u> Seoul Station tomorrow morning.

(2) We found that only 12 people <u>attended to</u> the meeting.

Did You Know?

우리나라의 빛공해

우리나라는 세계에서 빛공해 수준이 심각한 나라 중 하나이다. 지난 2014년 국제 공동연구팀이 전 세계의 빛공해 실태를 분석한 결과, 우리나라는 전체 국토 중 빛공해 지역이 차지하는 비율이 89.4%로 90.4%인 이탈리아에 이어 2위로 확인되었다. 이에 따라 사람과 동물 모두에 피해를 주는 빛공해 방지를 위해 몇몇 시에서는 가로등, 광고등, 장식 조명 등의 빛의 세기를 지정된 기준에 맞춰 밝혀야 하는 '조명 관리 규제'를 새롭게 도입하고 있다.

Words

normally 보통(은), 보통 때는
(a. normal 보통의, 정상적인)
migrate 이동하다
by moonlight 달빛으로
cf. starlight 별빛
crash into ~와 충돌하다
confuse 혼란시키다
crawl 기어가다
have difficulty -ing
~하는 데 어려움이 있다
be exposed to ~에 노출되다
cf. exposed 노출된
affect 영향을 미치다
immunity 면역력
block 막다, 방해하다
圐 1. **sound sleep** 숙면
     endangered
     멸종 위기에 처한
     2. **tell A from B**
     A와 B를 구별하다
     reproduce 번식하다

Goethe wrote *The Sorrows of Young Werther* in the 18th century. In this novel, the hero, Werther, is in love with a young woman. When she marries another man, Werther feels so hopeless. One day, he decides to end his life. He dresses up in a blue coat and yellow vest, sits down at his desk with an open book and shoots himself. 3

(ⓐ) The novel quickly became a bestseller, but its side effects were shocking. In the following years, many men throughout Europe did the same thing as Werther. They dressed up like him and shot themselves. Some people claimed that Werther's suicide led to more than 2,000 suicides by readers of the novel. (ⓑ) Later, the phenomenon of such imitation suicides started to be called the "Werther Effect." 6 9

(ⓒ) In August 1962, famous American actress Marilyn Monroe killed herself by taking sleeping pills. Following her suicide, there were 197 similar suicides by women across America. The most recent case happened in 2009, when American pop superstar Michael Jackson died. (ⓓ) Though he didn't commit suicide, more than ten fans killed themselves after his death in order to "be with him." 12 15

(ⓔ) Some people blame the media for creating this phenomenon. By glorifying celebrities' deaths, they encourage people to believe that it's okay to commit suicide after them. 18

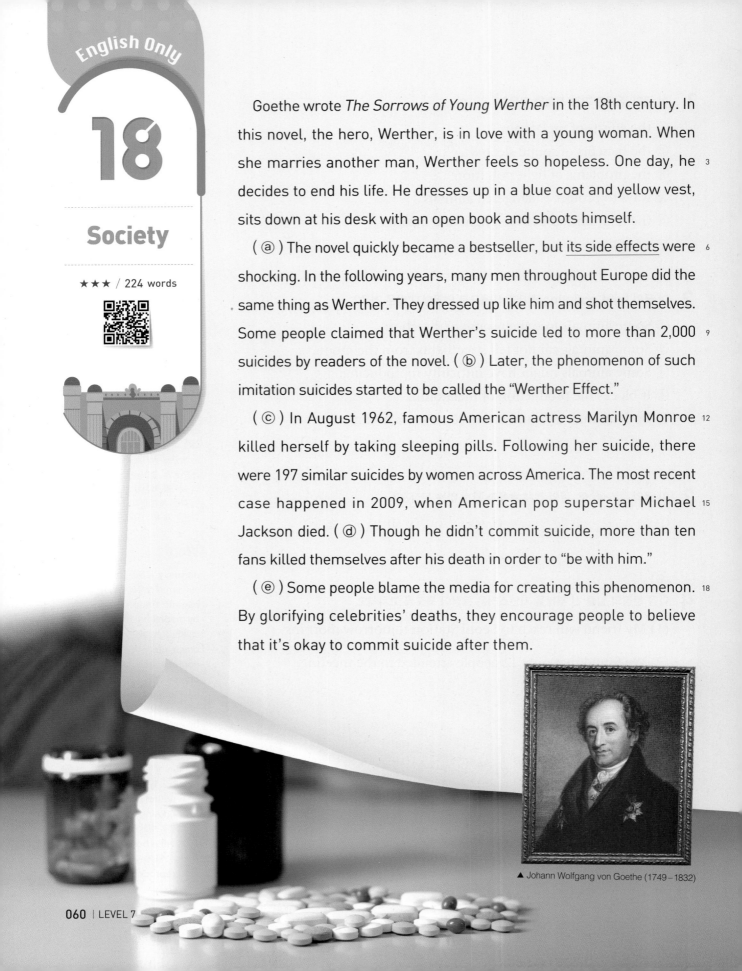

▲ Johann Wolfgang von Goethe (1749–1832)

1 Where does the following sentence best fit?

> The Werther Effect was not limited to the 18th century.

① ⓐ   ② ⓑ   ③ ⓒ   ④ ⓓ   ⑤ ⓔ

2 What does the underlined its side effects mean?

① to fall in love with a young woman

② to wear a blue coat and yellow vest

③ to kill oneself by taking sleeping pills

④ to encourage people to read sad novels

⑤ to cause many readers' imitation suicides

3 Write T if the statement is true, or F if it is false.

(1) _____ The hero in Goethe's novel fails to marry the woman he loves.

(2) _____ To copy Marilyn Monroe's death, many women killed themselves by taking poison.

(3) _____ After Michael Jackson's suicide, more than ten people ended their lives.

(4) _____ Some people believe that the media is responsible for these imitation suicides.

Words

sorrow	슬픔, 비애 / a feeling of great sadness
dress up	(옷을) 갖춰 입다 / wear clothes that are more formal than those you usually wear
vest	조끼 / a sleeveless piece of clothing with buttons down the front
shoot	(총 등을) 쏘다, ~을 총살하다 / fire a gun or other weapon
claim	주장하다 / say that something is true
suicide	자살, 자살 행위 (cf. commit suicide 자살하다) / the act of taking one's own life
lead to	~을 야기하다, 초래하다 / cause something to develop
phenomenon	현상 / something that happens or exists in society, science or nature
imitation	모방, 흉내내기 / copying someone else's actions
blame	~을 탓하다 / say or think that someone or something is responsible for something bad
glorify	미화하다 / make something seem better than it really is
celebrity	유명 인사 / a famous person, especially in entertainment or sports
encourage	부추기다, 조장하다 / persuade someone to do something
문 3. poison	독, 독약 / a substance that can make people ill or kill them if they eat or drink it

Review Test

정답과 해설 **p.37**

1 다음 중 나머지 셋을 모두 포함할 수 있는 것은?

① salty   ② sweet   ③ flavor   ④ sour

[2-3] 다음 단어의 관계가 보기와 같도록 빈칸에 알맞은 단어를 쓰시오.

보기
difficult – difficulty

보기
simple – simplify

2 immune – _____

3 glorious – _____

[4-6] 적절한 표현끼리 짝지은 후, 알맞은 우리말과 연결하시오.

4 crash into •   • ⓐ suicide •   • ⓓ (옷을) 갖춰 입다

5 dress •   • ⓑ buildings •   • ⓔ 자살하다

6 commit •   • ⓒ up •   • ⓕ 건물들과 충돌하다

7 빈칸에 공통으로 들어가기에 알맞은 것은?

> • A diet that is high in fat can _____ to obesity.
> • A long hot summer can _____ to water shortages.

① last   ② expose   ③ lead   ④ stick

8 다음 중 밑줄 친 부분이 어색한 것은?

① He wanted to marry me.
② She felt bad about herself.
③ The chocolate cake tastes bitter.
④ I discussed about the problem with him.

[9-10] 다음 괄호 안에서 알맞은 것을 고르시오.

9 The band's music sounds (great / greatly).

10 We (reached / reached to) California after driving for two days.

주어진 뜻에 맞게 단어를 완성한 후, 각 번호에 해당하는 알파벳으로 문장을 만드시오.

Words

1 o r l e w 낮추다, 내리다

☐☐☐☐☐
　7　　2

2 t g i r e m a 이동하다

☐☐☐☐☐☐☐
　　　6　4

3 v r e i l 간

☐☐☐☐☐
　　10

4 t h o s o (총 등을) 쏘다

☐☐☐☐☐
　12　9

5 b v s l i e i (눈에) 보이는

☐☐☐☐☐☐☐
17　　　1

6 b e i y c t e r l 유명 인사

☐☐☐☐☐☐☐☐☐
　　5　　　　19

7 s r t m r o a f n 바꾸다, 변형시키다

☐☐☐☐☐☐☐☐☐
　11　　　14

8 c o e g r n a e u 부추기다, 조장하다

☐☐☐☐☐☐☐☐☐
　16　　　　　13

9 t e n i a k 섭취(량)

☐☐☐☐☐☐
　　15　8

10 e t e s n w e 달게 하다

☐☐☐☐☐☐☐
　　　18　3

Sentence

☐☐☐☐☐☐ ☐☐☐☐ ☐☐☐☐ ☐☐☐☐☐.
1　2　3　4　5　6　7　8　9　10　11　12　13　14　15　16　17　18　19

Conversations

HOLLYWOOD

19

Animal

★☆☆ / 144 words

Like humans, some animals give each other gifts to show their love. The penguin is one of them. When a male penguin falls in love with a female penguin, he offers her a pebble as a token of ³ his love. Penguins use pebbles to build stone nests. If the female accepts the pebble and places it in her nest, it means that she has accepted his proposal. If the proposal is successful, the two ⁶ partners stand side by side and perform a mating song. After this mating ceremony, the couple remains faithful to each other for the rest of their lives. ⁹

Pebbles play a very significant role in the choice of a penguin's mate. For this reason, a male penguin will search the entire beach to find the smoothest pebble. Sometimes he may even attempt to ¹² steal the best-looking pebble from a neighbor's nest.

<table>
<tr><td>Grammar Link</td></tr>
</table>

8행 | **remain[stay, keep] + 형용사**: 계속[여전히] ~이다

Everyone has the right to **remain** <u>silent</u>. ▶ remain silently (×)
모든 사람은 묵비권을 행사할 권리가 있다.

She tried to **stay** <u>calm</u> during the earthquake. ▶ stay calmly (×)
그녀는 지진이 일어나는 동안 진정하려고 노력했다.

동사 remain, stay, keep 뒤에 부사를 쓰지 않도록 주의해요.

정답과 해설 p.38

1 이 글의 제목으로 가장 적절한 것은?

① Penguins' Pebble Nests

② Penguins' Choice of Mates

③ How Penguins Build Their Nests

④ True Friendship Among Penguins

⑤ Pebbles: The Way to Win a Female Penguin's Heart

2 펭귄의 행동에 관한 설명 중, 이 글의 내용과 일치하지 <u>않는</u> 것은? (2개)

① 수컷 펭귄은 가능한 많은 조약돌을 선물한다.

② 암컷 펭귄이 조약돌을 받으면 구애가 성공한 것이다.

③ 수컷 펭귄은 구애를 성공시키기 위해 노래를 부른다.

④ 수컷 펭귄은 멋진 조약돌을 찾기 위해 해변가를 샅샅이 뒤진다.

⑤ 이웃의 보금자리에서 예쁜 조약돌을 훔쳐오기도 한다.

(서술형)

3 다음은 펭귄의 구애 과정을 설명한 것이다. 각 빈칸에 들어갈 말을 본문에서 찾아 쓰시오.

> A male penguin offers a pebble to a female penguin to show his (A) _____ .

⬇

> The female penguin receives the pebble and puts it in her (B) _____ .

⬇

> After holding a mating ceremony, they stay (C) _____ to each other for the rest of their lives.

(G)

4 다음 우리말과 일치하도록 괄호 안에서 알맞은 것을 고르시오.

그녀가 따뜻하게 하고 있지 않으면, 그녀는 감기에 걸릴 것이다.

If she doesn't keep (warm / warmly), she will catch a cold.

Did You Know?

펭귄의 사랑법

펭귄은 태어난 지 3년 정도가 지나면 짝을 찾아 번식을 한다. 그런데 놀라운 사실은 펭귄은 해마다 지난 해에 짝짓기를 했던 바로 그 상대를 찾아내서 새끼를 갖는다는 것이다. 또 지난 해에 자기가 지었던 둥지도 정확하게 찾아내는 기막힌 재주가 있다. 하지만 펭귄들도 이혼을 하는데, 남극 황제펭귄의 경우 이혼율이 85%나 된다고 한다.

Words

female 암컷의, 여성의; 암컷, 여성
(↔ **male** 수컷의, 남성의; 수컷, 남성)
offer 제공하다, 주다
pebble 조약돌
place ~을 놓다, 두다
as a token of ~의 표시로
cf. token 표시, 징표
proposal 청혼; 제안
mating 짝짓기
cf. mate 짝짓기를 하다; 짝
ceremony 의식
faithful 충실한
play a role in ~에서 역할을 하다
significant 중요한
search 찾아 보다, 뒤지다
smooth 매끈한, 매끄러운
(↔ rough 거친)
attempt to ~하려고 시도하다
steal 훔치다, 도둑질하다
문 1. **win one's heart**
　　~의 마음을 얻다

20

Food

★★★ / 203 words

Today, scientists can change or modify the original genes of plants to create better crops. This is called genetic modification or GM. (ⓐ)

However, the idea of changing genes to develop new kinds of crops is not new. Traditionally, scientists have been practicing this method. (ⓑ) Traditional breeding follows nature's way by combining genes between similar plants. On the other hand, GM can combine genes between completely unrelated organisms. (ⓒ) For example, bacterial genes can be inserted into corn to prevent insect attack. This might never happen in nature.

GM creates plants that are like aliens from outer space. (ⓓ) So some people call GM food "Frankenfood." Just like the monster in *Frankenstein*, it can cause a lot of problems. (ⓔ) According to a report, 44% of butterfly *larvae died when they ate *pollen from GM corn. However, the side effects are not limited to animals. Since people started eating GM foods, allergies have rapidly increased, especially in children. More and more babies are born with defects. We still don't know what kinds of serious side effects GM foods can cause. But if we don't take action now, we might have to face a terrible disaster in the near future.

*larvae 유충, 애벌레 (larva의 복수형)   *pollen 꽃가루, 화분

Grammar Link

3행 | 「주어 + 수식어구 + 동사 ~」의 형태일 때 수의 일치

일치

The idea of changing genes to develop new kinds of crops **is** not new.
주어 (단수)｜————————수식어구————————｜동사 (단수)

The girls who are dancing on the stage **are** all my friends.
주어 (복수)｜——수식어구——｜ 동사 (복수)

정답과 해설 p.39

1 이 글의 제목으로 가장 적절한 것은?

① The Benefits of GM Foods

② How GM Foods Can End World Hunger

③ GM Food: What Is It and What Are Its Problems?

④ GM Farming: More Productive than Traditional Farming?

⑤ What Do GM and Traditional Breeding Have in Common?

2 이 글의 흐름으로 보아, 다음 문장이 들어가기에 가장 적절한 곳은?

> Then, how is GM different from traditional breeding methods?

① ⓐ   ② ⓑ   ③ ⓒ   ④ ⓓ   ⑤ ⓔ

3 GM에 대한 이 글의 내용과 일치하면 T, 일치하지 <u>않으면</u> F를 쓰시오.

(1) _____ 유전자 조작과 전통 품종 개량 둘 다 새로운 작물을 만드는 방법이다.

(2) _____ 유전자 조작은 비슷한 종에서 좋은 유전자만 뽑아서 서로 섞는 과정이다.

(3) _____ 유전자 조작 식품의 섭취로 알레르기 발병률이 크게 늘었다.

4 Ⓖ 다음 문장의 괄호 안에서 알맞은 것을 고르시오.

(1) The soccer player who is waving at his fans (look / looks) excited.

(2) Stamps found in different parts of the world (is / are) fun to study.

Words

modify 수정하다, 바꾸다
(*n.* modification 수정, 변경)
gene 유전자 (*a.* genetic 유전의)
cf. genetic modification
유전자 조작
crop 농작물, 수확물
practice 행하다; 연습하다
traditional breeding 전통 육종
cf. breeding 품종 개량, 육종
combine 결합시키다
unrelated 관련[관계] 없는
(↔ related 관련된)
organism 유기체, 생물(체)
insert 삽입하다
bacterial 박테리아[세균]의
alien 외계인, 우주인
side effect 부작용
be limited to ~에 제한되다
defect 결함, 장애
take action 조치를 취하다,
행동에 옮기다
face 직면하다
disaster 재앙, 참사
문 1. **benefit** 혜택, 이득

21

Technology

★★☆ / 161 words

One day, your girlfriend dies in a car accident. You are heartbroken. At her funeral, you see her for the last time. This is the end of your relationship, right?

In the future, <u>this</u> won't have to be the case. Thanks to AI, you will be able to maintain your relationship beyond death. You will still be able to text her on your phone, just like old times. "I miss you," you can type. Her avatar will appear on the screen. "I miss you too," she will reply. It will be like she never left.

How will AI make this possible? By uploading all of the information in your brain to a computer, you can create an avatar, a digital version of yourself who thinks, acts and responds exactly like you. In this way, your friends and family will be able to communicate with your avatar even after you're gone. Thus,

_____.

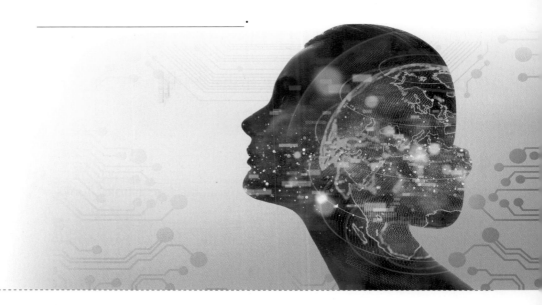

3

6

9

12

Grammar Link

6/12행 | 전치사 like: ~처럼, ~같은
When I grow up, I want to be **like** <u>my dad</u>. 내가 자랐을 때, 나는 내 아버지처럼 되고 싶다.
명사(구)

8행 | 접속사 like: (마치) ~인 것처럼
Don't disappoint me **like** <u>you did last time</u>. 네가 지난 번에 그런 것처럼 나를 실망시키지 마라.
절

1 이 글의 빈칸에 들어갈 말로 가장 적절한 것은?

① we can think about true friendship
② the relationship between people will improve
③ the concept of death as we know it might change
④ we can live a better life thanks to new technology
⑤ the digital copies of ourselves will ruin our daily lives

(서술형)

2 이 글의 밑줄 친 **this**가 의미하는 내용을 우리말로 쓰시오.

(서술형)

3 이 글에서 언급된 Digital Avatar에 대한 광고를 만들고자 한다. 각 빈칸에 알맞은 말을 본문에서 찾아 쓰시오.

Create Your Digital Avatar

Do you want to live forever? You can do so with an avatar. By moving all of the _____ in your brain to a computer, you can make a digital version of yourself just like you. Through your avatar, your family can _____ with you even when you pass away. Don't wait to contact us!

Ⓖ

4 다음 문장에서 접속사 역할을 하는 like에 밑줄을 치시오.

Like I said before, I don't like a person like her.

Words

heartbroken 비통해 하는
funeral 장례식
be the case 사실이 그러하다
AI 인공지능 (Artificial Intelligence)
maintain 유지하다, 지속하다
beyond ~너머
text ~에게 문자를 보내다
type 입력하다, 타자 치다
avatar 아바타 (인터넷 채팅이나 게임 등에서 자신의 역할을 대신하는 애니메이션 캐릭터)
appear 나타나다
(↔ disappear 사라지다)
upload 업로드하다
version 판, 형태
respond 대답하다, 반응하다
문 **1. copy** 복사[복제]본
　　 ruin 망치다, 파괴하다
　 3. pass away 사망하다

Review Test

정답과 해설 p.42

[1-2] 다음 짝지어진 단어의 관계가 나머지와 <u>다른</u> 것을 고르시오.

1　① male – female　　② smooth – rough
　　③ modify – change　　④ upload – download

2　① faith – faithful　　② gene – genetic
　　③ tradition – traditional　　④ propose – proposal

[3-4] 다음 빈칸에 알맞은 단어를 고르시오.

3
> The 1987 hurricane was the worst natural _____ to hit England.

　① disaster　　② benefit　　③ reason　　④ disease

4
> There might be a(n) _____ in this coffee machine because it stopped working.

　① action　　② effect　　③ defect　　④ attack

5　우리말 풀이가 <u>틀린</u> 것은?

　① digital version of yourself: 전자화된 네 모습
　② genetic modification: 유전자 조작
　③ as a token of love: 사랑의 힘으로
　④ mating ceremony: 짝짓기 의식

[6-7] 다음 밑줄 친 부분을 바르게 고치시오.

6　You need to stay <u>health</u> until you go back to your hometown.

7　The boy who is wearing glasses <u>are</u> crossing the street.

8　다음 우리말과 일치하도록 주어진 말을 바르게 배열하시오.

　Lisa는 지난 번에 그랬던 것처럼 회의에 참석할 것을 잊어 버렸다.
　Lisa forgot to attend the meeting _____.

　　　　　　　　(did / like / before / she)

UNIT

8

22

Universe

★★★ / 145 words

Many stars that we see in the night sky are not really there. Stars are so far away from us. Sometimes a star's light might reach us long after the star stops existing.

For example, the light from *Proxima Centauri takes more than four light years to reach us even though this star is closest to us besides the sun. Therefore, if its light went out today, we wouldn't realize it until four years later. Some stars we "see" today may have died before the Korean War, and others before King Sejong invented Hangul.

The most distant stars visible to the naked eye are 2.6 million light years away. Some of these stars whose light we still see today may have disappeared hundreds of thousands of years ago. The fact that we see light from stars so far away proves that

---

* **Proxima Centauri** 켄타우루스자리의 프록시마성(星)
(태양에서 가장 가까운 항성)

▲ The constellation, Sagittarius, in the night sky

Grammar Link

11행 | 소유격 관계대명사 whose

whose는 선행사가 사람, 사물일 때 모두 쓸 수 있어요.

Some of <u>these stars</u> / <u>**whose** light we still see today</u> / may have disappeared. ▶ whose (= these stars')
이 별들 중의 일부는 / 오늘날 우리가 그것들의 빛을 여전히 보고 있는데 / 사라졌는지도 모른다.

I have <u>a friend **whose** father is a magician.</u> 나는 아빠가 마술사인 친구가 있다.

1 이 글의 요지로 가장 적절한 것은?

① Many stars in our galaxy are dying.

② It is impossible to know the ages of stars.

③ We can use the light of stars to measure distance.

④ The stars that we see may have already stopped existing.

⑤ It is difficult to measure the distance from the Earth to the stars.

2 이 글의 빈칸에 들어갈 말로 가장 적절한 것은?

① the universe is huge

② stars send back sunlight

③ stars die and are born again

④ light travels in a straight line

⑤ the big bang created our universe

3 이 글의 내용과 일치하지 <u>않는</u> 것은?

① 프록시마성은 태양 다음으로 지구와 가장 가까운 별이다.

② 프록시마성의 빛이 지구에 도달하는 데 4년이 걸린다.

③ 별빛이 사라지면 우리는 그 사실을 즉시 알 수 있다.

④ 오늘날 우리는 이미 조선시대에 사라진 별을 보고 있는지도 모른다.

⑤ 눈으로 직접 볼 수 있는 가장 먼 별들은 260만 광년 떨어져 있다.

4 Ⓖ 다음 우리말과 일치하도록 주어진 말을 배열하시오.

이것은 내가 의미를 이해하지 못한 문장이다.

This is _____ I didn't understand.

(meaning / whose / the sentence)

Did You Know?

광년(Light Year)

빛이 진공 속에서 1년 동안 나아가는 거리를 가리키며, 천체 사이의 거리를 나타낼 때 쓰인다. 빛은 진공 속에서 1초에 약 30만km를 나아가므로, 1년 동안 가는 거리는 어마어마하다. 어떤 별과 지구와의 거리가 5광년이라면 오늘 그 별에서 생긴 별빛은 5년 후에나 지구에 도착하게 되는 것이다.

Words

reach ~에 도달하다, 닿다
exist 존재하다
light year 광년
besides ~외에
go out (불·전깃불 등이) 꺼지다
realize 알아차리다, 깨닫다
distant 먼, 떨어져 있는
cf. distance 거리
visible (눈에) 보이는
naked eye (안경을 쓰지 않은)
육안, 맨눈 *cf.* naked 벌거벗은
hundreds of thousands of
수십만의
prove 증명하다
🔠 1. **galaxy** 은하계
　　　measure 측정하다
　　2. **universe** 우주

23

Body

★☆☆ / 155 words

Most people think that being tall has more advantages than being short. However, there is one big advantage that short people have over tall people: _____ .   3

Researchers studied 400 people and found that shorter people have a longer life expectancy than taller people by about five years. They explained the reason for this. There are certain growth   6 hormones called IGF-1 in the body that help a person grow tall. However, these same hormones also cause the body to grow old faster and increase the risk of cancer. When researchers examined   9 mice, they found that smaller ones had a much lower level of IGF-1. As a result, the smaller mice lived about one year longer than the larger ones.   12

Doctors should pay special attention to these results. The reason is that some doctors give special growth hormones to small children to help them grow taller. Unfortunately, these hormones   15 may also shorten their life.

Grammar Link

2행 | **특정 명사와 함께 쓰이는 전치사**

advantage over (~보다 유리한 점)   **effect on** (~에 미치는 영향)
control over (~에 대한 통제)   **objection to** (~에 대한 반대)

명사와 전치사 사이에
수식어가 들어갈 경우
해석에 유의해야 해요

the **advantage** of short people **over** tall people
키가 작은 사람들이 키가 큰 사람들보다 유리한 점

the **effects** of obesity **on** your body
비만이 당신의 몸에 미치는 영향들

1 이 글의 빈칸에 들어갈 말로 가장 적절한 것은?

① short people live longer
② height is not that important
③ short people live a happier life
④ hormones affect a person's height
⑤ short people have more hormones

2 이 글의 내용으로 보아, 다음 빈칸에 들어갈 말로 가장 적절한 것은?

> Hormones that help growth _____.

① make us stronger
② are produced at night
③ also affect our emotions
④ may cause people to die younger
⑤ may increase people's life expectancy

3 이 글의 내용과 일치하면 T, 일치하지 <u>않으면</u> F를 쓰시오.

(1) _____ 연구결과, 키 작은 사람들이 키 큰 사람들보다 5년 더 오래 살았다.

(2) _____ 성장호르몬은 작은 쥐들에게서 더 많이 검출되었다.

(3) _____ 의사들은 쥐들의 실험 결과를 인간에게 적용할 수 없다고 믿는다.

ⓖ

4 다음 우리말과 일치하도록 주어진 말을 배열하시오.

우리는 스트레스가 우리의 건강에 미치는 영향을 생각해야 한다.

We should consider _____.

(of stress / the effects / our health / on)

24

Nature

★★★ / 178 Words

In the middle of the Indian Ocean, there is a very small and beautiful island country called the Maldives. Located to the south of Sri Lanka, the Maldives is unique for its famous glowing ₃ beaches, which earned them the nickname "Sea of Stars." The most famous beach is on Vaadhoo Island.

However, it's not during the daytime but at night when this ₆ beach reaches the peak of its beauty. As night falls on the beach of Vaadhoo Island, you can see millions of blue neon dots twinkle like stars in the Milky Way. ₉

So what could possibly create such a gorgeous natural scene? Interestingly, the lights are created by plankton. When the waves hit against the beach, the plankton are stirred up and start to glow. That's ₁₂ because plankton glow when (A) exposed / concealed to outside pressure. It is their defense mechanism. By glowing, they try to distract the fish or other animals that they think are (B) attaching / attacking ₁₅ them. For your next travel plans, don't forget to (C) include / exclude the Maldives. It's one of those places you can't simply resist visiting.

Plankton glowing in the Maldives ▶

▲ The Maldives is located south-west of Sri Lanka and India in the Indian Ocean.

1 According to the passage, which question CANNOT be answered?

① Where is the Maldives located?

② Why do plankton glow in the dark?

③ How are the glowing lights created?

④ What is the nickname of the glowing beaches in the Maldives?

⑤ Where can we clearly see stars from the Milky Way in the Maldives?

2 Which one best fits in (A), (B), and (C)?

(A)	(B)	(C)
① exposed	attaching	include
② exposed	attacking	exclude
③ concealed	attacking	include
④ exposed	attacking	include
⑤ concealed	attaching	exclude

(서술형)

3 Complete the summary using the words from the passage.

> People can see glowing blue neon dots made by _____ on the beach of Vaadhoo Island in the Maldives. Plankton produce lights to _____ their enemies and defend themselves.

Words

located	위치한 / being in a particular place
glow	빛나다 / produce a soft steady light
earn	(명성·지위 등을) 얻다, 얻게 하다 / get something that you deserve because of something good you have done
peak	절정, 정점 / the point when somebody or something is best, most successful, strongest, etc.
fall	(밤·계절 등이) 다가오다, 찾아오다 / come at a particular time or happen in a particular place
twinkle	반짝거리다, 반짝반짝 빛나다 / shine in the dark with an unsteady light
the Milky Way	은하수, 은하계 / the group of planets and stars that the Earth belongs to
gorgeous	아주 멋진, 아름다운 / extremely beautiful or attractive
stir up	자극하다 / cause trouble or bad feeling
expose	노출시키다 / put someone in a situation where they are not protected from something dangerous
conceal	숨기다 / hide something
defense mechanism	방어기제 / a reaction in your body that protects you from an illness or danger
distract	(주의를) 딴 데로 돌리다 / take somebody's attention away from what they are trying to do
resist	(유혹을) 물리치다 / stop yourself from doing something that you want to do

Review Test

정답과 해설 p.48

[1-2] 다음 빈칸에 알맞은 단어를 고르시오.

1
> I cannot focus on my studies because the street noise _____ me.

① proves   ② conceals   ③ distracts   ④ reaches

2
> His book will _____ him money and fame.

① exist   ② earn   ③ expose   ④ attack

[3-5] 다음 영영 풀이와 의미가 같도록 빈칸에 알맞은 말을 보기에서 골라 쓰시오.

> 보기
>
> naked   expectancy   defense   visible

3 _____ mechanism: a reaction by a living thing against attacks by enemies

4 life _____ : the average length of time that a person may expect to live

5 _____ eye: the eye not aided by any instrument that changes visual powers

6 영영 풀이에 해당하는 단어는?

> the possibility that something bad, unpleasant or dangerous may happen

① risk   ② peak   ③ growth   ④ result

7 다음 중 밑줄 친 부분이 어색한 것은?

① I have no objection on your idea.

② Music can have an effect on our moods.

③ Humans should have control over robots.

④ You have many advantages over other people.

8 다음 우리말에 맞게 빈칸에 알맞은 말을 쓰시오.

나는 빨간 머리를 가진 인형이 특별히 마음에 든다.

I especially like the doll _____ _____ is red.

주어진 영영 풀이나 우리말에 해당하는 단어로 퍼즐을 완성하시오.

Across

❸ extremely sad because of something that has happened

❺ take something that belongs to someone else

❼ 시간, 길이, 거리와 같은 것을 짧게 하다

❽ shine with a soft light

Down

❶ 공간 또는 시간적으로 먼

❷ a creature from a planet other than Earth

❹ stop yourself from doing something that you want to do

❻ hide something

Answers ❶ distant ❷ alien ❸ heartbroken ❹ resist ❺ steal ❻ conceal ❼ shorten ❽ glow

Prove It If You're a Human

해석　[네가 인간이면 증명해봐] 당신은 인간입니까? 수학 캡챠: 16 × 9 = ☐ / 내가 정말 인간 맞아?

*captcha 캡챠(사람과 컴퓨터를 구별하기 위한 자동 로그인 방지 시스템)

25

Body

★★☆ / 154 words

We have happy and wonderful feelings when we fall in love. Have you ever wondered why those feelings do not last forever? The answer lies in a chemical called *nerve growth factor (NGF) in our brains. (ⓐ) According to some Italian scientists, this chemical makes us feel very romantic in the beginning. (ⓑ) When we first fall in love, levels of NGF increase, but that chemical fades over time. After a year or so, when we become more secure in a relationship, NGF levels drop. (ⓒ) The researchers analyzed 58 volunteers who had recently fallen in love. (ⓓ) They compared their levels of NGF with those of people who were single or in long-term relationships. (ⓔ) In addition, they learned that NGF caused sweaty hands and nervous stomachs. Perhaps it is this chemical that makes young men buy their girlfriends red roses and candlelit dinners!

*nerve growth factor 신경 성장 인자

Grammar Link

10행 | 앞 명사의 반복을 피하기 위한 지시대명사 that/those

Her voice is higher than **that** of the teacher. ▶ = the voice
그녀의 목소리가 선생님의 그것(목소리)보다 높다.

His speaking abilities are better than **those** of his friends. ▶ = the speaking abilities
그의 말하기 능력은 그의 친구들의 그것들(말하기 능력들)보다 뛰어나다.

반복되는 명사가 단수형이면 that, 복수형이면 those를 써요.

정답과 해설 p.49

1 이 글의 흐름으로 보아, 다음 문장이 들어가기에 가장 적절한 곳은?

> They found increased levels of NGF in the people who just started their relationships.

① ⓐ   ② ⓑ   ③ ⓒ   ④ ⓓ   ⑤ ⓔ

2 NGF에 관한 설명 중, 이 글의 내용과 일치하지 <u>않는</u> 것은?

① It is a chemical found in our brains.
② It makes people feel romantic.
③ It affects single people more than people in love.
④ It might make your hands sweat.
⑤ It can make young guys buy their girlfriends flowers.

3 다음 중 NGF 수치와 데이트 기간의 상관관계를 가장 잘 나타낸 그래프는?

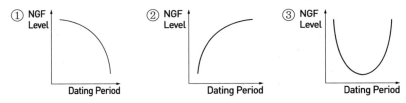

Ⓖ

4 다음 문장의 밑줄 친 부분을 자연스러운 문장이 되도록 고치시오.

(1) The population of Seoul is larger than <u>Busan</u>.

(2) The apartments in New York are much more expensive than <u>other cities</u>.

Did You Know?

신경 성장 인자
(Nerve Growth Factor)

NGF는 감정과 감각을 통제하는 특정 뉴런(neuron)의 유지, 성장, 생존을 위해 꼭 필요한 물질로 알려져 있다. NGF는 사랑을 시작할 때 로맨틱한 감정을 느끼게 해주는 데도 영향을 주지만, 그 외에도 화상 치료를 돕고, 알츠하이머와 같은 퇴행성 신경 질환의 진행을 늦추는 등 우리 몸 곳곳의 유지, 성장에도 관여한다.

Words

last 지속하다; 마지막의
lie in ~에 있다
chemical 화학 물질
romantic 사랑의 (성적인) 감정을 일으키는
fade 서서히 사라지다
over time 시간이 지나면서
secure 안전한, 안정감 있는
analyze 분석하다
(*n.* analysis 분석)
volunteer 자원자
compare A with B A와 B를 비교하다
sweaty 땀에 젖은, 축축한
(*v.* sweat 땀 흘리다)
nervous 신경이 과민한, 불안해 하는
stomach 위
candlelit 촛불을 밝힌

Science

★★★ / 208 words

The first life on Earth was a single-celled bacteria. For over a billion years, this single-celled bacteria evolved into various organisms, including fish, reptiles, mammals and humans. ³

(A) When a big bacteria swallowed a small bacteria, the small one refused to be digested and begged for its life. But the big bacteria didn't want to listen. So, the small bacteria proposed ⁶ a deal to the big bacteria: the small bacteria would become a part of the big bacteria's body and work for it like a servant. The big bacteria accepted the small bacteria's proposal, and ⁹ that is how they came to ____ⓐ____ together.

(B) How did this evolution happen? It happened in the process of bacteria competing and cooperating with one another for ¹² survival. For example, three billion years ago, bacteria on Earth fought and tried to eat each other. In this struggle for survival, an interesting thing happened. ¹⁵

(C) The small bacteria transformed itself into an organ and became a part of the big bacteria's body. This organ is what we now call *mitochondria. As you may already know, a ¹⁸ mitochondrion is an internal organ of an animal that produces energy by burning nutrients. This is how a single-celled bacteria evolved into a _____ⓑ_____, an animal with ²¹ mitochondria.

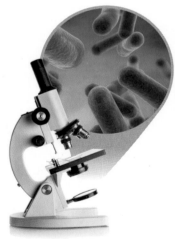

*mitochondria 미토콘드리아 (mitochondrion의 복수형, 진핵 세포 속에서 에너지를 만드는 소기관)

Grammar Link

11행 | 전치사+동명사의 의미상 주어+동명사
There's no use **of** my(me) **going** there. 내가 거기에 가는 것은 소용이 없다.
She was worried **about** his(him) **working** too much.
그녀는 그가 일을 너무 많이 하는 것에 대해 걱정했다.

의미상 주어는
소유격이나 목적격 형태를
모두 사용할 수 있어요.

정답과 해설 p.50

1 이 글의 (A), (B), (C)를 글의 흐름에 맞게 순서대로 배열한 것은?

① (A) – (B) – (C)　　　　② (A) – (C) – (B)

③ (B) – (A) – (C)　　　　④ (B) – (C) – (A)

⑤ (C) – (B) – (A)

2 이 글의 빈칸 ⓐ와 ⓑ에 들어갈 말로 가장 적절한 것은?

	ⓐ		ⓑ
①	compete	·····	simpler organism
②	exist	·····	more complex organism
③	compete	·····	more sensitive organism
④	exist	·····	simpler organism
⑤	evolve	·····	more complex organism

서술형

3 다음은 박테리아가 진화하는 과정을 설명한 것이다. 각 빈칸에 알맞은 말을 본문에서 찾아 문맥에 맞게 고쳐 쓰시오.

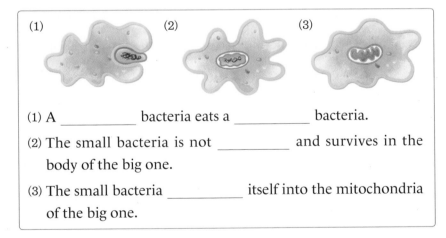

(1) A _____ bacteria eats a _____ bacteria.

(2) The small bacteria is not _____ and survives in the body of the big one.

(3) The small bacteria _____ itself into the mitochondria of the big one.

Ⓖ

4 다음 우리말과 일치하도록 주어진 말을 배열하시오.

그녀는 자기 남편이 직장을 얻게 될 것을 확신했다.

She was sure of _____.

(getting / her husband / a job)

Words

single-celled 단세포의
billion 10억
evolve into ~으로 진화하다
organism 유기체, 생물(체)
reptile 파충류
mammal 포유동물
swallow 삼키다
refuse 거부하다
digest (음식을) 소화하다
beg for ~을 구걸하다, 간청하다
propose a deal 거래를 제안하다
servant 하인, 종 (↔ owner 주인)
evolution 진화
compete with ~와 경쟁하다
cooperate with ~와 협력하다
struggle 투쟁, 싸움
transform A into B
A를 B로 변형시키다
organ 장기, 기관
internal 내부의
(↔ external 외부의)
문 2. exist 존재하다

27

Place

★ ★ ★ / 238 words

There is a very interesting hill on Jeju Island called Dokkaebi Road. If you park your car in the middle of the hill, it will slowly go up the slope by itself. 3

Surprisingly, Korea isn't the only country with a hill like this. In Maryland, U.S.A., there's a place called Spook Hill. If you park your car at the bottom of this hill, it rolls up just like the one on 6 Jeju Island. According to legend, this was where one of battles of the Civil War took place. Many soldiers died here. People believe that the ghosts of the soldiers push their cars up the hill. That is 9 why the hill is known as "Spook Hill."

Are these hills really haunted? A research team conducted a study on Spook Hill. When they placed a measuring device on the 12 hill, it pointed downward, which means it is downhill. So, although it looks uphill, it is actually downhill.

Then why does a downhill road look like an uphill road? 15 Scientists say it's a kind of optical illusion. The illusion occurs because you can't see the horizon from where you are. Also, the surrounding landscape makes the hill appear to be going 18 up. So when you think your car is going up, it's actually

_____.

The next time you see one of these "ghost hills," don't 21 believe the local legend. There are no ghosts. It is only an optical illusion.

▲ Dokkaebi Road on Jeju Island

Grammar Link

18행 | appear(seem) to+동사원형: ~인 것 같다
She **appeared to** be in her late 40s. 그녀는 (나이가) 사십 대 후반인 것 같았다.
He doesn't **seem to** care about my feelings. 그는 내 감정을 신경 쓰지 않는 것 같다.

정답과 해설 p.52

1 이 글의 제목으로 가장 적절한 것은?

① Two Famous Downhill Roads
② The Truth about Ghost Hills
③ Haunted Hills around the World
④ Optical Illusions in Everyday Life
⑤ Legendary Heroes of the Civil War

2 이 글의 빈칸에 들어갈 말로 가장 적절한 것은?

① haunted
② going down
③ disappearing
④ going up, too
⑤ going nowhere

3 이 글을 다음과 같이 요약할 때, 빈칸 (A), (B)에 들어갈 말로 가장 적절한 것은?

> The (A) _____ of ghost hills is due to their surroundings which (B) _____ the eyes.

	(A)	(B)		(A)	(B)
①	mystery	deceive	②	beauty	deceive
③	magic	attract	④	beauty	attract
⑤	mystery	hurt			

Ⓖ
4 다음 우리말과 일치하도록 주어진 말을 배열하시오.

그는 그 문제에 대한 해결책을 찾은 것 같았다.

He _____ to the problem.

(the solution / to / appeared / find)

Words

park 주차하다; 공원
slope 경사지
by itself 저절로
spook 유령, 귀신 (= ghost)
roll 구르다, 굴러가다
legend 전설
(a. legendary 전설적인)
battle 전투
the Civil War (미국) 남북 전쟁
take place 일어나다
be known as ~로 알려져 있다
haunted 귀신[유령]이 나오는
measuring device 측정 장치
cf. measure 측정하다, 재다
point 가리키다, 향하다
downhill 내리막의; 내리막길
(↔ uphill 오르막의; 오르막길)
optical illusion 착시 현상
cf. optical 시각적인
occur 일어나다, 발생하다
the horizon 수평선
surrounding 주위의; 환경
landscape 풍경
local 지역의, 현지의
문 3. deceive 속이다, 현혹시키다

Review Test

1 짝지어진 단어의 관계가 나머지와 <u>다른</u> 것은?

① evolve – evolution　　　　　② organ – organism

③ analyze – analysis　　　　　④ compete – competition

[2–4] 다음 영영 풀이와 의미가 같도록 빈칸에 알맞은 말을 보기 에서 골라 쓰시오.

┌ 보기 ─────────────────────────────────┐
　　　　haunted　　　struggle　　　magic　　　illusion
└──────────────────────────────────────┘

2 _____ for survival: the competition between living things to survive

3 a(n) _____ house: a house where ghosts appear

4 optical _____ : an experience of seeing something which does not exist

5 빈칸에 공통으로 들어가기에 알맞은 것은?

┌──────────────────────────────────────┐
│ · The musical, *Excalibur*, is based on the _____ of King Arthur.
│ · According to _____, the first king of Silla was born from an egg.
└──────────────────────────────────────┘

① battle　　　　② science　　　　③ legend　　　　④ research

[6–7] 다음 우리말과 일치하도록 주어진 말을 바르게 배열하시오.

6 내 부모님은 내가 그 파티에 가는 것을 허락하지 않으셨다.

My parents didn't _____.

　　　　　　(going / of / to the party / me / approve)

7 네 차에 무슨 문제가 있는 것 같니?

_____ with your car?

　　(seems to / the problem / what / be)

8 밑줄 친 부분이 의미하는 것을 문장에서 찾아 쓰시오.

The average temperature of Busan is higher than <u>that</u> of Seoul.

090 | LEVEL 7

28

Environment

★☆☆ / 127 words

There is a saying that "Nature knows best." This seems to be very true when it comes to cleaning wastewater. Modern equipment for cleaning wastewater is expensive. Therefore, to save ₃ money, scientists have been studying how water is cleaned in nature. In particular, they have been looking at wetlands.

In wetlands, plants (A) release / absorb fresh oxygen into the ₆ water, and bacteria break down some of the pollutants by eating them. Other harmful chemicals are (B) removed / added when the water passes through the soil. ₉

Realizing this, many countries are making artificial wetlands to clean their wastewater naturally. These wetlands can clean wastewater without using chemicals. And they (C) promote / provide ₁₂ natural homes for birds and other animals. Many such man-made wetlands are being built in countries around the world with excellent results.

Grammar Link

10행 | 분사구문: 접속사와 주어를 생략하고 동사는 현재분사(-ing) 형태로 만든다.

Feeling uncomfortable at the party, he left early. ▶ = As he felt ~
그는 파티에서 불편했기 때문에 일찍 떠났다.

Hearing the news, I was excited. ▶ = When I heard ~
그 소식을 들었을 때, 나는 흥분했다.

문맥에 따라 적절한
접속사의 의미를 짐작해서
해석해야 해요.

정답과 해설 p.55

1 이 글의 주제로 가장 적절한 것은?

① ways to preserve disappearing wetlands
② an economical way to prevent pollution
③ making artificial wetlands to clean water
④ how natural wetlands prevent soil pollution
⑤ some differences between natural and artificial wetlands

2 (A), (B), (C)의 각 네모 안에서 문맥에 맞는 낱말로 짝지어진 것은?

	(A)		(B)		(C)
①	release	·····	removed	·····	promote
②	release	·····	added	·····	provide
③	release	·····	removed	·····	provide
④	absorb	·····	added	·····	promote
⑤	absorb	·····	removed	·····	provide

3 이 글의 내용으로 보아, 빈칸 (A)와 (B)에 들어갈 말로 가장 적절한 것은?

> Artificial wetlands are ____(A)____ , require no ____(B)____ to clean wastewater and are helpful for wildlife.

	(A)		(B)
①	inexpensive	·····	pollutants
②	expensive	·····	chemicals
③	convenient	·····	pollutants
④	inexpensive	·····	chemicals
⑤	expensive	·····	equipment

Ⓖ

4 다음 두 문장이 같은 뜻이 되도록 빈칸에 알맞은 말을 쓰시오.

When she listened to the song, she started to sing along.

= _____ to the song, she started to sing along.

Did You Know?

세계적 습지, 창녕 우포늪

매년 2월 2일은 '세계 습지의 날'로, 점차 사라져 가는 습지와 습지에 서식하는 많은 생물들을 보존하기 위해 맺은 람사르 협약(Ramsar Convention)을 기념하기 위해 지정되었다. 우리나라 최대 자연 습지는 경상남도 창녕의 우포늪인데, 인제 용늪, 제주 동백동산 습지, 순천만과 함께 람사르 습지로 등록되어 특별 관리를 받고 있다. 약 70만 평 규모의 우포늪에는 우리나라 전체 식물 종류의 10%인 430여 종이 서식하고 있으며, 다양한 철새들도 이곳을 찾는다.

Words

saying 속담, 격언
when it comes to ~에 대해서라면
wastewater 폐수, 오수
equipment 장비, 설비
in particular 특히 (= particularly)
wetland 습지
release 방출하다; 개봉하다
break down (물질을) 분해하다
pollutant 오염 물질
harmful 해로운 (↔ harmless 무해한)
remove 제거하다
pass through 빠져나가다
soil 토양, 흙
artificial 인공의 (= man-made)
promote 촉진하다
provide 제공하다, 주다
문 1. **preserve** 보존하다
 3. **wildlife** 야생 생물

29

Psychology

★ ★ ☆ / 149 words

Animals usually choose their partners because of their smell. However, this is not limited to animals. According to studies, humans tend to choose their partners for their smell as well. 3

Every human being is born with a certain type of smell. A person's smell is determined by his or her immune system. The immune system protects the body from infections and diseases. 6 Different people have different immune systems. It means some people are better at fighting off certain sicknesses than others. Therefore, a couple with different immune systems is likely to 9 have healthy children with broader immunity to diseases.

Humans are designed to like partners with different smells from their own. Some scientists say that this is nature's way of making 12 sure that children are born with diverse immune systems to fight off disease. Not sure who the right person for you is? Don't worry. Just follow your nose!

Grammar Link

12행 | **make sure (that)+주어+동사 ~**: 반드시 ~하도록 하다[명심하다]
Make sure (that) the bath water is warm. 반드시 목욕물이 따뜻하도록 해라.
You must **make sure (that)** he follows the rules of the game.
너는 그가 반드시 게임의 규칙을 따르도록 해야 한다.

1 이 글의 내용으로 볼 때, 사람에게서 나는 냄새를 결정짓는 것은?

① 건강 상태   ② 면역 체계

③ 식습관   ④ 생활 환경

⑤ 신체 활동

(서술형)

2 이 글을 다음과 같이 요약할 때, 빈칸에 들어갈 말을 본문에서 찾아 쓰시오.

> If you marry someone with a different _____, your
> children are likely to have fewer _____.

3 이 글의 내용과 일치하면 T, 일치하지 <u>않으면</u> F를 쓰시오.

(1) _____ 인간은 태어날 때부터 각기 특정한 체취가 있다.

(2) _____ 면역 체계는 유전적인 요인보다 환경적인 요인에 더 큰 영향을
받는다.

(3) _____ 서로 다른 냄새를 가진 사람에게 호감을 갖는 것은 자연의 법칙
이다.

ⓖ

4 다음 우리말과 일치하도록 주어진 말을 배열하시오.

너는 반드시 컴퓨터를 끄도록 명심해라.

_____ the computer.

(turn off / that / you / make sure)

Words

tend to ~하는 경향이 있다
as well 또한
determine 결정하다
immune system 면역 체계
cf. immunity 면역(력)
infection 감염, 전염병
fight off ~와 싸워 물리치다
be likely to ~할 가능성이 있다
broad 폭넓은 (↔ narrow 좁은)
be designed to
~하도록 만들어지다
cf. design 설계하다, 만들다
diverse 다양한

Why are Mozart, Elvis Presley and Michael Jackson so popular? What does their music have in common? All of them share the same characteristic: pink noise. Pink noise is the sound that is most ³ pleasing and comfortable to people's ears. Good examples of pink noise include sounds made by birds, a breeze, soft rain and water flowing in a stream. _____(A)_____, pink noise is a sound that is ⁶ present in nature, not artificially created.

In 1975, two physicists named Richard Voss and John Clarke at the University of California conducted research on the rhythms ⁹ and sounds of music. When they studied classical and modern music, they made an amazing discovery: the more popular the music, the more pink noise it contained. ¹²

These days, pink noise is used in other areas, too. _____(B)_____, educators use pink noise to improve students' memories. In fact, it was reported that students who listened to music with pink ¹⁵ noise, especially Mozart's sonatas, got higher scores on tests. Pink noise has also been used to develop air conditioners that produce a very pleasant sound.

정답과 해설 p.58

1 What is the best title for the passage?

① Pink Noise in Nature

② How to Make Pink Noise

③ Research on Pink Noise

④ Pink Noise: The Most Pleasing Sound

⑤ The Importance of Pink Noise in Music

2 Which one best fits in the blanks (A) and (B)?

	(A)		(B)
①	By the way	·····	Furthermore
②	In other words	·····	For example
③	By the way	·····	For example
④	As a result	·····	Similarly
⑤	In other words	·····	Furthermore

3 According to the passage, which is NOT true about pink noise?

① It is the most pleasing and relaxing sound.

② The sound of twittering birds on a tree is pink noise.

③ A lot of popular music has pink noise in it.

④ Educators use pink noise to increase students' overall abilities.

⑤ People developed air conditioners that make pink noise.

Words

have ~ in common	(특징 등을) 공통적으로 지니다 / have the same interests, characteristics, or experience as someone
share	(감정, 생각 등을) 공통적으로 갖다 / have the same feelings, ideas, experiences, etc.
pleasing	즐거운, 기분 좋은 / giving enjoyment or satisfaction
breeze	산들바람, 미풍 / a light wind
flow	흐르다 / move steadily and continuously in one direction
stream	개울, 시내 / a small, narrow river
present	존재하는 (↔ absent 부재한) / existing in a particular place or thing
artificially	인공적으로 / in a way that copies something natural
physicist	물리학자 (cf. physics 물리학) / a scientist who studies physics
conduct	(특정한 활동을) 하다 / plan and do a particular activity
classical	고전적인 / traditional and long-established in form or style cf. classic 최고 수준의
contain	~이 들어 있다 / have something inside

Review Test

정답과 해설 p.59

1 짝지어진 단어의 관계가 나머지와 <u>다른</u> 것은?

① artificial – man-made   ② promote – delay

③ broad – narrow   ④ present – absent

[2-4] 다음 영영 풀이에 해당하는 단어를 고르시오.

2
> a scientist who studies nature, especially how matter and energy work

① psychologist   ② researcher   ③ physicist   ④ professor

3
> unable to be affected by a particular disease

① immune   ② diverse   ③ harmless   ④ comfortable

4
> the state of people suffering from an illness

① process   ② infection   ③ condition   ④ equipment

5 우리말 풀이가 <u>틀린</u> 것은?

① break down: (물질을) 분해하다   ② have ~ in common: 공통적으로 지니다

③ when it comes to: ~을 위해서   ④ fight off: ~와 싸워 물리치다

6 빈칸에 공통으로 들어가기에 알맞은 것은?

> • People will _____ hundreds of birds into the sky at the ceremony.
> • The movie maker will _____ a new movie next year.

① share   ② remove   ③ determine   ④ release

7 다음 두 문장이 같은 뜻이 되도록 빈칸에 알맞은 말을 쓰시오.

As I watched a boring movie, I fell asleep.

= _____ _____ _____ _____, I fell asleep.

8 다음 우리말에 맞게 빈칸에 알맞은 말을 쓰시오.

너는 수영장에서 수영 모자를 반드시 쓰도록 명심해라.

_____ _____ that you wear a swimming cap in the pool.

● 주어진 알파벳으로 단어를 완성하여 빈칸을 채우시오.

1 m e t a r s

A path runs alongside the s_____.

2 w l o l a s w

I saw the snake s_____ the rat whole.

3 r h i o n o z

We could see a ship on the h_____.

4 l w o f

Hot water _____s through the pipes.

5 t a d e l n w

The w_____s are home to a large variety of wildlife.

6 p o t a r e o c e

Lions c_____ with each other when hunting game.

7 g i s e d t

Most babies can d_____ a wide range of food easily.

8 d f e a

Molly's smile slowly _____d, and she looked serious.

9 r e z e b e

Riding a bicycle in the cool b_____ makes me feel happy.

10 n e v e o r u t l

I need some v_____s to help with the washing-up.

Answers **1** stream **2** swallow **3** horizon **4** flow **5** wetland **6** cooperate **7** digest **8** fade **9** breeze **10** volunteer

Drive Slow Kids Texting

해석 [천천히 운전하세요, 아이들이 문자 메시지를 보내고 있어요]

UNIT

09

31

Invention

★★☆ / 164 words

Bill Bowerman founded Nike, the world-famous shoe company. But when he was young, he was once a coach for a track and field team at the University of Oregon. As a caring coach, he disliked ³ the metal spiked shoes that were widely used at the time. So, he always tried to find lighter and more comfortable running shoes for his athletes. But the shoes he could get weren't good enough. ⁶ So he designed a pair of running shoes himself.

How did Bill Bowerman make the first rubber *sole? One day, he was watching his wife making waffles for breakfast. Then, he ⁹ asked himself a question that might seem silly to other people. He wondered what would happen if he poured rubber into a *waffle iron. Later, he tried it, and the result was something like the ¹² bottom of most sport shoes we see today. In the end, his silly question led to the waffle sole, which was a great breakthrough in the shoe industry.

*sole 신발의 밑창 *waffle iron 와플 굽는 틀

▲ Nike's handmade "Moon Shoe," designed by Bill Bowerman in 1972

Grammar Link

6행 | **enough의 쓰임**

· 부사 enough: 형용사나 다른 부사를 수식할 때는 그 뒤에 온다.
He is not <u>old **enough**</u> to get married. 그는 결혼할 만큼 충분히 나이가 들지 않았다.

· 형용사 enough: 명사를 수식할 때는 그 앞에 온다.
She didn't have **enough** <u>time</u> to rest. 그녀는 쉴 충분한 시간이 없었다.

1 이 글에서 **Bill Bowerman**의 신발 밑창에 대한 아이디어가 나온 계기는?

① 신발 제조 업자들의 의견을 듣고

② 아내가 그의 사업에 참여함으로써

③ 같은 원리를 전혀 다른 대상에 적용하여

④ 시중에 나온 여러 상품들을 비교 분석함으로써

⑤ 신발의 불편함에 대한 선수들의 설문조사를 통하여

2 **Bill Bowerman**에 관한 설명 중, 이 글의 내용과 일치하지 <u>않는</u> 것은?

① He was a coach before he started a shoe company.

② He hated the metal spiked shoes which were popular in his day.

③ He used his wife's advice for business.

④ He came up with an idea for new shoes after seeing a waffle iron.

⑤ He made an important achievement in the shoe industry.

(서술형)

3 이 글의 밑줄 친 <u>his silly question</u>이 가리키는 내용을 본문에서 찾아 영어로 쓰시오.

Ⓖ

4 다음 문장에서 enough가 들어가기에 가장 적절한 곳은?

(1) I don't have ∧ money ∧ to buy ∧ a new car.
　　　　　　 ①　　　 ②　　　 ③

(2) The book was ∧ easy ∧ for him ∧ to understand.
　　　　　　 ①　 ②　　 ③

Words

found 설립하다, 세우다
(-founded-founded)
track and field 육상 경기
caring 배려하는, 보살피는
spiked 스파이크(운동화 바닥의 뾰족한 못)가 박힌
athlete 운동선수
rubber 고무
silly 바보 같은, 유치한
pour 붓다, 쏟아 붓다
lead to ~로 이어지다, 이끌다
(lead-led-led)
breakthrough
(과학·기술 등의) 획기적인 진전; 돌파구
industry 산업
문 2. **achievement** 업적

32

Society

★★★ / 175 words

In gangster movies, we often see crimes take place in back alleys. The windows of the buildings are broken, and their walls are covered with messy writings or drawings. Do crimes actually ₃ happen in those places?

According to James Q. Wilson and George L. Kelling's broken windows theory, the answer is yes. If a window in a building is ₆ broken and left unrepaired, the people walking by think that no one cares about it. They take it as a message of neglect and are more easily tempted to commit crimes. ₉

Therefore, if we remove a sign of disorder that leads to crimes, the crime rate should decrease. In fact, New York City Mayor Rudolph Giuliani started to use this theory to reduce crime in ₁₂ 1994. Police officers kept the subways free of *graffiti and stopped people from riding for free. These actions signaled that the city had taken control of the subway again and helped to reduce crime ₁₅ significantly. Surprisingly, the crime rate dropped by 30 to 40 percent after a year of this policy.

*graffiti (공공 장소에 하는) 낙서

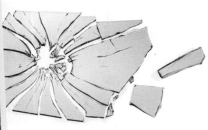

Grammar Link

6행 | **5형식 문장(주어＋동사＋목적어＋목적격 보어)의 수동태**

We left <u>the window in the building</u> unrepaired. ▶ 5형식
　　　　목적어　　　　　　　　　　목적격 보어

→ **<u>The window in the building</u> was left** unrepaired (by us). ▶ 수동태(2형식)

He **kept <u>the door</u>** open. → **<u>The door</u> was kept** open by him.
그는 문을 열어 두었다.

정답과 해설 p.62

1 이 글의 내용으로 보아, 빈칸 (A)와 (B)에 들어갈 말로 가장 적절한 것은?

> Even a small sign of ____(A)____ might encourage people to ____(B)____ .

	(A)		(B)
①	order	·····	take action
②	disorder	·····	commit crimes
③	disorder	·····	take control
④	order	·····	commit crimes
⑤	kindness	·····	take action

(서술형)

2 이 글에서 Rudolph Giuliani가 취한 조치 두 가지를 찾아 우리말로 쓰시오.

3 다음 중 이 글을 읽고 답할 수 <u>없는</u> 질문은?

① Who came up with the broken windows theory?

② When did the mayor use the broken windows theory?

③ What kind of graffiti was drawn in the back alleys?

④ How much did the crime rate decrease after a year of Giuliani's policy?

⑤ What message do people get when they pass by an unrepaired window?

(G)

4 다음 두 문장의 의미가 같도록 빈칸에 알맞은 말을 쓰시오.

He left the work unfinished.

= The work _____ by him.

33

Medicine

★★★ / 231 words

▲ Louis Pasteur(1822–1895)

What do you think really causes diseases? In the 19th century, world-famous microbiologist, Louis Pasteur, said that diseases were caused by germs, like bacteria and viruses. But some 3 scientists argued that this was not true. They believed that bacteria were only the result of diseases, not the cause.

Those who opposed Pasteur compared bacteria to flies. Flies are 6 attracted to rotten, smelly food. Does this mean that flies make food go bad? Obviously not. The food has already gone bad before flies land on it. Flies mostly go for food that has gone bad. They 9 rarely go for fresh food. Bacteria are like flies. Bacteria are normally found in diseased, rotten body tissue because their mission is to remove the rotten tissue. Bacteria never attack 12 healthy body tissue with strong immunity.

Medical doctors unjustly blame bacteria for causing diseases and often prescribe antibiotics to kill them. However, killing bacteria 15 is as unreasonable as killing flies. Even if the flies are removed, the food will not become fresh. In the same way, sick people don't get better just because bacteria are killed. 18

On his deathbed, Louis Pasteur actually _____. He said, "Germs are nothing; the condition of the body is everything." If this is true, then the best way to stay healthy is to build a strong 21 body by taking in proper nutrition and exercising on a regular basis.

Grammar Link

1행 | **주의할 간접의문문의 어순:** 의문사 + do you think(believe, guess, suppose 등) + (주어) + 동사 ~?
What **do you think** they will want for dinner? 너는 그들이 저녁으로 무엇을 원할 거라고 생각하니?
Who **do you believe** should be responsible for the accident?
너는 그 사고에 대해 누가 책임을 져야 한다고 믿니?

1 이 글의 제목으로 가장 적절한 것은?

① How Bacteria Make Food Go Bad
② The Side Effects of Using Antibiotics
③ The Harmful Effects of Germs on Our Body
④ The Reason We Get Sick Remains a Mystery
⑤ Bacteria: Unjustly Blamed for Causing Diseases

2 이 글의 빈칸에 들어갈 말로 가장 적절한 것은?

① denied his own theory
② refused to admit his mistakes
③ believed germs caused diseases
④ objected to using strong antibiotics
⑤ argued against those who opposed him

3 이 글의 내용과 일치하면 T, 일치하지 <u>않으면</u> F를 쓰시오.

(1) _____ 파리는 음식을 부패시키는 원인이 아니다.
(2) _____ 박테리아를 모두 제거하면 몸이 건강해진다.
(3) _____ 파스퇴르는 적절한 운동과 영양 섭취의 중요성을 강조했다.

Ⓖ

4 다음 중 우리말과 일치하도록 주어진 말을 배열하시오.

너는 누가 항상 문제를 일으킨다고 믿니?

_____ always causes problems?

(do / believe / who / you)

Words

microbiologist 미생물학자
disease 병, 질병
 (*a.* diseased 병에 걸린)
germ 세균, 미생물
oppose ~에 반대하다,
이의를 제기하다
compare A to B
A를 B에 비유하다
be attracted to ~에 끌리다
rotten 썩은, 부패한
smelly 냄새 나는 (*n.* smell 냄새)
land 내려앉다, 착륙하다
go for ~을 얻으려고 애쓰다,
~로 끌리다
body tissue 신체 조직
remove 없애다, 제거하다
immunity 면역력
unjustly 부당하게
blame A for B
B를 A의 탓으로 돌리다
prescribe 처방하다
antibiotic 항생제, 항생물질
unreasonable 불합리한, 부당한
(↔ reasonable 타당한, 합리적인)
deathbed 임종(의 자리)
take in (몸속으로) ~을 섭취하다
proper 적절한, 제대로 된
문 2. **deny** 부정하다, 부인하다
 (-denied-denied)
 object to ~에 반대하다

Review Test

정답과 해설 p.66

1 밑줄 친 부분과 유사한 의미의 단어는?

> I left the food outside in hot weather, so it has gone <u>bad</u>.

① sick   ② fresh   ③ rotten   ④ smelly

2 빈칸에 알맞은 단어는?

> Jim went back to his hometown to _____ a company with his family.

① find   ② pour   ③ remove   ④ found

[3-5] 적절한 표현끼리 짝지은 후, 알맞은 우리말과 연결하시오.

3 prescribe •   • ⓐ a crime •   • ⓓ 항생제를 처방하다

4 commit •   • ⓑ for a job •   • ⓔ 죄를 저지르다

5 go •   • ⓒ antibiotics •   • ⓕ 직업을 구하려고 애쓰다

6 두 문장이 같은 의미가 되도록 빈칸에 알맞은 단어는?

> I'm _____ to quit my job.
> = I would like to quit my job.

① tempted   ② supposed   ③ neglected   ④ opposed

[7-8] 다음 우리말과 일치하도록 주어진 말을 바르게 배열하시오.

7 나는 코트를 입을 만큼 춥지는 않다고 생각한다.

I think _____ a coat.

(to wear / cold / not / it's / enough)

8 그 지붕은 내 여동생에 의해 파란색으로 칠해졌다.

_____ by my sister.

(blue / was / the roof / painted)

9 다음 우리말과 일치하도록 밑줄 친 부분을 바르게 고치시오.

너는 그 소년이 그 가방을 어디에 놓을 거라고 생각하니?

<u>Do you think where</u> the boy will put the bag?

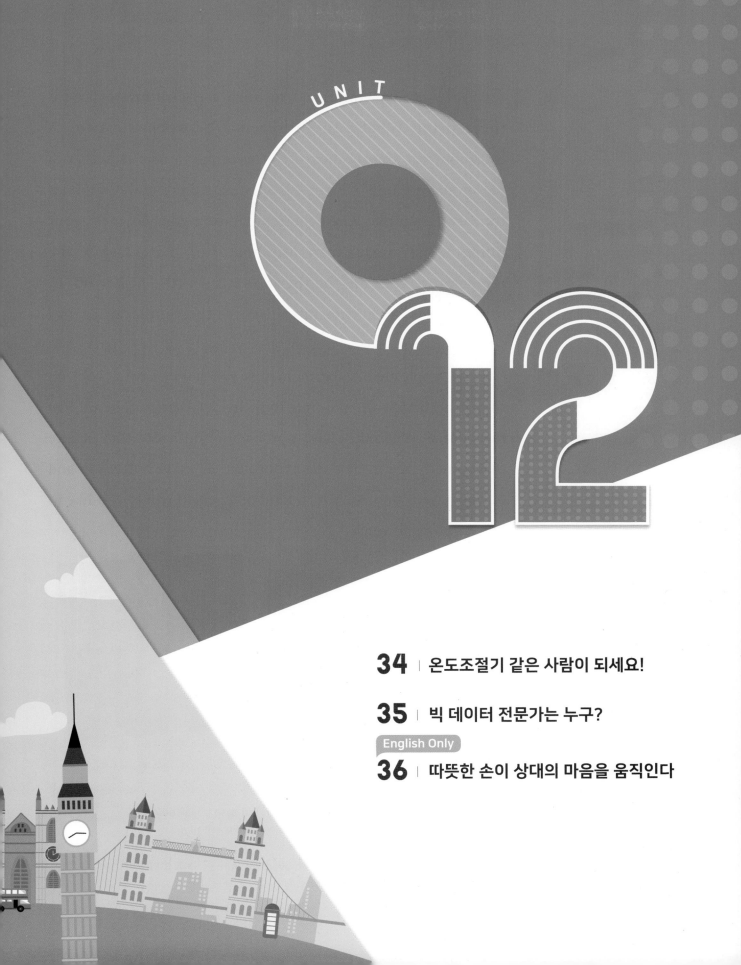

34

Lesson

★☆☆ / 141 words

People can be compared to both a thermometer and a thermostat. What's the difference between the two? A thermometer simply measures the temperature. However, a thermostat not only measures the temperature but also responds to it. For example, when the temperature goes down in your home, a thermostat turns the heater on. Later, when the temperature goes up, the thermostat turns the heater off. In other words, a thermostat measures the temperature and _____.

Some people are like thermometers. When they have a problem, they just allow it to take over their lives. Other people are like thermostats. When they have a problem or difficulty, they believe that something can be done about it. They make a decision and quickly take action. So, which kind of a person would you like to be? It's all up to you.

Grammar Link

4행 | **not only A but also B**: A뿐만 아니라 B도 (= B as well as A)

From depression, people suffer **not only** mentally, **but also** physically.
= From depression, people suffer physically **as well as** mentally.
우울증으로 사람들은 정신적으로뿐만 아니라 신체적으로도 고통을 받는다.

We **not only** <u>ate delicious dishes</u> **but also** <u>enjoyed fun games</u>. ▶ A, B가 동사구로 일치
우리는 맛있는 음식을 먹었을 뿐만 아니라 재미있는 게임도 즐겼다.

A와 B는 병렬구조를 이루도록 형태를 일치시켜요

1 이 글에서 필자가 주장하는 바로 가장 적절한 것은?

① Don't make excuses for your failures.
② Take action when you're in difficulties.
③ Take your time when making decisions.
④ Follow your heart and live your dreams.
⑤ Look at every situation as an opportunity.

2 이 글의 빈칸에 들어갈 말로 가장 적절한 것은?

① stops measuring it
② does nothing about it
③ keeps on measuring it
④ waits for it to go down
⑤ does something about it

3 이 글의 thermometer와 thermostat이 나타내는 것으로 가장 알맞은 것은?

thermometer		thermostat
① 감정적인 사람	·····	이성적인 사람
② 이기적인 사람	·····	이타적인 사람
③ 결단력이 있는 사람	·····	우유부단한 사람
④ 수동적인 사람	·····	능동적인 사람
⑤ 냉정한 사람	·····	온화한 사람

Ⓖ

4 다음 우리말과 일치하도록 빈칸에 알맞은 말을 쓰시오.

학생들뿐만 아니라 교사들 자신들에게도 문제가 있다.

There are problems _____ _____ with the students,
_____ _____ with the teachers themselves.

Words

be compared to ~에 비유되다
thermometer 온도계
thermostat 자동 온도조절기
measure 측정하다
temperature 온도
respond to ~에 대응하다,
반응하다
take over 점거하다, 지배하다
take action 조치를 취하다
It's up to you.
그것은 당신에게 달려 있다.
🗎 1. **make an excuse**
변명을 하다
take one's time
천천히 하다

35

Job

★★☆ / 180 words

In ten years, what will be the most important job? Some experts predict that it will be "big data specialist." Then, what is big data? It refers to extremely large user data sets that are analyzed by computers. A big data specialist's job is to pick out only the most important pieces of information out of millions of user data.

YouTube is a good example of what a big data specialist does. When you log on to YouTube, it shows videos that are similar to the ones you've watched. How do big data specialists know what you like? They first go through your user data and look at which sites you frequently visit. By doing so, they figure out what interests you and recommend what you are likely to love. Furthermore, they monitor your activities on Facebook or Instagram to keep track of your buying and behavior patterns.

As the demand for big data analysis increases, _____ _____. If you're thinking of your future career, why don't you consider becoming a big data specialist?

BIG DATA

Grammar Link

8행 | **부정대명사 one**: 앞에 나온 명사의 반복을 피하기 위해 사용한다.
Boiled potatoes are healthier than fried **ones**. ▶ = potatoes
삶은 감자가 튀긴 것들보다 건강에 더 좋다.

As I missed the train, I waited for the next **one**. ▶ = train
내가 기차를 놓쳤기 때문에, 나는 다음 것을 기다렸다.

불특정한 대상을 나타낼 때는 it, them 등의 지칭 대명사를 쓰지 않아요.

1 이 글의 제목으로 가장 적절한 것은?

① A Short History of Big Data

② How to Find the Best Big Data Specialist

③ Big Data Specialists: A Promising Future Job

④ How to Be a Successful YouTube Video Maker

⑤ Skills Necessary to Become a Big Data Specialist

2 이 글의 빈칸에 들어갈 말로 가장 적절한 것은?

① social media will rely on big data

② people will use social media more carefully

③ the importance of social media will increase

④ the demand for big data specialists will increase

⑤ people will have more difficulty dealing with big data

서술형

3 다음은 이 글의 내용을 설명한 것이다. 빈칸에 들어갈 말을 보기에서 골라 쓰시오.

〈How big data specialists know what you like〉

They look into your (A) _____ data and monitor (B) _____ you visited most often.

⬇

They find out what your (C) _____ are.

⬇

They make (D) _____ on what you are likely to love.

보기
interests   user   suggestions   websites

Ⓖ

4 다음 문장의 괄호 안에서 알맞은 것을 고르시오.

(1) This box is too small. I need a bigger (one / it).

(2) I lost my textbook yesterday. I couldn't find (one / it).

Did You Know?

SNS? No, Social Media!

우리가 많이 사용하는 SNS는 Social Network Services(또는 Sites)의 약자로, 트위터, 페이스북, 웨이보와 같은 소셜 네트워크 서비스를 일컫는다. 하지만 SNS는 실제로 영어권에서는 사용하지 않는 말이다. SNS대신 social media라고 해야 올바른 표현이다.

Words

expert 전문가
predict 예측하다
refer to ~을 나타내다
extremely 극도로, 극히
user data set 사용자가 만들었거나 사용한 자료의 집합체
analyze 분석하다
(*n.* analysis 분석)
pick out ~을 고르다
log on to ~에 접속하다
go through
~을 살펴보다, 조사하다
frequently 자주, 흔히
figure out ~을 알아내다
interest ~의 관심[흥미]을 끌다; 관심, 흥미
recommend 추천하다
monitor 모니터하다, 감시하다
keep track of
~을 기록하다, 파악하다
behavior pattern 행동 패턴
demand 요구, 수요; 요구하다
career 직업
consider 고려하다
문 1. **promising** 유망한
　2. **social media** 소셜 미디어
　　(소셜 네트워크 서비스)

36

Psychology

★ ★ ☆ / 166 words

A team of Yale University researchers wanted to know _____ _____. They chose 41 college students to help them find out. (ⓐ) In the study, a female stranger was in the elevator. (ⓑ) When a student entered the elevator, she asked them to hold her coffee cup so that she could write something down. Sometimes the cup was hot, sometimes it was cold.

Later, the participants were asked what they thought of the stranger. (ⓒ) Those who held a hot cup of coffee in their hands rated the stranger as having a warm personality. Those who held a cold cup rated her as less warm. (ⓓ)

The researchers concluded that physical warmth makes us view others more favorably, and may even make us more generous. Why is this so? According to the psychologists, the same part of our brain that processes temperature also processes feelings of trust. (ⓔ) Therefore, touching warm objects makes people more positive and trusting of others.

1 Which one best fits in the blank?

① how often people's needs change

② how coffee affects people's emotions

③ how body temperature affects our health

④ how carelessly people rate the strangers' behavior

⑤ how people's hand temperature affects others' emotions

2 Where does the following sentence best fit?

> Interestingly, there was a clear difference.

① ⓐ   ② ⓑ   ③ ⓒ   ④ ⓓ   ⑤ ⓔ

3 The participants who held the warm cup _____.

① rejected the stranger's request

② said the coffee was delicious

③ viewed the stranger more favorably

④ were more accurate in their judgment

⑤ disagreed on their opinions about the stranger

서술형

4 Complete the summary using the words from the passage.

> Physical warmth affects how we feel about others because _____
> and _____ are processed in the same part of our _____.

Words

participant	참가자 / someone who is involved in an activity
rate	평가하다 / make a judgment about the quality or value of someone or something
personality	성격 / someone's character, especially the way they behave toward other people
conclude	결론을 내리다 / decide something after a period of research
physical	육체의, 신체의 / related to someone's body rather than their mind
view	(~라고) 여기다[보다, 생각하다] / think about something or someone in a particular way
favorably	호의적으로 / in a kindly manner
generous	관대한, 너그러운 / kind in the way you treat people
process	처리하다 / deal with information
문 3. reject	거절하다 / refuse to accept

Review Test

[1-2] 다음 빈칸에 알맞은 단어를 고르시오.

1

She is very hardworking, so the company seems to _____ her highly.

① rate　　　② process　　　③ interest　　　④ measure

2

Kathy decided to start her _____ as an English teacher.

① place　　　② career　　　③ goal　　　④ specialist

3 밑줄 친 부분과 바꿔 쓸 수 없는 단어는?

I was extremely touched by the book. I cried a lot after reading it.

① deeply　　　② really　　　③ truly　　　④ rarely

4 우리말 풀이가 틀린 것은?

① behavior patterns: 행동 패턴들　　　② a warm personality: 따뜻한 성격

③ it's up to you: 네가 나보다 한 수 위다　　　④ log on to YouTube: 유튜브에 접속하다

5 빈칸에 공통으로 들어가기에 알맞은 것은?

• Once you make up your mind, _____ action quickly.

• Don't let a small problem _____ over your life.

① get　　　② take　　　③ consider　　　④ monitor

6 영영 풀이에 해당하는 단어는?

a person with special knowledge, skill or training in something

① expert　　　② researcher　　　③ psychologist　　　④ participant

7 다음 괄호 안에서 알맞은 것을 고르시오.

I lost my umbrella, so I need to buy a new (it / one).

8 다음 우리말과 일치하도록 주어진 말을 바르게 배열하시오.

그는 나를 그 도시로 데려왔을 뿐만 아니라 나를 위해 좋은 직업도 찾아 주었다.

He _____ for me.

(a good job / brought me / found / not only / but also / to the city)

116 | LEVEL 7

Word Hunter

● 주어진 뜻에 맞게 단어를 완성한 후, 각 번호에 해당하는 알파벳으로 문장을 만드시오.

Words

1 m d n e d a 요구, 수요

□□□□□□
   6

2 p e k s i d 스파이크가 박힌

□□□□□□
   4

3 n g u e s o r e 관대한

□□□□□□□□
  15   8

4 l e b m a ~을 탓하다

□□□□□
 5 14

5 r p e r o p 적절한

□□□□□□
17   12

6 z a y a e n l 분석하다

□□□□□□□
16   10

7 g l a s n i 알리다

□□□□□□
     1

8 c m d r n e o e m 추천하다

□□□□□□□□□
9   3

9 r h o y e t 이론

□□□□□□
  2   11

10 r q e t f e u y l n 자주, 흔히

□□□□□□□□□
 7   13

Sentence

□□□□ □□□□□□ □□□ □□□□.
1 2 3 4   5 6 7 8 9 10   11 12 13   14 15 16 17

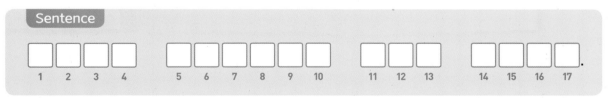

Old vs. New

해석   **[구세대 대 신세대]** 선생님이 그런 오래된 기술을 쓰시는데 제가 어떻게 그 정보를 믿겠어요?

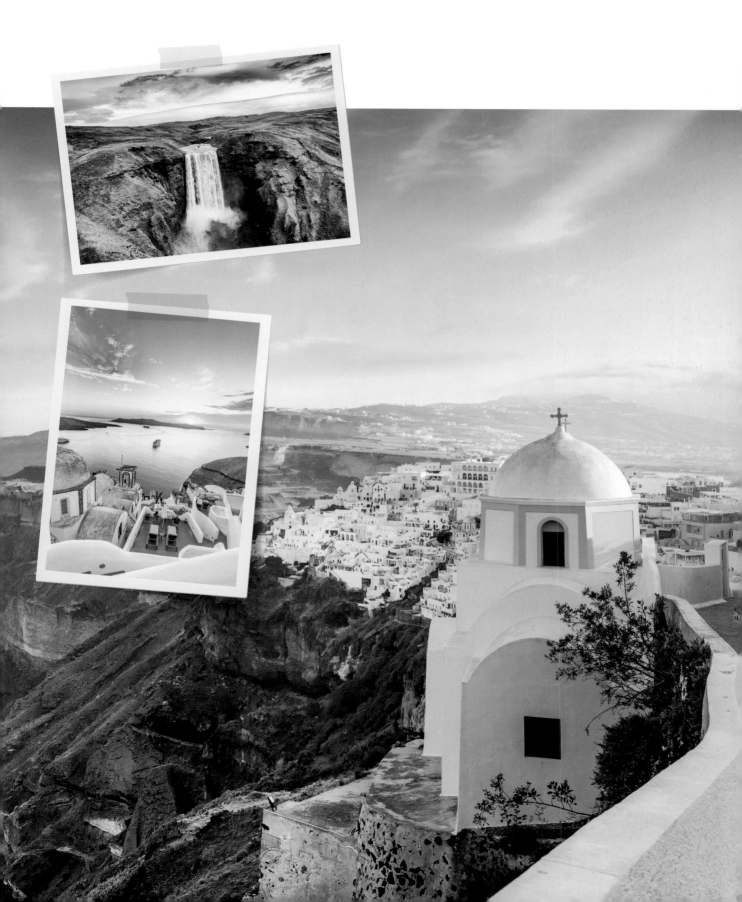

READER'S BANK

Level **7**

WORKBOOK

UNIT별 어휘 문제 및 주요 문장 해석하기

visang

ABOVE IMAGINATION

우리는 남다른 상상과 혁신으로
교육 문화의 새로운 전형을 만들어
모든 이의 행복한 경험과 성장에 기여한다

READER'S BANK

Level 7

WORKBOOK

UNIT별 어휘 문제 및 주요 문장 해석하기

A 다음 영어 단어나 표현의 우리말 뜻을 쓰시오.

1 direct (v.) _____
2 erase _____
3 impressed _____
4 actual _____
5 landscape _____
6 run out of _____
7 ideal _____
8 protect _____
9 infinite _____
10 copy (v.) _____
11 storage _____
12 part of speech _____
13 competition _____
14 influence (n.) _____
15 speak up _____
16 generate _____
17 reproduce _____
18 cave _____
19 object to _____
20 unlimited _____

B 다음 우리말에 해당하는 영어 단어나 표현을 쓰시오.

1 터지다, 폭발하다 _____
2 위험 _____
3 표현 _____
4 (연료를) 태우다 _____
5 근원, 원천 _____
6 환경 _____
7 (화초에) 물을 주다 _____
8 미술품 _____
9 수소 _____
10 (폐품을) 재활용하다 _____
11 나타내다, 반영하다 _____
12 화석 연료 _____
13 혼자, 혼자 힘으로 _____
14 대안, 선택 가능한 것 _____
15 질을 높이다 _____
16 도구[수단] _____
17 적은 비용으로 _____
18 ~을 제시하다, 내놓다 _____
19 ~에 참여하다 _____
20 규칙을 깨뜨리다 _____

○ 다음 각 문장의 밑줄 친 부분에 유의하여 해석하시오.

1 An unusual art contest <u>took place</u> in the United States in 2018.

_____

2 <u>The artists taking part</u> were robots!

_____

3 <u>It was</u> the human <u>who</u> came up with the idea and directed the robot.

_____

4 <u>Some</u> robots painted creative landscapes. <u>Others</u> copied artworks from the past.

_____

5 The robot that took first place copied <u>a painting by Cézanne</u>.

_____

6 The robot reproduced the painting's pattern <u>on its own</u>.

_____

7 Some artists object to using robots for art <u>on the grounds that</u> it can't reflect human creativity.

_____

8 Robots are tools for creative expression <u>in the same way that cameras are</u>.

_____

02 미래 에너지는 수소가 답이다

○ 다음 각 문장의 밑줄 친 부분에 유의하여 해석하시오.

1 The world is <u>running out of</u> fossil fuels like coal and oil.

_____

2 We don't have to worry about <u>using it up</u>.

_____

3 Hydrogen <u>is made from</u> water and is recycled back into water after use.

_____

4 Hydrogen generates water vapor <u>when burned</u>.

_____

5 Hydrogen is considered "clean energy" <u>that can protect the environment</u>.

_____

6 We have not yet found a way to produce hydrogen <u>at a low cost</u>.

_____

7 Hydrogen can explode, so we need to be careful <u>when storing it</u>.

_____

8 If these problems are solved, hydrogen <u>might</u> become the best energy source.

_____

○ **다음 각 문장의 밑줄 친 부분에 유의하여 해석하시오.**

1 He encouraged me to speak up.

_____

2 His name was William Shakespeare, a 16th-century playwright.

_____

3 Shakespeare could not express himself fully by using nouns only as nouns.

_____

4 Shakespeare tried breaking the rules of grammar.

_____

5 Shakespeare used nouns as verbs without changing the words.

_____

6 When people saw Shakespeare doing this, they were impressed.

_____

7 We try to erase the lines between all parts of speech.

_____

8 Next time you see a noun used as a verb, think of Shakespeare's wisdom!

_____

A 다음 영어 단어나 표현의 우리말 뜻을 쓰시오.

1 attract _____

2 hot spring _____

3 insult (*n.*) _____

4 be aware of _____

5 soft drink _____

6 send out _____

7 disgusting _____

8 chemical _____

9 be kicked off _____

10 explorer _____

11 warning _____

12 invade _____

13 consume _____

14 manage to _____

15 name _____

16 drive away _____

17 misleading _____

B 다음 우리말에 해당하는 영어 단어나 표현을 쓰시오.

1 간 (신체 기관) _____

2 영양소, 영양분 _____

3 영향을 미치다 _____

4 교묘한 방법, 속임수 _____

5 항해하다 _____

6 동료의 _____

7 방어, 수비 _____

8 수단 _____

9 유해한 _____

10 발견하다 _____

11 (원하는) 효과가 나다 _____

12 알아채다, 포착하다 _____

13 A에게 B를 공급하다 _____

14 저장하다 _____

15 영양가가 높은〔많은〕 _____

16 위치하다, ~에 있다 _____

17 ~을 섭취〔흡수〕하다 _____

04 나무들의 신기한 의사소통 방법

○ 다음 각 문장의 밑줄 친 부분에 유의하여 해석하시오.

1 <u>No tree</u> has lips or says words.

_____

2 <u>Strange as it may sound</u>, some trees do manage to communicate.

_____

3 A willow tree <u>sends out</u> a special smell when it is attacked by insects.

_____

4 <u>Knowing that harmful insects are nearby</u>, the trees make a certain chemical.

_____

5 This chemical <u>drives</u> the insects <u>away</u> from the willow trees.

_____

6 Poplars send out a warning smell when they <u>are invaded by</u> caterpillars.

_____

7 <u>The trees that receive the signal</u> give out disgusting chemicals.

_____

8 Their smell acts as a good means of communication <u>as well as</u> defense against their enemies.

_____

05 아이슬란드와 그린란드 이름의 유래

○ 다음 각 문장의 밑줄 친 부분에 유의하여 해석하시오.

1 You probably imagine <u>a very cold place covered with ice</u>.

_____

2 Erik the Red <u>named it Greenland</u>!

_____

3 His trick <u>worked well</u>, and lots of Vikings moved to Greenland.

_____

4 Greenland <u>makes you think of</u> a land covered with plants.

_____

5 After Erik the Red killed someone on Iceland, he <u>was kicked off the island</u>.

_____

6 Although Iceland <u>is located quite far north</u>, it is warmed by the Gulf Stream.

_____

7 <u>Only 11% of Iceland</u> is covered with ice.

_____

8 An explorer who didn't like the island <u>called it Iceland as an insult to the place</u>.

_____

정답 p.74

○ 다음 각 문장의 밑줄 친 부분에 유의하여 해석하시오.

1 Are two foods <u>with the same number of calories</u> equally nutritious?

_____

2 What's the difference <u>between</u> 100 calories of a sweet potato <u>and</u> 100 calories of a cola?

_____

3 Sweet potatoes provide us with carbohydrates and proteins <u>as well as</u> vitamins.

_____

4 The sweet potato will mostly be burned <u>as</u> your body takes in the nutrients.

_____

5 Your body <u>is likely to</u> store most of the sugar in its liver as fat.

_____

6 Don't make decisions about what to eat <u>based on</u> the number of calories alone.

_____

7 Be aware of <u>not only</u> how many calories you're taking in, <u>but also</u> how they affect your body.

_____

8 <u>Knowing the nutritional value of your food</u> will help you make smarter food choices.

_____

A 다음 영어 단어나 표현의 우리말 뜻을 쓰시오.

1 hit _____

2 factor _____

3 perceive _____

4 chemical _____

5 feature _____

6 overly _____

7 outcome _____

8 altitude _____

9 beneficial _____

10 object (*n.*) _____

11 melt _____

12 particular _____

13 nerve _____

14 absorb _____

15 decrease _____

16 ordinary _____

17 rainy season _____

18 be on the rise _____

B 다음 우리말에 해당하는 영어 단어나 표현을 쓰시오.

1 기여, 이바지 _____

2 혁명적인, 획기적인 _____

3 (날씨가) 습한 _____

4 영향을 미치다 _____

5 밀도 _____

6 ~당, ~마다 _____

7 이동하다; 여행하다 _____

8 (인체 내의) 장기, 기관 _____

9 분위기, 대기 _____

10 끊임없이 _____

11 (조직적인) 운동 _____

12 짙은, 두꺼운 _____

13 평균의 _____

14 접근법; 다가오다 _____

15 조언하다, 충고하다 _____

16 손상되다 _____

17 ~을 씻어내다 _____

18 ~에 따라 _____

○ 다음 각 문장의 밑줄 친 부분에 유의하여 해석하시오.

1 He explains how hot water removes natural oils from our skin.

_____

2 Hot water washes away the natural oil that your body produces.

_____

3 Your skin may become too dry and even get damaged.

_____

4 We bathe so often that soap is not really necessary.

_____

5 Skin doctors advise people not to use too much soap for different reasons.

_____

6 The harmful chemicals can be absorbed through our skin.

_____

7 If overly used, soaps might remove beneficial bacteria living on your skin.

_____

8 Doctors suggest that you take a warm shower without soap.

_____

08 홈런의 숨은 비결

○ 다음 각 문장의 밑줄 친 부분에 유의하여 해석하시오.

1 What kind of factors affect the outcome of a baseball game?

_____

2 The weather is one of the most important factors that influence the outcome of a game.

_____

3 This is because the weather affects the density of air.

_____

4 This means that when a baseball travels, there is less air for it to hit.

_____

5 The baseball travels farther when it is warm.

_____

6 The average number of home runs per game was 2 in April, but 3 in July.

_____

7 Home runs are more common high up in the mountains.

_____

8 This is why the most home runs in the Major Leagues happen at Coors Field.

_____

인상주의가 불러온 변화들

정답 p.74

○ 다음 각 문장의 밑줄 친 부분에 유의하여 해석하시오.

1 Before Impressionism, most painters focused on traditional subject matters.

_____

2 The Impressionists took an interest in the daily lives of ordinary people.

_____

3 Monet and Renoir often painted people enjoying picnics in the park.

_____

4 Artists believed that everything had its own unique color.

_____

5 The color of an object constantly changes depending on the amount of sunlight.

_____

6 The Impressionists painted the objects according to how they saw them in a particular place.

_____

7 They introduced the joy of perceiving things as we actually see them rather than as we are told to.

_____

8 Impressionism became one of the most popular movements in art history.

_____

정답 p.74

A 다음 영어 단어나 표현의 우리말 뜻을 쓰시오.

1   absorb _____

2   examine _____

3   rate (*n.*) _____

4   perform _____

5   disappearance _____

6   race _____

7   export _____

8   roughly _____

9   trail _____

10 deforestation _____

11 mammal _____

12 raise _____

13 path _____

14 tell _____

15 personality _____

16 get distracted _____

17 challenging _____

18 pick up _____

19 burn down _____

20 dozens of _____

B 다음 우리말에 해당하는 영어 단어나 표현을 쓰시오.

1   고대의 _____

2   분석하다 _____

3   현재의, 지금의 _____

4   파괴하다 _____

5   추구하다 _____

6   알아채다, 인지하다 _____

7   (특정 방향으로) 향하다 _____

8   (생물의) 종 _____

9   이해, 식견, 통찰력 _____

10 가로지르다; 십자가 _____

11 ~상태로 (남아) 있다 _____

12 비교 _____

13 ~의 냄새를 맡다 _____

14 열대 우림 _____

15 충격을 받다 _____

16 ~을 따라잡다 _____

17 썩어 없어지다 _____

18 ~에 집착하다, 고수하다 _____

19 ~을 완전히 파괴하다 _____

20 목표를 세우다 _____

10 하나의 목표에 집중하라!

○ 다음 각 문장의 밑줄 친 부분에 유의하여 해석하시오.

1 The hunter <u>was impatient to see</u> how the dog would perform.

_____

2 <u>As soon as</u> they entered the woods, the dog picked up a bear's trail.

_____

3 The dog stopped, sniffed the ground and then <u>headed in a new direction</u>.

_____

4 The dog had noticed a deer's trail, <u>which</u> had crossed the first trail.

_____

5 The dog stopped again, <u>smelling a rabbit that had crossed the path of the deer</u>.

_____

6 The hunter caught up with his dog, <u>only to find</u> it barking proudly down the hole.

_____

7 We can get distracted easily and fail <u>while pursuing our goals</u>.

_____

8 That's why once you <u>set a goal</u>, you should just stick to it until the end.

_____

11 열대 우림을 삼키는 햄버거

○ 다음 각 문장의 밑줄 친 부분에 유의하여 해석하시오.

1 Tropical forests are <u>burnt down</u> to make your hamburgers.

_____

2 It's not easy to <u>relate</u> hamburgers <u>to</u> the disappearance of the forests.

_____

3 You have to burn down a section of the tropical forest <u>as big as</u> your classroom.

_____

4 You have to destroy the habitats of <u>20 to 30 plant species</u>.

_____

5 Roughly <u>half of the world's rainforests</u> have been wiped out.

_____

6 About <u>80% of the cattle</u> raised in the rainforests are exported to consumers globally.

_____

7 <u>With the increasing demand for meat</u>, more and more forests will be destroyed.

_____

8 If deforestation continues <u>at the current rate</u>, the remaining rainforests could be gone altogether.

_____

12 뼈는 당신의 모든 것을 알고 있다

○ 다음 각 문장의 밑줄 친 부분에 유의하여 해석하시오.

1 <u>Learning about ancient humans</u> is quite challenging.

_____

2 <u>While</u> you're alive, your bones are alive, too.

_____

3 After death, the hard bones <u>remain sources of information</u>.

_____

4 <u>By analyzing</u> human bones, researchers can discover a dead person's age, sex, race and height.

_____

5 Researchers can even tell <u>how many children a woman had</u>.

_____

6 The bones and teeth also show what kind of food people <u>used to eat</u>.

_____

7 Researchers can find out <u>which muscles were often used</u>.

_____

8 This can give us an idea as to what kind of work a person <u>might have done</u>.

_____

A 다음 영어 단어나 표현의 우리말 뜻을 쓰시오.

1 occur _____

2 immediately _____

3 raise _____

4 approach _____

5 conduct _____

6 frightened _____

7 intake _____

8 liver _____

9 lose weight _____

10 lower _____

11 reduce _____

12 occasion _____

13 nutritionist _____

14 cut down on _____

15 break down into _____

16 in return _____

17 take away _____

18 hit upon _____

B 다음 우리말에 해당하는 영어 단어나 표현을 쓰시오.

1 적응하다 _____

2 선원, 승무원 _____

3 원주민; 토박이의 _____

4 효과적인 _____

5 결국 _____

6 연료 _____

7 저장하다 _____

8 먹다, 마시다 _____

9 순서; 주문 _____

10 (눈에) 보이는 _____

11 경고하다 _____

12 속이다 _____

13 굶주리다, 굶어 죽다 _____

14 위기, 최악의 고비 _____

15 극복하다 _____

16 ~을 모르다 _____

17 결국 ~하게 되다 _____

18 ~에 상륙하다 _____

○ 다음 각 문장의 밑줄 친 부분에 유의하여 해석하시오.

1 Christopher Columbus <u>landed on</u> the island of Jamaica.

_____

2 The natives couldn't <u>keep providing</u> Columbus with food.

_____

3 Columbus <u>hit upon a good idea</u> to get over the crisis.

_____

4 Columbus' god would be angry and <u>take away</u> the moon.

_____

5 Columbus knew <u>that there was going to be an eclipse of the moon.</u>

_____

6 An eclipse is <u>an occasion when</u> the Earth is between the sun and the moon.

_____

7 <u>Since</u> the moon is in the Earth's shadow, it is not visible.

_____

8 The natives begged Columbus to give them back the moon <u>in return</u>.

_____

14 적게 먹어도 살이 빠지지 않는 이유

○ 다음 각 문장의 밑줄 친 부분에 유의하여 해석하시오.

1 What is the best way to <u>lose weight</u>?

_____

2 Most people believe <u>that the best way to lose weight is to eat less.</u>

_____

3 Some nutritionists say that <u>this is just a myth.</u>

_____

4 <u>Only 0.6% of people who ate less</u> succeeded in losing weight.

_____

5 80% of those who <u>did</u> lose weight gained that weight back.

_____

6 Your body <u>slows down</u> its metabolism rate when calorie intake is decreased.

_____

7 When your body <u>takes in</u> 500 fewer calories, it burns 500 fewer calories.

_____

8 <u>Even if</u> you eat less, you won't lose weight in the long term.

_____

단식이 우리 몸에 미치는 영향

정답 p.75

○ 다음 각 문장의 밑줄 친 부분에 유의하여 해석하시오.

1 A good way to lose weight is <u>not</u> to eat <u>at all</u> for a certain period of time.

_____

2 The food that you eat <u>breaks down</u> into glucose or sugar.

_____

3 <u>The way that your body stores and uses sugar</u> is very unique.

_____

4 Your body <u>transforms</u> the sugar <u>into</u> fat and stores it in the muscles.

_____

5 <u>As long as</u> sugar remains in the liver, your body won't use the fat in the muscles.

_____

6 <u>This is why</u> you cannot reduce fat just by eating less.

_____

7 <u>If</u> you fast for a day or two, your body will use up all the sugar in the liver.

_____

8 <u>What is better</u> is that using fat does not lower the metabolism rate.

_____

A 다음 영어 단어나 표현의 우리말 뜻을 쓰시오.

1 imitation _____
2 phenomenon _____
3 migrate _____
4 immunity _____
5 vest _____
6 celebrity _____
7 bean _____
8 sour _____
9 evergreen plant _____
10 yield _____
11 suicide _____
12 claim _____
13 moonlight _____
14 sweeten _____
15 rainy season _____
16 dress up _____
17 stick to _____
18 sound sleep _____
19 tell A from B _____
20 crash into _____

B 다음 우리말에 해당하는 영어 단어나 표현을 쓰시오.

1 포함하다, 함유하다 _____
2 농작물, 수확량 _____
3 혼란시키다 _____
4 지속하다, 계속하다 _____
5 부추기다, 조장하다 _____
6 영향을 미치다 _____
7 슬픔, 비애 _____
8 ~을 탓하다 _____
9 독, 독약 _____
10 맛, 풍미 _____
11 기어가다 _____
12 보통(은), 보통 때는 _____
13 미화하다 _____
14 막다, 방해하다 _____
15 멸종 위기에 처한 _____
16 번식하다 _____
17 A를 B로 오인하다 _____
18 ~을 야기하다, 초래하다 _____
19 ~에 노출되다 _____
20 ~하는 데 어려움이 있다 _____

16 신 것을 달콤하게 만드는 신비한 과일

○ **다음 각 문장의 밑줄 친 부분에 유의하여 해석하시오.**

1 Lemon can <u>taste sweet</u> like candy.

_____

2 The berry's bush grows <u>up to six meters high</u>.

_____

3 It produces white flowers and small red berries <u>with a sweet flavor</u>.

_____

4 A bush yields two crops every year <u>after the rainy season</u>.

_____

5 The fruit contains a special protein <u>called miraculin</u>.

_____

6 When you eat miracle fruit, this protein <u>sticks to</u> your tongue's taste buds.

_____

7 Your brain <u>mistakes</u> acid <u>for</u> sugar for a moment.

_____

8 <u>This sweetening effect</u> only lasts from 15 to 60 minutes.

_____

정답 p.76

○ 다음 각 문장의 밑줄 친 부분에 유의하여 해석하시오.

1 Every year, millions of birds die <u>because of</u> city lights.

_____

2 Migrating or hunting birds at night <u>find their way</u> by moonlight and starlight.

_____

3 The birds <u>crash into</u> buildings because they are confused by the bright lights.

_____

4 Baby sea turtles often <u>crawl toward</u> streetlights.

_____

5 The turtles believe the bright lights are the moon <u>shining on the water.</u>

_____

6 Some animals even <u>have difficulty having</u> babies.

_____

7 <u>Both</u> humans <u>and</u> diurnal animals produce melatonin during sleep.

_____

8 Melatonin is a hormone <u>mainly produced in the dark.</u>

_____

○ 다음 각 문장의 밑줄 친 부분에 유의하여 해석하시오.

1 One day, Werther decides to <u>end his life</u>.

_____

2 He sits down at his desk <u>with an open book</u> and shoots himself.

_____

3 Many men throughout Europe <u>did the same thing as</u> Werther.

_____

4 Werther's suicide <u>led</u> to more than 2,000 suicides by readers of the novel.

_____

5 The phenomenon of such imitation suicides <u>started to be called</u> the "Werther Effect."

_____

6 Famous American actress Marilyn Monroe killed herself by <u>taking sleeping pills</u>.

_____

7 <u>Though</u> Michael Jackson didn't commit suicide, some fans killed themselves.

_____

8 Some people <u>blame</u> the media <u>for</u> creating this phenomenon.

_____

A 다음 영어 단어나 표현의 우리말 뜻을 쓰시오.

1 appear _____

2 mating _____

3 faithful _____

4 pebble _____

5 smooth _____

6 disaster _____

7 ceremony _____

8 heartbroken _____

9 gene _____

10 organism _____

11 beyond _____

12 ruin _____

13 pass away _____

14 funeral _____

15 upload _____

16 version _____

17 significant _____

18 modify _____

19 as a token of _____

20 play a role in _____

B 다음 우리말에 해당하는 영어 단어나 표현을 쓰시오.

1 훔치다, 도둑질하다 _____

2 결함, 장애 _____

3 행하다; 연습하다 _____

4 외계인, 우주인 _____

5 직면하다 _____

6 제공하다, 주다 _____

7 ~에게 문자를 보내다 _____

8 대답하다, 반응하다 _____

9 삽입하다 _____

10 결합시키다 _____

11 수컷(의), 남성(의) _____

12 찾아 보다, 뒤지다 _____

13 입력하다, 타자 치다 _____

14 혜택, 이득 _____

15 유지하다, 지속하다 _____

16 관련[관계] 없는 _____

17 부작용 _____

18 조치를 취하다 _____

19 ~에 제한되다 _____

20 ~하려고 시도하다 _____

○ 다음 각 문장의 밑줄 친 부분에 유의하여 해석하시오.

1 A male penguin offers a female a pebble as <u>a token of his love</u>.

_____

2 Penguins use pebbles <u>to build</u> stone nests.

_____

3 It means that the female has <u>accepted the proposal</u>.

_____

4 The two partners stand <u>side by side</u> and perform a mating song.

_____

5 The couple <u>remains faithful</u> to each other for the rest of their lives.

_____

6 Pebbles <u>play a very significant role in</u> the choice of a penguin's mate.

_____

7 A male penguin will search the entire beach to find <u>the smoothest</u> pebble.

_____

8 The male may <u>attempt to</u> steal the best-looking pebble from a neighbor's nest.

_____

● 정답 p.76

○ 다음 각 문장의 밑줄 친 부분에 유의하여 해석하시오.

1 This is called genetic modification <u>or</u> GM.

_____

2 <u>The idea of changing genes to develop new kinds of crops</u> is not new.

_____

3 Scientists <u>have been practicing</u> this method.

_____

4 Traditional breeding <u>follows nature's way</u> by combining genes between similar plants.

_____

5 Bacterial genes can <u>be inserted into</u> corn to prevent insect attack.

_____

6 The side effects <u>are</u> not <u>limited to</u> animals.

_____

7 <u>Since</u> people started eating GM foods, allergies have rapidly increased.

_____

8 We <u>might have to</u> face a terrible disaster in the near future.

_____

○ 다음 각 문장의 밑줄 친 부분에 유의하여 해석하시오.

1 In the future, this won't have to be the case.

_____

2 You will be able to maintain your relationship beyond death.

_____

3 You will be able to text your girlfriend on your phone, just like old times.

_____

4 Having your girlfriend as an avatar will be like she never left.

_____

5 How will AI make this possible?

_____

6 You can create an avatar, a digital version of yourself.

_____

7 Your family could communicate with your avatar even after you're gone.

_____

8 The concept of death as we know it might change.

_____

A 다음 영어 단어나 표현의 우리말 뜻을 쓰시오.

1 visible _____

2 glow _____

3 distant _____

4 located _____

5 shorten _____

6 gorgeous _____

7 resist _____

8 certain _____

9 twinkle _____

10 fall _____

11 galaxy _____

12 universe _____

13 growth hormone _____

14 conceal _____

15 light year _____

16 naked eye _____

17 stir up _____

B 다음 우리말에 해당하는 영어 단어나 표현을 쓰시오.

1 증명하다 _____

2 ~에 도달하다, 닿다 _____

3 측정하다 _____

4 먼, 떨어져 있는 _____

5 존재하다 _____

6 알아차리다, 깨닫다 _____

7 위험, 위험 요소 _____

8 얻다, 얻게 하다 _____

9 이점, 장점 _____

10 노출시키다 _____

11 절정, 정점 _____

12 (주의를) 딴 데로 돌리다 _____

13 기대 _____

14 (사람의) 키 _____

15 (불·전깃불 등이) 꺼지다 _____

16 ~에 주목하다 _____

17 방어기제 _____

○ 다음 각 문장의 밑줄 친 부분에 유의하여 해석하시오.

1 Many stars that we see in the night sky are not really there.

_____

2 A star's light might reach us long after the star stops existing.

_____

3 The light from Proxima Centauri takes more than four light years to reach us.

_____

4 If the light went out today, we wouldn't realize it until four years later.

_____

5 Some stars may have died before the Korean War.

_____

6 The most distant stars visible to the naked eye are 2.6 million light years away.

_____

7 Some of these stars whose light we see today may have already disappeared.

_____

8 The fact that we see light from stars far away proves that the universe is huge.

_____

○ 다음 각 문장의 밑줄 친 부분에 유의하여 해석하시오.

1 Most people think that being tall has <u>more advantages than</u> being short.

_____

2 There is one <u>advantage</u> that short people have <u>over</u> tall people.

_____

3 Researchers found that shorter people <u>have a longer life expectancy</u>.

_____

4 There are certain growth hormones <u>called IGF-1</u> in the body.

_____

5 These same hormones also <u>cause the body to grow</u> old faster.

_____

6 Researchers found that smaller mice had a <u>much</u> lower level of IGF-1.

_____

7 Doctors should <u>pay special attention</u> to these results.

_____

8 Doctors give the growth hormones to small children to <u>help them grow</u> taller.

_____

24 몰디브 섬 해안가를 수놓은 별들의 정체

○ 다음 각 문장의 밑줄 친 부분에 유의하여 해석하시오.

1 The Maldives is unique for its famous glowing beaches.

_____

2 It's not during the daytime but at night when the beach reaches its beauty.

_____

3 You can see millions of blue neon dots twinkle like stars in the Milky Way.

_____

4 When the waves hit against the beach, the plankton are stirred up.

_____

5 That's because plankton glow when exposed to outside pressure.

_____

6 Plankton try to distract other animals that they think are attacking them.

_____

7 For your next travel plans, don't forget to include the Maldives.

_____

8 The Maldives is one of those places you can't simply resist visiting.

_____

A 다음 영어 단어나 표현의 우리말 뜻을 쓰시오.

1 struggle (*n.*) _____

2 organ _____

3 evolution _____

4 last _____

5 servant _____

6 slope _____

7 secure _____

8 mammal _____

9 point (*v.*) _____

10 deceive _____

11 stomach _____

12 downhill _____

13 swallow _____

14 surrounding _____

15 sweaty _____

16 propose a deal _____

17 spook _____

18 by itself _____

19 compete with _____

20 beg for _____

B 다음 우리말에 해당하는 영어 단어나 표현을 쓰시오.

1 전설 _____

2 화학 물질 _____

3 촛불을 밝힌 _____

4 전투 _____

5 분석하다 _____

6 거부하다 _____

7 일어나다, 발생하다 _____

8 자원자 _____

9 주차하다; 공원 _____

10 풍경 _____

11 내부의 _____

12 지역의, 현지의 _____

13 구르다, 굴러가다 _____

14 서서히 사라지다 _____

15 신경이 과민한 _____

16 (음식을) 소화하다 _____

17 ~으로 진화하다 _____

18 ~로 알려져 있다 _____

19 ~와 협력하다 _____

20 A와 B를 비교하다 _____

25 사랑과 호르몬의 관계

○ 다음 각 문장의 밑줄 친 부분에 유의하여 해석하시오.

1 We have happy feelings when we <u>fall in love</u>.

_____

2 <u>Have</u> you <u>ever wondered</u> why those feelings do not last forever?

_____

3 The answer <u>lies in</u> a chemical called nerve growth factor in our brains.

_____

4 This chemical <u>makes us feel romantic</u> in the beginning.

_____

5 When we first fall in love, levels of NGF increase, but that chemical <u>fades over time</u>.

_____

6 The researchers analyzed volunteers who <u>had</u> recently <u>fallen</u> in love.

_____

7 The researchers <u>compared</u> their levels of NGF <u>with</u> those of people who were single.

_____

8 <u>It may be</u> this chemical <u>that</u> makes guys buy their girlfriends red roses!

_____

26 박테리아가 인류 최초의 조상?!

○ 다음 각 문장의 밑줄 친 부분에 유의하여 해석하시오.

1 This single-celled bacteria <u>evolved into</u> various organisms.

_____

2 It happened in the process <u>of bacteria competing</u> with one another for survival.

_____

3 The small bacteria <u>refused to</u> be digested and begged for its life.

_____

4 The small bacteria <u>proposed a deal</u> to the big bacteria.

_____

5 <u>That is how</u> the small bacteria and big bacteria came to exist together.

_____

6 The small bacteria <u>transformed</u> itself <u>into</u> an organ.

_____

7 This organ is <u>what</u> we now call mitochondria.

_____

8 A single-celled bacteria evolved into <u>a complex organism, an animal with mitochondria</u>.

_____

정답 p.78

○ 다음 각 문장의 밑줄 친 부분에 유의하여 해석하시오.

1 The car will slowly go up the slope <u>by itself</u>.

_____

2 The car will roll up just like the <u>one</u> on Jeju Island.

_____

3 Spook Hill was <u>where</u> one of battles of the Civil War took place.

_____

4 That is why the hill <u>is known as</u> "Spook Hill."

_____

5 A research team <u>conducted a study on</u> Spook Hill.

_____

6 The illusion occurs because you can't see the horizon <u>from where you are</u>.

_____

7 The surrounding landscape makes the hill <u>appear to</u> be going up.

_____

8 <u>The next time</u> you see one of these "ghost hills," don't believe the local legend.

_____

A 다음 영어 단어나 표현의 우리말 뜻을 쓰시오.

1 artificial _____

2 pleasing _____

3 diverse _____

4 harmful _____

5 conduct _____

6 wetland _____

7 soil _____

8 breeze _____

9 physicist _____

10 pollutant _____

11 release _____

12 wildlife _____

13 immune system _____

14 provide _____

15 pass through _____

16 break down _____

17 tend to _____

18 have ~ in common _____

B 다음 우리말에 해당하는 영어 단어나 표현을 쓰시오.

1 감염, 전염병 _____

2 결정하다 _____

3 속담, 격언 _____

4 폭넓은 _____

5 ~이 들어 있다 _____

6 폐수, 오수 _____

7 존재하는 _____

8 제거하다 _____

9 장비, 설비 _____

10 흐르다 _____

11 인공적으로 _____

12 개울, 시내 _____

13 촉진하다 _____

14 보존하다 _____

15 ~와 싸워 물리치다 _____

16 ~할 가능성이 있다 _____

17 ~에 대해서라면 _____

18 ~하도록 만들어지다 _____

○ 다음 각 문장의 밑줄 친 부분에 유의하여 해석하시오.

1 There is a saying that "Nature knows best."

_____

2 This seems to be very true when it comes to cleaning wastewater.

_____

3 Scientists have been studying how water is cleaned in nature.

_____

4 Bacteria break down some of the pollutants by eating them.

_____

5 Other harmful chemicals are removed when the water passes through the soil.

_____

6 Realizing this, many countries are making artificial wetlands.

_____

7 These wetlands can clean wastewater without using chemicals.

_____

8 Many such manmade wetlands are being built in countries around the world.

_____

29 냄새로 자기 짝을 찾는다?

정답 p.78

○ 다음 각 문장의 밑줄 친 부분에 유의하여 해석하시오.

1 Animals usually choose their partners <u>because of</u> their smell.

_____

2 Humans <u>tend to</u> choose their partners for their smell as well.

_____

3 <u>Every human being</u> is born with a certain type of smell.

_____

4 A person's smell <u>is determined by</u> his or her immune system.

_____

5 The immune system <u>protects</u> the body <u>from</u> infections and diseases.

_____

6 A couple with <u>different immune systems</u> is likely to have healthy children.

_____

7 Humans <u>are designed to</u> like partners with different smells from their own.

_____

8 This is nature's way of <u>making sure that</u> children are born with diverse immune systems.

_____

40 | READER'S BANK

○ 다음 각 문장의 밑줄 친 부분에 유의하여 해석하시오.

1 What does their music have in common?

_____

2 Pink noise is the sound that is most pleasing and comfortable to people's ears.

_____

3 Pink noise is a sound that is present in nature, not artificially created.

_____

4 Two physicists conducted research on the rhythms and sounds of music.

_____

5 The more popular the music, the more pink noise it contained.

_____

6 Educators use pink noise to improve students' memories.

_____

7 Students who listened to music with pink noise got higher scores on tests.

_____

8 Pink noise has been used to develop air conditioners.

_____

A 다음 영어 단어나 표현의 우리말 뜻을 쓰시오.

1 proper _____

2 mayor _____

3 remove _____

4 prescribe _____

5 antibiotic _____

6 smelly _____

7 significantly _____

8 silly _____

9 disease _____

10 found _____

11 signal _____

12 immunity _____

13 microbiologist _____

14 theory _____

15 unreasonable _____

16 gangster _____

17 object to _____

18 free of _____

B 다음 우리말에 해당하는 영어 단어나 표현을 쓰시오.

1 지저분한, 엉망인 _____

2 내려앉다, 착륙하다 _____

3 운동선수 _____

4 배려하는, 보살피는 _____

5 무질서 _____

6 산업 _____

7 (차량을) 타다, 타고 가다 _____

8 부당하게 _____

9 범죄 _____

10 세균, 미생물 _____

11 붓다, 쏟아 붓다 _____

12 뒷골목 _____

13 썩은, 부패한 _____

14 방치; 방치하다 _____

15 정책 _____

16 수리되지 않은 _____

17 ~에 끌리다 _____

18 A를 B에 비유하다 _____

31 빵 틀에서 얻은 기발한 아이디어

○ 다음 각 문장의 밑줄 친 부분에 유의하여 해석하시오.

1 Bill Bowerman founded <u>Nike, the world-famous shoe company</u>.

_____

2 Bill disliked the metal spiked shoes <u>that</u> were widely used at the time.

_____

3 Bill <u>tried to find</u> lighter and more comfortable running shoes for his athletes.

_____

4 The shoes he could get weren't <u>good enough</u>.

_____

5 Bill was <u>watching his wife making waffles</u> for breakfast.

_____

6 Bill <u>asked himself a question</u> that might seem silly to other people.

_____

7 Bill <u>wondered what would happen</u> if he poured rubber into a waffle iron.

_____

8 The silly question led to the waffle sole, <u>which</u> was a great breakthrough.

_____

32 깨진 유리창과 범죄율의 관계

○ 다음 각 문장의 밑줄 친 부분에 유의하여 해석하시오.

1 In gangster movies, we often <u>see crimes take place</u> in back alleys.

_____

2 The walls <u>are covered with</u> messy writings or drawings.

_____

3 If a window in a building <u>is left unrepaired</u>, people think that no one cares about it.

_____

4 People <u>are more easily tempted to</u> commit crimes.

_____

5 If we remove a sign of disorder, the crime rate <u>should</u> decrease.

_____

6 Police officers kept the subways <u>free of</u> graffiti.

_____

7 These actions signaled that the city had <u>taken control of</u> the subway again.

_____

8 The crime rate <u>dropped by</u> 30 to 40 percent after a year of this policy.

_____

33 파스퇴르가 최후에 남긴 말은?

○ 다음 각 문장의 밑줄 친 부분에 유의하여 해석하시오.

1 What do you think really causes diseases?

_____

2 Pasteur said that diseases <u>were caused by</u> germs, like bacteria and viruses.

_____

3 They believed that bacteria were only the result of diseases, <u>not the cause</u>.

_____

4 Those who opposed Pasteur <u>compared</u> bacteria <u>to</u> flies.

_____

5 Flies mostly <u>go for</u> food that has gone bad.

_____

6 Medical doctors unjustly <u>blame</u> bacteria <u>for</u> causing diseases.

_____

7 Sick people don't get better <u>just because</u> bacteria are killed.

_____

8 <u>On his deathbed</u>, Louis Pasteur actually denied his own theory.

_____

A 다음 영어 단어나 표현의 우리말 뜻을 쓰시오.

1 extremely _____

2 career _____

3 generous _____

4 expert _____

5 participant _____

6 recommend _____

7 favorably _____

8 thermometer _____

9 physical _____

10 analyze _____

11 thermostat _____

12 personality _____

13 behavior pattern _____

14 go through _____

15 keep track of _____

16 log on to _____

17 pick out _____

B 다음 우리말에 해당하는 영어 단어나 표현을 쓰시오.

1 고려하다 _____

2 예측하다 _____

3 온도 _____

4 (~라고) 여기다, 보다 _____

5 자주, 흔히 _____

6 측정하다 _____

7 결론을 내리다 _____

8 평가하다 _____

9 모니터하다, 감시하다 _____

10 처리하다 _____

11 요구, 수요; 요구하다 _____

12 ~의 관심[흥미]을 끌다 _____

13 ~에 반응하다 _____

14 ~을 알아내다 _____

15 점거하다, 지배하다 _____

16 천천히 하다 _____

17 ~에 비유되다 _____

○ 다음 각 문장의 밑줄 친 부분에 유의하여 해석하시오.

1 People can be compared to <u>both</u> a thermometer <u>and</u> a thermostat.

_____

2 A thermostat <u>not only</u> measures the temperature <u>but also</u> responds to it.

_____

3 When the temperature <u>goes down</u>, a thermostat turns the heater on.

_____

4 When the temperature <u>goes up</u>, the thermostat turns the heater off.

_____

5 When people have a problem, they just allow it to <u>take over their lives</u>.

_____

6 Other people believe <u>that something can be done about the problem</u>.

_____

7 They make a decision and quickly <u>take action</u>.

_____

8 <u>Which kind of a person</u> would you like to be?

_____

35 빅 데이터 전문가는 누구?

○ 다음 각 문장의 밑줄 친 부분에 유의하여 해석하시오.

1 Big data <u>refers to</u> extremely large user data sets that are analyzed by computers.

_____

2 A big data specialist <u>picks out</u> only the most important pieces of information.

_____

3 YouTube is <u>a good example of</u> what a big data specialist does.

_____

4 When you log on to YouTube, it shows videos that are similar to <u>the ones</u> you've watched.

_____

5 They first <u>go through</u> your user data and look at which sites you frequently visit.

_____

6 They figure out <u>what</u> interests you and recommend <u>what</u> you are likely to love.

_____

7 They monitor your activities to <u>keep track of</u> your buying and behavior patterns.

_____

8 Why don't you <u>consider becoming</u> a big data specialist?

_____

36 따뜻한 손이 상대의 마음을 움직인다

○ 다음 각 문장의 밑줄 친 부분에 유의하여 해석하시오.

1 Researchers wanted to know <u>how people's hand temperature affects others' emotions</u>.

_____

2 The researchers chose 41 college students to <u>help them find out</u>.

_____

3 A stranger asked the student to hold her coffee cup <u>so that she could</u> write something down.

_____

4 The participants were asked <u>what they thought of the stranger</u>.

_____

5 <u>Those who</u> held a hot cup rated the stranger as having a warm personality.

_____

6 They <u>concluded that</u> physical warmth makes us view others more favorably.

_____

7 <u>The part of our brain that processes temperature</u> also processes feelings of trust.

_____

8 Touching warm objects <u>makes people more positive and trusting of</u> others.

_____

MEMO

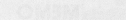

MEMO

기본서	▶	All that	중학 영어 학습에 필요한 모든 것 **올댓 중학 영어**	중등 1~3학년
영역별	▶	**TAPA**	영어 고민을 한 방에 타파! 영역별 · 수준별 학습 시리즈, TAPA!	중등 1~3학년
독해	▶	**READER'S BANK**	초등부터 고등까지 새롭게 개정된 10단계 맞춤 영어 전문 독해서, **리더스뱅크**	(예비) 중등~고등 2학년
독해	▶	중등 수능독해	기출문제를 통해 독해 원리를 익히며 단계별로 단련하는 수능 학습서, **중등 수능독해**	중등 1~3학년
문법·구문	▶	마법같은 블록구문	마법같이 영어 독해력을 강화하는 구문 학습서, **마법같은 블록구문**	중등 3~고등 2학년
문법	▶	**Grammar in**	3단계 반복 학습으로 완성하는 중학 영문법, **그래머 인**	중등 1~3학년
문법	▶	악마의 문법책을 찢어라	알맹이 4법칙을 통해 문장을 쉽게 이해하는 **악마의 문법책을 찢어라**	중등 1~고등 2학년
듣기	▶	중학영어 듣기모의고사 22회	영어듣기능력평가 완벽 대비 듣기 실전서, **중학영어 듣기모의고사**	중등 1~3학년
어휘	▶	**VOCA PICK**	주제별로 한 번, 빈출도순으로 또 한 번, 중등 내신 및 수능 대비, **완자 VOCA PICK**	중등 1~3학년

리·더·스·뱅·크 흥미롭고 유익한 지문으로 독해의 자신감을 키워줍니다.

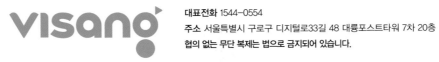

대표전화 1544-0554
주소 서울특별시 구로구 디지털로33길 48 대륭포스트타워 7차 20층
협의 없는 무단 복제는 법으로 금지되어 있습니다.

푸껫(태국)

태국 남쪽에 위치한 휴양지로 사시사철 쾌청하고 아름다운 해안이 매력적인 여행지이다. 스노클링, 스쿠버다이빙 등 다양한 해양 스포츠, 다채로운 먹거리와 색다른 밤 문화를 즐길 수 있는 푸껫은 전 세계 여행객들이 태국에서 가장 선호하는 여행지이기도 하다.

비상 누리집에서 더 많은 정보를 확인해 보세요.

http://book.visang.com/

READER'S BANK

Level 7

정답과 해설

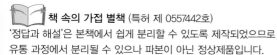

ABOVE IMAGINATION

우리는 남다른 상상과 혁신으로
교육 문화의 새로운 전형을 만들어
모든 이의 행복한 경험과 성장에 기여한다

READER'S BANK

Level 7

정답과 해설

01 로봇 화가들의 미술 대회 pp. 12~13

문제 정답 1 ② 2 ④ 3 against / tools 4 (1) his advice (2) my mom

문제 해설 1 로봇 화가들이 참가한 로봇 미술 대회에 대한 내용이므로 글의 제목으로는 ②가 가장 적절하다.
① 로봇 미술의 인기 ② 로봇 그림: 새로운 형태의 미술
③ 기술에 미술이 미치는 영향 ④ 로봇들이 어떻게 프랑스 미술을 재현하는가
⑤ 세잔 작품들의 현대판들

2 5~7행에서 그림은 로봇이 그렸지만, 아이디어를 내고, 로봇을 지휘한 것은 사람이라고 했으므로 ④는 글의 내용과
일치하지 않는다.
① 1행 참조 ② 2~3행 참조 ③ 4~5행 참조 ⑤ 8~9행 참조

3 보라는 로봇들이 단지 미술품들을 모방한다고 했으므로 미술에 로봇을 사용하는 것에 '반대(against)'하는 입장이고,
수민은 미술에 로봇을 사용하는 것에 찬성하므로 16~17행을 참조해서 로봇은 창의적인 표현을 위한 '도구들(tools)'일
뿐이라고 해야 적절하다.
보라: 저는 예술을 창작하기 위해 로봇을 사용하는 것에 반대해요. 그것들은 단지 유명한 화가들의 작품들을
모방해요.
수민: 저는 동의하지 않아요. 카메라와 마찬가지로, 로봇들은 단지 창의적인 작품들을 위한 도구들일 뿐이에요.

4 「It is + 강조 어구 + that[who] ...」 구문에서 강조하는 어구는 It is[was]와 that[who] 사이에 넣는다.
(1) 우리가 모두 따르기로 결정한 것은 바로 그의 조언이었다.
(2) 사람들 앞에서 말하고 있는 사람은 바로 내 엄마다.

본문 해석 2018년에 미국에서 특이한 미술 대회가 개최됐다. 참가한 화가들은 로봇들이었다! 사람들과 로봇들로 구성된
19개의 국제 팀들이 참여했고, 100점이 넘는 그림들을 그렸다. 그 대회의 규칙은 간단했다. 모든 그림들은 진짜
붓과 물감으로 그려져야 했다. 로봇이 실제로 그림을 그렸지만, 아이디어를 내놓고 로봇에게 지시한 것은 바로
사람이었다.
어떤 로봇들은 창의적인 풍경을 그렸다. 다른 로봇들은 과거의 위대한 미술품들을 모방했다. 예를 들어, 1위를
차지한 로봇은 유명한 프랑스 화가 세잔의 그림을 모방했다. 놀랍게도, 그 로봇은 스스로 그 그림의 패턴을
찾아내서 (그 그림의 패턴을) 다시 만들어 냈다.
어떤 화가들은 인간의 창의성을 반영하지 못한다는 이유로 미술에 로봇을 사용하는 것에 반대한다. 하지만 로봇을
사용하는 화가들은 동의하지 않는다. 그들의 추론은 간단하다. 로봇 미술은 단지 새로운 장르의 미술이다.
로봇들은 카메라가 그런 것과 마찬가지로 창의적인 표현을 위한 도구들이다.

지문 풀이

An unusual art contest took place / in the United States in 2018. / ❶ **The artists taking part** were
특이한 미술 대회가 개최됐다 / 2018년에 미국에서 / 참가한 화가들은 로봇들이었다! /

robots! / Nineteen international teams of humans and their robots participated / and made over 100
사람들과 로봇들로 구성된 19개의 국제 팀들이 참여했다 / 그리고 100점이 넘는 그림들을

paintings. / The competition's rules were simple. / All the paintings had to be made / with real brushes
그렸다 / 그 대회의 규칙들은 간단했다 / 모든 그림들은 그려져야 했다 / 진짜 붓과 물감으로 /

and paint. / The robot did the actual painting, / but it was the human / who came up with the
로봇이 실제로 그림을 그렸다 / 하지만 바로 사람이었다 / 아이디어를 내놓고 /

idea / and directed the robot. /
그리고 로봇에게 지시한 것은 /

❷ **Some** robots painted creative landscapes. / **Others** copied great artworks / from the past. / For
어떤 로봇들은 창의적인 풍경을 그렸다 / 다른 것들은 위대한 미술품들을 만들어 냈다. / 과거의 / 예를

example, / the robot that took first place / copied ❸ **a painting** / **by the famous French artist**
들어 / 1위를 차지한 로봇은 / 그림을 모방했다 / 유명한 프랑스 화가 세잔의 /

Cézanne. / Amazingly, / the robot identified and reproduced the painting's pattern / on its own. /
놀랍게도 / 그 로봇은 그 그림의 패턴을 찾아내고 (그 그림의 패턴을) 다시 만들어 냈다 / 스스로 /

Some artists object to using robots for art / on the grounds that / it cannot reflect human creativity. /
어떤 화가들은 미술에 로봇을 사용하는 것에 반대한다 / ~라는 이유로 / 그것이 인간의 창의성을 반영하지 못한다 /

However, / artists who use robots disagree. / Their reasoning is simple: / robot art is just a new genre of
하지만 / 로봇을 사용하는 화가들은 동의하지 않는다 / 그들의 추론은 간단하다 / 로봇 미술은 단지 새로운 장르의 미술이다 /

art. / Robots are tools for creative expression / in the same way that ❹ **cameras are**. /
로봇들은 창의적인 표현을 위한 도구들이다 / 카메라가 그런 것과 마찬가지로 /

❶ The artists <u>taking part</u> were robots!: The artists와 taking 사이에 「주격 관계대명사 + be동사」가 생략되었다.
(who were)

❷ Some ~, Others ...: 어떤 것[사람]은 ~, 다른 것[사람]은 …

❸ 작품(명) + by + 사람 이름: ~가 한[쓴/만든] …
ex. I'd like to sing **a song by Michael Jackson**. 제가 마이클 잭슨의 노래를 한 곡 부르겠습니다.

❹ Robots are <u>tools for creative expression</u> in the same way that cameras are.
반복되는 구의 생략 (tools for creative expression)

미래 에너지는 수소가 답이다   pp. 14~15

문제 정답   **1** ⑤   **2** ③   **3** water vapor   **4** While reading

문제 해설   **1** 미래의 대체 에너지로서 수소가 갖는 장단점을 다룬 내용이므로 글의 제목으로는 ⑤가 가장 적절하다.
① 수소 에너지의 문제점들
② 수소를 생산하는 과정
③ 당신이 수소에 관해 알아야 할 모든 것
④ 세계의 에너지 시스템에서 수소의 역할
⑤ 수소: 미래를 위한 완벽한 에너지원

2 10~11행에 따르면 수소는 생산하는 데 비용이 많이 든다고 나와 있으므로 ③은 high cost of production으로 고치고 단점 중 하나가 되어야 알맞다.

장점들	단점들
① 무한한 에너지	④ 폭발의 위험
② 무공해	⑤ 저장의 어려움
③ 낮은 생산 비용	

3 물에서 수소가 만들어지고 수소가 연소될 때(when burned) 발생되는 것은 수증기(water vaper)이며, 수증기는 다시 물로 재활용되는 순환 구조를 갖는다.

〈수소를 생산하는 과정〉

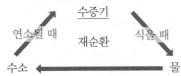

4 분사구문에서 접속사의 의미를 강조할 때 접속사를 생략하지 않고, 「접속사 + 분사」 형태로 사용한다.
그는 만화책을 <u>읽고 있는 동안</u> 한국 대중가요를 들었다.

세계는 석탄과 석유와 같은 화석 연료들이 고갈되고 있다. 그렇다면 차세대 주요한 에너지원은 무엇이 될 것인가? 과학자들은 최고의 대안은 수소라고 말한다.

수소는 몇 가지 이유들로 이상적이다. 첫째, 그것은 무한한 에너지원이다. 우리는 수소가 물로 만들어지고 사용 후에는 다시 물로 재활용되기 때문에 그것을 다 써버리는 것에 대해 걱정할 필요가 없다. 또한, 수소는 연소될 때 수증기를 발생시키고 연기를 내뿜지 않아서 환경을 보호할 수 있는 '깨끗한 에너지'로 여겨진다.

그러나 우리는 아직 수소를 적은 비용으로 생산하는 방법을 찾지 못했다. 수소는 또한 폭발할 수 있어서 우리는 그것을 저장할 때 주의해야 할 필요가 있다. 이러한 문제들이 해결된다면, 수소는 우리를 위한 최고의 에너지원이 될지도 모른다.

지문 풀이

The world is running out of fossil fuels / like coal and oil. / Then, / what will be the next main source of
세계는 화석 연료들이 고갈되고 있다 /　　　　석탄과 석유와 같은 /　　그렇다면 / 차세대 주요한 에너지원은 무엇이 될 것인가? /

energy? / Scientists say / the best alternative is hydrogen. /
　　　과학자들은 말한다 /　　최고의 대안은 수소라고 /

Hydrogen is ideal / for a couple of reasons. / First, / it is an infinite source of energy. / We don't have to
수소는 이상적이다 /　　몇 가지 이유들로 /　첫째 /　그것은 무한한 에너지원이다 /　　　우리는 걱정할 필요가 없다 /

worry / about using it up / because it ❶ **is made from** water and is recycled back into water / after
　　그것을 다 써버리는 것에 대해 /　그것은 물로 만들어지고 다시 물로 재활용되기 때문이다 /　　　　　사용

use. / Also, / hydrogen generates water vapor / when burned / and does not emit smoke, / so it is
후에는 / 또한 /　수소는 수증기를 발생시킨다 /　　연소될 때 /　그리고 연기를 내뿜지 않는다 /　　그래서 그것은

considered ❷ **"clean energy"** / **that can protect the environment.** /
'깨끗한 에너지'로 여겨진다 /　　환경을 보호할 수 있는 /

However, we ❸ **have not yet found** a way / to produce hydrogen / at a low cost. / Hydrogen can also
그러나 우리는 아직 방법을 찾지 못했다 /　　　수소를 생산하는 /　　적은 비용으로 /　수소는 또한 폭발할 수 있다 /

explode, / so we need to be careful / when storing it. / If these problems are solved, / hydrogen might
　　그래서 우리는 주의해야 할 필요가 있다 /　그것을 저장할 때 /　이러한 문제들이 해결된다면 /　　수소는 최고의 에너지원이

become the best energy source / for us. /
될지도 모른다 /　　우리를 위한 /

① be made from: ~으로 만들어지다 (주로 화학적 변화)

cf. be made of (주로 물리적 변화)

ex. This desk **is made of** wood. 이 책상은 나무로 만들어졌다.

② it is considered "clean energy" that can protect the environment
　　　　　　　　　선행사　　　　　　　　　주격 관계대명사절

③ 현재완료(have p.p.)의 완료 용법: 'just(방금), already(이미), yet(아직), now(방금), lately, recently(최근에)' 등의 부사가 동반되면 완료의 의미를 나타낸다.

문제 정답　**1** ③　　**2** ③　　**3** She emailed me.　　**4** tried making

---

문제 해설　**1** 10~11행에서 셰익스피어가 문법 규칙을 깨뜨렸다는 것은 품사 간의 경계선을 '없앴다(erased)'는 의미이고, 그 결과로 19~20행에서 우리에게 더 많은 '자유(freedom)'를 주었다고 했다.

셰익스피어가 품사 간의 경계선을 <u>없앴기</u> 때문에 우리는 영어를 사용하는 데 있어 더 많은 <u>자유</u>를 갖는다.

① 없앴다 – 문제점들　　　② 추가했다 – 자유　　　③ 없앴다 – 자유

④ 추가했다 – 문제점들　　　⑤ 나눴다 – 지혜

2 15~16행에서 사람들이 셰익스피어의 문법 파괴에 감명을 받아 그를 따라 하기 시작했다고 했으므로 ③은 글의 내용과 일치하지 않는다.

① 5~6행 참조　　② 9~10행 참조　　④ 16~18행 참조　　⑤ 19행 참조

3 〈보기〉에서 명사인 water가 동사로 사용된 예를 보여주고 있으므로 email(명사)이 동사로 쓰여 She emailed me.가 되어야 한다.

· water: 물; (화초 등에) 물을 주다

· email: 이메일; 이메일을 보내다

〈보기〉 우리는 나무에 물을 주었다. → 우리는 나무에 <u>물</u>을 주었다.

그녀는 나에게 이메일을 보냈다. → 그녀는 나에게 <u>이메일</u>을 보냈다.

4 try + -ing: (시험 삼아) ~해보다

본문 해석　오늘날, 사람들은 단순한 문장 구조를 좋아한다. 예를 들어, 우리가 "우리는 나무에 물을 주었다."라고 말하는 대신에 "우리는 나무에 물을 뿌렸다."라고 말하는 것을 선호한다. 우리는 또한 "그는 나에게 더 크게 말하도록 용기를 주었다."라고 말하는 대신에 "그는 내가 더 크게 말하도록 용기를 북돋아 주었다."라고 말하는 것을 선호한다. 그러나 항상 이런 식은 아니었다. 수백 년 전에는 명사는 오직 명사로만 사용되었고, 동사는 오직 동사로만 사용되었다. 하지만 한 사람이 이 모든 것을 변화시켰다. 그의 이름은 16세기의 극작가 윌리엄 셰익스피어였다.

셰익스피어는 그가 명사를 오직 명사로서만, 또는 동사를 오직 동사로서만 사용함으로써 그 자신을 완전히 표현할 수 없다는 것을 알았다. 그래서 그는 시험 삼아 문법 규칙을 깨뜨려보았다. 그는 단어를 변화시키지 않고, 명사를 동사로 사용했고, 때때로 접두사를 붙여서 명사를 동사로 만들기도 했다. 예를 들어, 「오셀로」에서 그는 "자신을 동굴 속에 넣다." 대신에 "자신을 동굴에 숨기다."라고 썼다.

사람들은 셰익스피어가 이렇게 하는 것을 보았을 때, 감명을 받아서 그를 따라 하기 시작했다. 오늘날 우리는 한 단계 더 나아가 모든 품사(명사, 동사, 형용사 그리고 부사 등등) 간의 경계선을 없애려고 애쓴다. 우리는 형용사를 동사로, 동사를 명사로 사용한다. 이런 발전들이 영어를 더욱 풍부하게 만들었고, 사용자들에게 더 많은 자유를 주었다. 다음에 당신이 동사로 쓰인 명사를 본다면 셰익스피어의 지혜를 생각해 보라!

Today, people like simple sentence structures. / For example, instead of saying, / "We gave the tree
오늘날, 사람들은 단순한 문장 구조를 좋아한다 / 예를 들어 ~라고 말하는 대신에 / "우리는 나무에 물을 주었다" /

water," / we prefer to say / "We watered the tree." / Also, instead of saying, / "He gave me the courage to
우리는 ~라고 말하는 것을 선호한다 / "우리는 나무에 물을 뿌렸다" / 또한 ~라고 말하는 대신에 / "그는 나에게 더 크게 말하도록 용기를 주었다" /

speak up," / we prefer to say / "He ❶ encouraged me to speak up." / But it was not always this way. /
우리는 ~라고 말하는 것을 선호한다 / "그는 내가 더 크게 말하도록 용기를 북돋아 주었다" / 그러나 항상 이런 식은 아니었다 /

Hundreds of years ago, / nouns were only used as nouns / and verbs were only used as verbs. / However,
수백 년 전에 / 명사는 오직 명사로만 사용되었다 / 그리고 동사는 오직 동사로만 사용되었다 / 하지만

one person changed all of this. / His name was ❷ William Shakespeare, / a 16th-century playwright.
한 사람이 이 모든 것을 변화시켰다 / 그의 이름은 윌리엄 셰익스피어였다 / 16세기의 극작가 /

Shakespeare knew / that he could not express ❸ himself fully / by using / nouns only as nouns / or
셰익스피어는 알았다 / 그가 그 자신을 완전히 표현할 수 없다고 / 사용함으로써 / 명사를 오직 명사로만 / 또는

verbs only as verbs. / So he tried / breaking the rules of grammar. / He used nouns as verbs / without
동사를 오직 동사로만 / 그래서 그는 시험 삼아 해보았다 / 문법 규칙을 깨뜨리는 것을 / 그는 명사를 동사로 사용했다 / 단어를

changing the words / and sometimes made nouns into verbs / by adding prefixes. / For example, in
변화시키지 않고 / 그리고 때때로 명사를 동사로 만들기도 했다 / 접두사를 붙여서 / 예를 들어 「오셀로」에서 /

Othello, / he wrote, / "encave yourself" / instead of "put yourself in a cave."
그는 ~라고 썼다 / "자신을 동굴에 숨기다" / "자신을 동굴 속에 넣다" 대신에 /

When people saw Shakespeare doing this, / they were impressed / and started following him. / Nowadays
사람들은 셰익스피어가 이렇게 하는 것을 보았을 때 / 그들은 감명을 받았다 / 그리고 그를 따라 하기 시작했다 / 오늘날

we go one step further / and try to erase the lines / between all parts of speech (noun, verb, adjective
우리는 한 단계 더 나아간다 / 그리고 경계선을 없애려고 애쓴다 / 모든 품사(명사, 동사, 형용사 그리고 부사 등등) 간의 /

and adverb, etc). / We use adjectives as verbs / and verbs as nouns. / These developments enriched the
우리는 형용사를 동사로 사용한다 / 그리고 동사를 명사로 / 이런 발전들이 영어를 더욱 풍부하게 만들었다 /

English language / and gave its speakers more freedom. / ❹ Next time you see a noun used as a verb, / think
그리고 사용자들에게 더 많은 자유를 주었다 / 다음에 당신이 동사로 쓰인 명사를 본다면 / 셰익스피어의

of Shakespeare's wisdom! /
지혜를 생각해 보라! /

---

❶ encourage + 목적어 + to부정사: (목적어)가 ~하도록 격려하다, 고무하다 (5형식)
   ex. My teacher **encouraged me to study** hard. 내 선생님은 내가 공부를 열심히 하도록 격려해 주셨다.

❷ William Shakespeare, a 16th-century playwright
   └─ 동격 ─┘

❸ himself는 목적어로 쓰인 재귀대명사이므로 생략할 수 없다. (재귀용법)

❹ (the) next time + 주어 + 동사 ~: 다음에 ~할 때에
   ex. **Next time** I go skiing, I'll wear warmer clothes. 다음에 내가 스키를 타러 갈 때, 나는 더 따뜻한 옷을 입을 거야.

문제 정답　**1** ②　**2** ④　**3** ④　**4** ①　**5** ②　**6** say anything while eating　**7** It was James who
8 tried reading

문제 해설

1 alternative: 대안
우리는 피자를 먹는 것 외에 <u>대안</u>이 없었다.
① 도구　　② 선택　　③ 조언　　④ 정보

2 landscape: 풍경
① 언덕　　② 강　　③ 나무

3 take first place: 1위를 차지하다

4 direct: 지시하다, 명령하다
누군가에게 그들이 무엇을 해야 하는지 말하다
② 찾다, 발견하다, 식별하다　　③ 재활용하다　　④ 다시 만들어 내다

5 noun: 명사
사람, 장소 또는 사물을 나타내는 단어
① 동사　　③ 부사　　④ 형용사

6 접속사 + 분사구문: 접속사의 의미 강조

7 It is + 강조 어구 + that[who] ~: ~한 것은[사람은] 바로 …이다

8 try + -ing: (시험 삼아) ~해보다

04 나무들의 신기한 의사소통 방법 pp. 20~21

문제 정답 **1** ① **2** ④ **3** 3, 4, 2 **4** Beautiful as

문제 해설 **1** 나무가 발산하는 냄새는 적을 '방어(defense)'하기 위한 수단일 뿐만 아니라, 같은 종류의 인근 나무들에게 경계하라고 알려 주는 '의사소통(communication)'의 수단이 된다.
① 의사소통 – 방어　　　② 경고 – 침입　　　③ 의사소통 – 힘
④ 표현 – 방어　　　⑤ 표현 – 침입

2 9~10행에서 포플러나무들이 곤충들을 쫓아내기 위해 지독한 화학 물질을 발산한다고 했으므로 ④는 이 글의 내용과 일치한다.
① 버드나무는 곤충의 공격을 받으면 냄새를 풍긴다. (3~4행 참조)
② 버드나무는 잎사귀에서 화학 물질을 만들어 낸다. (5~6행 참조)
③ 포플러 나무는 경고의 냄새를 보낸다. (7~9행 참조)
⑤ 이 글을 통해 알 수 없는 내용이다.

3 나무들이 곤충들의 공격을 받으면 근처의 나무들에게 경고의 냄새를 보내고, 근처의 나무들은 곤충들을 쫓아낼 냄새를 만들어 곤충들을 도망가게 한다.
[1] 버드나무들이나 포플러나무들이 곤충들에 의해 공격 당한다.
[3] 근처에 있는 나무들이 곤충들이 싫어하는 냄새를 만들어 낸다.
[4] 곤충들은 도망가고, 나무들은 그들을 쫓아내는 데 성공한다.
[2] 그들은 동료 나무들에게 경고의 냄새를 내뿜는다.

4 though[although] + 주어 + 동사 + 형용사 = 형용사 + as + 주어 + 동사: 비록 ~일지라도
<u>비록</u> 장미가 <u>아름다울지라도</u> 그것은 가시가 많다.

본문 해석 당신은 말하는 나무를 상상할 수 있는가? 물론, 입술이 있거나 말을 하는 나무는 없다. 좀 이상하게 들리겠지만, 어떤 나무들은 정말 의사소통을 용케 한다. 예를 들어, 버드나무는 곤충들에게 공격을 받을 때 특별한 냄새를 내뿜는다. 그러면 그 지역에 있는 다른 버드나무들이 이 냄새를 감지한다. 해로운 곤충들이 근처에 있다는 것을 알게 되면, 이 나무들은 재빨리 잎사귀에서 특정한 화학 물질을 만들어 낸다. 이 화학 물질은 버드나무들에서 곤충들을 쫓아낸다. 같은 방식으로, 포플러나무들도 애벌레들에게 침입을 받을 때 동료 나무들에게 경고의 냄새를 보낸다. 그러면 이 신호를 받은 나무들은 그 곤충들을 쫓아내기 위해 역겨운 (냄새의) 화학 물질을 발산한다. 따라서 어떤 나무들에게 있어서 그들의 냄새는 적들에 대한 <u>방어</u>뿐만 아니라 훌륭한 <u>의사소통</u>의 수단으로서 역할을 한다.

지문 풀이

Can you imagine ❶ **a tree** / **that talks**? / Of course, / no tree has lips / or says words. / Strange as it
당신은 나무를 상상할 수 있는가 /　　　말하는? /　　物론 /　　어떤 나무도 입술이 있거나 /　또는 말할 수 없다 /　　이것이 좀 이상하게

may sound, / some trees ❷ **do** manage to communicate. / For instance, / a willow tree sends out a special
들리겠지만 /　　어떤 나무들은 정말 의사소통을 용케 한다 /　　　예를 들어 /　　　버드나무는 특별한 냄새를 내뿜는다 /

smell / when it is attacked by insects. / Then, / other willow trees in the area / catch this smell. /
그것이 곤충들에게 공격을 받을 때 /　　　　　그러면 /　　그 지역에 있는 다른 버드나무들이 /　　이 냄새를 감지한다 /

❸ **Knowing that** harmful insects are nearby, / they quickly make a certain chemical / in their leaves. /
해로운 곤충들이 근처에 있다는 것을 알게 되면 /　　　　그들은 재빨리 특정한 화학 물질을 만들어 낸다 /　　　그들의 잎사귀에서 /

This chemical drives the insects away / from the willow trees. / In the same way, / poplars send out a
이 화학 물질은 곤충들을 쫓아낸다 /　　　　버드나무들에서 /　　　같은 방식으로 /　　포플러나무들도 경고의 냄새를

warning smell / to their fellow trees / when they are invaded by caterpillars. / Then, / ❹ **the trees that**
보낸다 /　　그들의 동료 나무들에게 /　　그들이 애벌레들에게 침입을 받을 때 /　　그러면 /　　이 신호를 받은

receive the signal / **give out** disgusting chemicals / to drive away the insects. / So for some trees, / their
나무들은 /　　　　역겨운 화학 물질을 발산한다 /　　　그 곤충들을 쫓아내기 위해 /　　따라서 어떤 나무들에게 있어서 /　　그들의

smell ❺ **acts** / **as** a good means of communication / **as well as** defense against their enemies. /
냄새는 역할을 한다 /　　훌륭한 의사소통의 수단으로서 /　　　그들의 적들에 대한 방어뿐만 아니라 /

❶ a tree that talks
　　　주격 관계대명사절
❷ 강조의 조동사 do: 일반동사를 강조할 때는 동사원형 앞에 do[does, did]를 넣는다.
❸ Knowing that = As they know that
❹ the trees that receive the signal give out
　　주어　　　　　　　　　　　　동사
❺ act as A as well as B: B뿐만 아니라 A로서의 역할을 하다
　　acts as a good means of communication as well as defense against their enemies (병렬 구조)
　　　　　　A　　　　　　　　　　　　　　　　　　　B

아이슬란드와 그린란드 이름의 유래　　　　　　　　　　　　　　　pp. 22~23

문제 정답 1 ⑤　　2 ③　　3 (A) green (B) insult (C) ice (D) attract　　4 (1) Look at the tall girls
who[that] are sitting on the bench. (2) He was holding a bag which[that] was full of
cookies.

문제 해설
1 우리가 흔히 아이슬란드를 떠올리면 얼음으로 덮인 곳을 상상하는데, 아이슬란드가 꼭 얼음으로 덮인 곳이 아니라는
내용의 (C)가 먼저 오고, 이와 반대의 경우인 그린란드를 설명하는 (B)로 이어지고, (B)에서 언급한 Erik the Red에
대한 추가 설명인 (A)가 마지막에 오는 것이 자연스럽다.

2 아이슬란드와 그린란드가 환경적인 특성과 정반대의 이름을 가지고 있다는 내용을 주로 다루고 있으므로, 글의 제목으로
③이 가장 적절하다.
① 아이슬란드와 그린란드의 아름다움
② 아이슬란드와 그린란드의 탐험가들
③ 아이슬란드와 그린란드의 오해의 소지가 있는 이름들
④ 아이슬란드와 그린란드의 바이킹 전설들
⑤ 아이슬란드와 그린란드 바이킹들의 생활 방식

3 아이슬란드는 여름에는 꽤 따뜻하고 대부분 '녹색(green)'을 띠지만 한 탐험가가 그 지역을 싫어해서 그곳에 대한
'모욕(insult)'의 의미로 그렇게 이름 지었다. 반면에 그린란드는 '얼음(ice)'으로 뒤덮여 살기 힘든 곳이지만, Erik the
Red가 그곳에 사람들을 '끌어들이고(attract)' 싶어 했다.

	아이슬란드	그린란드
환경	꽤 따뜻하고 대부분 녹색을 띠는 곳	얼음으로 뒤덮인 척박한 곳
그것을 이름 지은 사람	어느 바이킹 탐험가	Erik the Red(에릭 더 레드)
그것이 그렇게 이름 붙여진 이유	그 탐험가는 그곳을 싫어해서 모욕의 의미로 그곳에 나쁜 이름을 지어주고 싶어 했다.	Erik the Red는 그곳에 사람들을 끌어들이고 싶어 했다.

4 「주격 관계대명사 + be동사」는 생략할 수 있다.

(1) 벤치에 앉아 있는 그 키 큰 소녀들 좀 봐.

(2) 그는 쿠키로 가득 찬 가방을 들고 있었다.

본문 해석 아이슬란드라는 나라를 생각하면, 여러분은 아마 얼음으로 뒤덮인 아주 추운 곳을 상상할 것이다.

(C) 하지만 이것은 사실이 아니다. 아이슬란드는 아주 먼 북쪽에 위치해 있지만, 멕시코 만류와 그곳의 천연 온천 때문에 따뜻하다. 단지 아이슬란드의 11%만이 얼음으로 뒤덮여 있고, 여름에는 대부분 녹색을 띤다. 그런데 왜 아이슬란드라고 불릴까? 그 섬을 마음에 들어 하지 않던 한 바이킹 탐험가가 그곳에 대한 모욕의 의미로 그 섬을 아이슬란드라고 불렀다.

(B) 반면에 그린란드는 여러분에게 초목으로 덮인 땅을 생각하게 한다. 하지만 그린란드의 대부분은 얼음으로 덮여있다. 이 섬은 또 다른 바이킹인 Erik the Red(에릭 더 레드)에 의해 이름 지어졌다. 그는 아이슬란드에서 사람을 죽인 후, 그 섬에서 쫓겨났다.

(A) 그는 그러고는 항해를 했고, 얼음으로 덮인 끔찍한 땅을 발견했다. 하지만 그는 그곳으로 사람들을 끌어들이고 싶어서 그곳을 그린란드라고 이름 지었다! 그의 속임수는 효과가 있어, 많은 바이킹들이 그린란드로 이주했다.

지문 풀이

When you think of the country Iceland, / you probably imagine ❶ **a very cold place / covered with ice.** /
여러분이 아이슬란드라는 나라를 생각하면 /　　　　　여러분은 아마 아주 추운 곳을 상상할 것이다 /　　　　얼음으로 뒤덮인 /

(C) But this is not true. / Although Iceland is located quite far north, / it is warmed by the Gulf Stream
하지만 이것은 사실이 아니다 /　아이슬란드는 아주 먼 북쪽에 위치해 있지만 /　　　그것은 멕시코 만류와 그곳의 천연 온천 때문에 따뜻하다 /

and its natural hot springs. / ❷ **Only 11% of Iceland is** covered with ice, / and it is mostly green in the
　　　　　　　　　　　　　　단지 아이슬란드의 11%만이 얼음으로 뒤덮여 있다 /　　　　그리고 그것은 대부분 여름에는 녹색을 띤다 /

summer. / So why is it called Iceland? / ❸ **A Viking explorer who didn't like the island / called it**
　　　　　그런데 그것은 왜 아이슬란드라고 불릴까? /　　　그 섬을 마음에 들어 하지 않던 한 바이킹 탐험가가 /　　　그것을 아이슬란드라고

Iceland / as an insult to the place. /
불렀다 /　　　그곳에 대한 모욕의 의미로 /

(B) Greenland, / on the other hand, / makes you think of a land / covered with plants. / Most of
그린란드는 /　　　반면에 /　　　　여러분에게 땅을 생각하게 만든다 /　　초목으로 덮인 /　　　그린란드의

Greenland, / however, / is covered with ice. / ❹ **It was named by Erik the Red,** / another Viking. / After
대부분은 /　하지만 /　얼음으로 덮여있다 /　　　그곳은 에릭 더 레드에 의해 이름 지어졌다 /　　　또 다른 바이킹인 /　　　그는

he killed someone on Iceland, / he was kicked off the island. /
아이슬란드에서 사람을 죽인 후 /　　그는 그 섬에서 쫓겨났다 /

(A) He then went sailing / and discovered a terrible place / covered with ice. / But he wanted to attract
그는 그러고는 항해를 했다 /　그리고 끔찍한 땅을 발견했다 /　　얼음으로 덮인 /　　하지만 그는 그곳으로 사람들을 끌어들이고

people to the place, / so he named it Greenland! / His trick worked well, / and lots of Vikings moved to
싶었다 /   그래서 그는 그곳을 그린란드라고 이름 지었다! / 그의 속임수는 효과가 있었다 /   그리고 많은 바이킹들이 그린란드로 이주했다 /
Greenland. /

❶ a very cold place covered with ice
      └──────────┘ 명사구를 수식하는 과거분사구

❷ [all, some, half, most, the rest, 퍼센트] + of + 단수형 명사 + 단수형 동사 ~
  ex. 30% of the Earth's surface is land. 지구 표면의 30%가 육지이다.

❸ A Viking explorer who didn't like the island called it Iceland as an insult ~
      주어   └─────────┘ 주격 관계대명사절   동사   목적어(목적격 보어)   부사구
                                               └ 목적어

❹ It was named by Erik the Red ~ (수동태)
  → Erik the Red named it ~ (능동태)

06 좋은 칼로리, 나쁜 칼로리   pp. 24~25

문제 정답   1 ⑤   2 (1) F (2) T (3) F   3 ④

문제 해설 **1** 이 글은 고구마와 콜라를 예로 들어 칼로리 수가 같은 음식이라도 영양상의 가치는 다를 수 있다는 것을 설명하고 있다.
<u>칼로리</u> 수가 동일한 두 음식들은 다른 <u>영양상의 가치</u>를 가질 수 있다.
  ① 칼로리들 – 비타민과 미네랄   ② 영양소들 – 연소율
  ③ 영양소들 – 칼로리 값   ④ 칼로리들 – 연소율
  ⑤ 칼로리들 – 영양상의 가치

2 (1) 4~6행과 8~9행에서 고구마는 탄수화물, 단백질 등을 함유하고 있지만, 콜라는 영양분이 거의 없고 거의 당분뿐
    이라고 했다.
    고구마는 콜라보다 탄수화물과 당을 덜 가지고 있다.
  (2) 10~12행 참조
    당신이 콜라를 마시면, 그것은 대부분 지방으로 저장될 수 있다.
  (3) 16~17행에서 음식을 선택할 때, 영양상의 가치도 고려해야 한다고 했다.
    당신이 음식을 선택할 때, 칼로리 수는 가장 중요하다.

3 영양소가 풍부한 고구마와 달리 콜라는 영양분이 거의 없다는 내용이 이어지고 있으므로 빈칸에는 대조의 연결사인 In
contrast가 와야 한다.
  ① 게다가   ② 비슷하게   ③ 결과적으로
  ④ 그에 반해서   ⑤ 예를 들어

본문 해석 칼로리 수가 동일한 두 가지 음식은 영양가도 똑같은가? 대답은 아니다. 고구마와 청량음료를 생각해보자. 100칼
로리의 고구마와 100칼로리의 콜라 사이의 차이점은 무엇일까? 고구마는 많은 비타민과 미네랄뿐만 아니라
탄수화물, 단백질과 같은 중요한 영양분을 우리 몸에 제공한다. 그래서 당신이 100칼로리의 고구마를 먹으면
그것들은 당신 몸이 영양분을 흡수하면서 대부분 연소될 것이다. <u>그에 반해서</u> 콜라는 영양분이 거의 없고 단지
당분이다. 게다가, 당신이 한번에 당을 너무 많이 섭취하면, 당신의 몸은 그것을 빨리 처리할 수 없다. 그래서
당신이 100칼로리의 콜라를 섭취하면, 당신의 몸은 대부분의 당을 간에 지방으로 저장하기 쉽다.

결론은 당신이 칼로리 수만을 근거로 무엇을 먹을 것인가를 결정하지 말아야 한다는 것이다. 당신이 매일 얼마나 많은 칼로리를 섭취하고 있느냐뿐만 아니라 그것들이 당신의 몸에 어떤 영향을 미치는지를 아는 것도 중요하다. 당신의 음식이 가지는 영양상의 가치를 아는 것은 당신이 좀 더 현명한 음식 선택을 하도록 도와줄 것이다.

지문 풀이

Are two foods with ❶ **the same number of calories** equally nutritious? / The answer is no. / Let's
칼로리 수가 동일한 두 가지 음식은 영양가도 똑같은가? / 　　　　　　　　　　　　　　대답은 아니다 / 　　　고구마와

consider a sweet potato and a soft drink. / What's the difference / between 100 calories of a sweet potato
청량음료를 생각해보자 / 　　　　　　　　　　차이점은 무엇일까 / 　　　100칼로리의 고구마와 100칼로리의 콜라 사이의? /

and 100 calories of a cola? / Sweet potatoes provide our body with valuable nutrients / such as
　　　　　　　　　　　고구마는 우리 몸에 중요한 영양분을 제공한다 / 　　　　　　　　　　　　탄수화물과

carbohydrates and proteins, / ❷ **as well as** a number of vitamins and minerals. / So if you consume 100
단백질과 같은 / 　　　　많은 비타민과 미네랄뿐만 아니라 / 　　　　　　　그래서 당신이 100칼로리의 고구마를

calories of a sweet potato, / they will mostly be burned / ❸ **as** your body takes in the nutrients. / In
먹으면 / 　　　　　그것들은 대부분 연소될 것이다 / 　　　당신의 몸이 영양분을 흡수하면서 / 　　In

contrast, / a cola has almost no nutrients; / it's just sugar. / Moreover, / if you consume too much sugar /
그에 반해서 / 콜라는 영양분이 거의 없다 / 　그것은 단지 당분이다 / 게다가 / 　당신이 당을 너무 많이 섭취하면 /

at once, / your body cannot process it quickly. / So if you consume 100 calories of a cola, / your body is
한번에 / 　당신의 몸은 그것을 빨리 처리할 수 없다 / 　그래서 당신이 100칼로리의 콜라를 섭취하면 / 　당신의 몸은 대부분의

likely to store most of the sugar / in its liver ❹ **as** fat. /
당을 저장하기 쉽다 / 　　　　　　　간에 지방으로 /

The bottom line is that / you should not make decisions / about what to eat / based on the number of
결론은 ~라는 것이다 / 　　당신이 결정하지 말아야 한다 / 　무엇을 먹을 것인가에 대해 / 　칼로리 수만을 근거로 /

calories alone. / It's important to be aware of / ❺ **not only** how many calories you're taking in each
　　　　　아는 것이 중요하다 / 　　　당신이 매일 얼마나 많은 칼로리를 섭취하고 있느냐뿐만 아니라 /

day, / **but also** how they affect your body. / Knowing the nutritional value of your food / will help you
그것들이 당신의 몸에 어떤 영향을 미치는지도 / 　당신의 음식의 영양상의 가치를 아는 것은 / 　당신이 좀 더 현명한

make smarter food choices. /
음식 선택을 하도록 도와줄 것이다 /

❶ the number of + 복수형 명사: ~의 수
　cf. a number of + 복수형 명사: 많은 ~

❷, ❺ B as well as A: A뿐만 아니라 B도 (= not only A but also B)
　carbohydrates and proteins, **as well as** a number of vitamins and minerals
　　　　　　　　　　B　　　　　　　　　　　　　　A
　not only how many calories you're taking in each day, **but also** how they affect your body
　　　　　　　　A　　　　　　　　　　　　　　　　　　　　B

❸ 접속사 as: ~하면서, ~하고 있을 때
　ex. **As** I entered the room, they welcomed me. 내가 방으로 들어서자 그들은 나를 환영했다.

❹ 전치사 as: ~로(서)
　ex. The news came **as** a shock. 그 소식은 충격으로 다가왔다.

문제 정답 | **1** ④ **2** ② **3** ② **4** aware **5** managed **6** ② **7** made of gold **8** Young as he is

---

문제 해설 | **1** nutritious: 영양가가 높은, 영양분이 많은

그 음식은 단백질과 비타민이 풍부해서 매우 영양가가 높다.

① 동료의 ② 자연의 ③ 역겨운

2 insult: 모욕, 무례

한 나라에서는 괜찮은 몸짓이 다른 나라들에서는 무례가 될 수 있다.

① 속임수 ③ 결정 ④ 적

3 means: 수단

나는 출근할 때, 교통 수단으로 버스를 탄다.

① 신호 ③ 침입 ④ 경고들

4 be aware of: ~을 알다

그녀는 앞으로 닥칠 위험을 몰랐다.

5 manage to: 용케 ~하다

그는 가까스로 그의 목표를 달성했다.

= 그는 많은 어려움을 겪은 후에 목표를 성취했다.

6 work: 일하다; (원하는) 효과가 나다

• 우리 엄마와 아빠는 같은 회사에서 일하신다.

• 그 계획은 효과가 없어서, 우리 팀은 제 시간에 그 프로젝트를 끝낼 수 없었다.

① 행동하다 ③ 발견하다 ④ 의사소통을 하다

7 「주격 관계대명사 + be동사」는 생략할 수 있다.

나는 그녀에게 금으로 만들어진 반지를 주었다.

8 형용사 + as + 주어 + 동사 = although[though] + 주어 + 동사 + 형용사: 비록 ~일지라도

그는 비록 어릴지라도, 매우 똑똑하다.

Unit 03

07 너무 깨끗해도 문제다? pp. 30~31

문제 정답 **1** ③ **2** ① **3** (1) T (2) F (3) F **4** comes → (should) come

문제 해설

1 첫 번째 문단에서는 뜨거운 물로 목욕하는 것이 피부에 해롭다고 설명하고 있고, 두 번째 문단에서는 비누를 너무 많이 사용하는 것 역시 피부 건강에 좋지 않다고 설명하고 있으므로 빈칸에는 ③이 알맞다.

뜨거운 목욕과 비누를 너무 많이 쓰는 것은 둘 다 당신의 피부에 해로울 수 있다.
① 냉수 목욕 ② 천연 기름기
③ 너무 많은 비누 ④ 너무 많은 박테리아
⑤ 위험한 화학 물질들

2 뜨거운 물이 피부의 기름기를 녹인다는 설명을 뜨거운 물아래 있는 버터 묻은 칼에 비유하고 있으므로 (A)에는 Likewise가 가장 적절하다. 두 번째 문단에서는 비누에 함유된 화학 물질이 우리에게 미치는 부정적인 영향을 열거하고 있으므로 (B)에는 Also가 알맞다.

① 마찬가지로 – 또한 ② 마찬가지로 – 그에 반해서
③ 하지만 – 요컨대 ④ 게다가 – 요컨대
⑤ 하지만 – 또한, 게다가

3 (1) 6~7행 참조
비누는 당신의 피부를 건조하게 하는 경향이 있다.
(2) 11~12행에서 화학 물질들이 피부에 흡수되어 신경과 신체 기관에 손상을 입힐 수 있다고 했다.
비누 속에서 발견되는 화학 물질들은 당신의 몸에 영향을 미치지 않는다.
(3) 12~13행에서 비누가 이로운 박테리아를 제거할 수도 있다고 했다.
비누는 당신 피부의 해로운 박테리아만을 죽인다.

4 insist + that + 주어 + (should) + 동사원형: ~가 …해야한다고 주장하다

본문 해석 "우리는 너무 깨끗합니다!"라고 Robin Marks(로빈 막스) 교수는 말한다. "요즘 건조한 피부가 매우 흔한 이유가 그 때문이지요." 그는 뜨거운 물이 우리 피부에서 어떻게 천연 기름기를 없애는지 설명해준다. "뜨거운 물아래 있는 버터 묻은 칼을 생각해 보세요. 뜨거운 물이 기름기를 녹여 씻어냅니다. 마찬가지로, 뜨거운 물은 피부를 보호하기 위해 여러분의 몸에서 분비하는 천연 기름기를 씻어냅니다. 여러분이 뜨거운 물에 비누까지 쓰면, 피부가 아주 건조해지고, 심지어 손상될 수 있습니다. 우리는 목욕을 너무 자주 해서 비누가 꼭 필요하지 않습니다."

많은 피부과 의사들 또한 다른 이유들로 사람들에게 비누를 너무 많이 사용하지 말라고 충고한다. 그들은 비누에는 해로운 화학 물질이 있을 수 있다고 말한다. 이것들은 우리 피부를 통해 흡수되어 신경과 신체 기관에 손상을 입힐 수 있다. 게다가, 지나치게 사용되면, 비누는 당신의 피부에 살고 있는 이로운 박테리아를 제거할 수도 있다. 의사들은 당신이 매일 샤워를 해야 한다면 비누 없이 따뜻한 물로 샤워하라고 제안한다.

지문 풀이

"We are too clean!" / says Professor Robin Marks . / "That's why dry skin is so common today." / He explains /
우리는 너무 깨끗합니다! / 로빈 막스 교수는 말한다 / 그것이 요즘 건조한 피부가 매우 흔한 이유입니다 / 그는 설명해준다 /

❶ how hot water removes natural oils / from our skin: / "Think of a buttery knife / under hot water. /
어떻게 뜨거운 물이 천연 기름기를 없애는지 / 우리 피부에서 / 버터 묻은 칼을 생각해 보세요 / 뜨거운 물 아래 있는 /

Hot water melts the oil / and washes it away. / Likewise, / hot water washes away the natural oil / ❷ **that**
뜨거운 물이 기름기를 녹입니다 / 그리고 그것을 씻어냅니다 / 마찬가지로 / 뜨거운 물은 천연 기름기를 씻어 냅니다 / 당신

your body produces / to protect your skin. / If you add soap to hot water, / your skin may become too
몸이 분비하는 / 당신의 피부를 보호하기 위해 / 당신이 뜨거운 물에 비누를 더하면 / 당신의 피부는 아주 건조해질 수 있습니다 /

dry / and even get damaged. / We bathe ❸ **so often** / **that** soap is not really necessary." /
그리고 심지어 손상될 수 있습니다 / 우리는 목욕을 너무 자주 해서 / 비누가 꼭 필요하지 않습니다 /

Many skin doctors also ❹ **advise people** / **not to use** too much soap / for different reasons. / They say /
많은 피부과 의사들 또한 사람들에게 충고한다 / 비누를 너무 많이 사용하지 말라고 / 다른 이유로 / 그들은 말한다 /

that soap can contain harmful chemicals. / These can be absorbed through our skin / and damage our
비누는 해로운 화학 물질을 포함할 수 있다고 / 이것들은 우리 피부를 통해 흡수될 수 있다 / 그리고 우리의 신경과 신체

nerves and organs. / Also, / ❺ **if overly used**, / soaps might remove beneficial bacteria / living on your
기관에 손상을 입힐 수 있다 / 게다가 / 지나치게 사용되면 / 비누는 이로운 박테리아를 제거할 수도 있다 / 당신의 피부에 살고 있는 /

skin. / Doctors suggest that, / if you must shower every day, / you take a warm shower / without soap. /
의사들은 제안한다 / 당신이 매일 샤워를 해야 한다면 / 따뜻한 물로 샤워하라고 / 비누 없이 /

---

❶ how hot water removes natural oils (간접의문문)
　　의문사　　주어　　　동사

❷ hot water washes away the natural oil **that** your body produces
　　　　　　　　　　　　　　　　　　└── 목적격 관계대명사 that은 생략 가능

❸ so + 형용사/부사 + that …: 너무 ~해서 …하다
　cf. I am **so** relieved **that** I finished the project. 나는 그 프로젝트를 끝내서 정말 안도감이 들어.

❹ advise + 목적어 + not + to부정사: ~가 …하지 않도록 조언하다
　ex. He **advised** me **not to talk** about the problem. 그는 나에게 그 문제에 대해 말하지 말라고 조언했다.

❺ if overly used, soaps might remove beneficial bacteria (they=soaps)
　(they are)

---

08 홈런의 숨은 비결　　　　　　　　　　　　　　　　　　　　　　pp. 32~33

문제 정답　**1** ⑤　　**2** (A) thin　(B) less　(C) farther　(D) dry　　**3** ③　　**4** (1) is　(2) A

문제 해설　**1** 이 글은 날씨(온도, 습도)와 고도가 야구공에 미치는 영향에 대해 설명하고 있으므로 글의 제목으로 ⑤가 가장 적절하다.
　　① 홈런을 치는 방법　　　　　　　　　　　　　② 온도는 공기의 무게에 영향을 미친다
　　③ 야구공은 공기 중에서 어떻게 이동하는가　　④ 왜 홈런이 증가하고 있는가
　　⑤ 날씨와 고도가 야구공에 미치는 영향

　2 날씨가 덥고 습하면 공기의 밀도가 낮아져서 공이 부딪힐 공기가 더 적어지므로, 그 결과 야구공은 날씨가 춥고 건조할
　　때보다 더 멀리 이동할 수 있는 것이다.
　　원인: 덥고 습한 날에는 공기가 희박해서 야구공에 부딪힐 공기가 더 적다.
　　　　　　　　　　　　　　　　↓
　　결과: 덥고 습한 날에는 야구공이 춥고 건조한 날보다 더 멀리 이동한다.

　3 10~12행에서 2017년 한국프로야구 시즌 동안에 경기당 평균 홈런 수가 4월에는 2개였지만, 7월에는 3개였다고
　　했으므로 봄보다 여름에 홈런이 더 많이 나온다고 볼 수 있다.
　　① 3~4행 참조　　② 6~7행 참조　　④ 14행 참조　　⑤ 14~17행 참조

4 (1) the number of + 복수형 명사 + 단수형 동사: ~의 수   신생아 수는 한국에서 감소하고 있다.
   (2) a number of + 복수형 명사 + 복수형 동사: 많은 ~   많은 십대들이 가수가 되고 싶어 한다.

본문 해석 어떤 종류의 요인들이 야구 경기의 결과에 영향을 미치는가? 놀랍게도, 날씨는 경기 결과에 영향을 미치는 가장 중요한 요인들 중에 하나이다. 이것은 날씨가 야구에 있어서 중요한 공기의 밀도에 영향을 미치기 때문이다. 춥고 건조한 날에는 공기가 짙다. 덥고 습한 날에는 공기가 희박하다.

뜨거운 공기는 (밀도가) 희박하다. 이것은 야구공이 이동할 때 공에 부딪힐 공기가 더 적다는 것을 의미한다. 그래서 따뜻할 때는 공이 더 멀리 이동한다. 타자들이 언제 가장 많은 홈런을 치는가? 그것은 보통 여름이다. 이것은 특히 장마철 동안에는 더 따뜻하고 습하기 때문이다. 예를 들어, 2017년 KBO(한국프로야구) 시즌 동안에 경기당 평균 홈런 수가 4월에는 2개였지만, 7월에는 3개였다.

홈런은 산 위 높은 곳에서도 더 흔하다. 왜일까? 높은 곳에서는, 공기가 희박해서 야구공이 더 멀리 이동한다. 이것은 (미국) 메이저리그에서 가장 많은 홈런이 록키 산맥 근처에 있는 콜로라도 주의 쿠어스 필드(Coors Field) 구장에서 나오는 이유를 설명해준다.

지문 풀이

What kind of factors affect the outcome of a baseball game? / Surprisingly, / the weather is ❶ **one** of the
어떤 종류의 요인들이 야구 경기의 결과에 영향을 미치는가? /   놀랍게도 /   날씨는 가장 중요한 요인들 중에 하나이다 /

most important factors / **that** influence the outcome of a game. / This is because the weather affects
                          경기 결과에 영향을 미치는 /   이것은 날씨가 공기의 밀도에 영향을 미치기 때문이다 /

❷ **the density of air, / which** is important for baseball. / On cold, dry days, / the air is thick / On hot,
                그것(공기의 밀도)은 야구에 중요하다 /   춥고 건조한 날에는 /   공기가 짙다 /   덥고 습한

humid days, / it is thin. /
날에는 /   그것이 희박하다 /

Hot air is thin. / This means / that when a baseball travels, / there is ❸ **less air for it to hit.** / So it travels
뜨거운 공기는 (밀도가) 희박하다 / 이것은 의미한다 / 야구공이 이동할 때 /   그것에 부딪힐 공기가 더 적다는 것을 /   그래서 그것이 더

farther / when it is warm. / When do batters hit the most home runs? / It's usually in the summer. / This
멀리 이동한다 / 따뜻할 때는 /   타자들이 언제 가장 많은 홈런을 치는가? /   그것은 보통 여름이다 /   이것은

is because it is warmer and more humid, / especially during the rainy season. / For example, / during the
(날씨가) 더 따뜻하고 습하기 때문이다 /   특히 장마철 동안에는 /   예를 들어 /   2017년 KBO

2017 KBO (Korea Baseball Organization) season, / the average number of home runs per game / was 2 in
(한국프로야구) 시즌 동안 /   경기 당 평균 홈런 수가 /   4월에는

April, / but 3 in July. /
2개였다 / 하지만 7월에는 3개였다 /

Home runs are more common / high up in the mountains, too. / Why? / In high places, / the air is
홈런은 더 흔하다 /   산 위 높은 곳에서도 /   왜일까? / 높은 곳에서는 /   공기가 희박하다 /

thin, / so the ball travels farther. / This explains / ❹ **why the most home runs in the Major Leagues**
그래서 야구공이 더 멀리 이동한다 /   이것은 설명해준다 /   (미국) 메이저리그에서 가장 많은 홈런이 나오는 이유를 /

happen / ❺ **at Coors Field in Colorado, / which** is near the Rocky Mountains. /
콜로라도 주의 쿠어스 필드 구장에서 /   그곳은 록키 산맥 근처에 있다 /

---

❶ the weather is one of the most important factors ⌐주격 관계대명사
   factors **that** influence the outcome of a game

❷, ❺ 관계대명사의 계속적 용법: 관계대명사 앞에 콤마(,)가 있으며 「접속사 + 대명사」로 바꿀 수 있다.
   • the weather affects the density of air, **which** is important for baseball
   = the weather affects the density of air, and it is important for baseball

• at Coors Field in Colorado, **which** is near the Rocky Mountains

= at Coors Field in Colorado, <u>and it</u> is near the Rocky Mountains

❸ there is less air for it to hit : to부정사의 의미상의 주어는 앞에 for를 쓴다. it은 문맥상 a baseball을 의미한다.
　　　　　　　　<u>　　</u>
　　　　　　　의미상의 주어

❹ This explains <u>why</u> <u>the most home runs in the Major League</u> <u>happen</u> ~ : 간접의문문
　　　　　　　　의문사　　　　　　　주어　　　　　　　　　　　　　동사

09　인상주의가 불러온 변화들　　　　　　　　　　　　　　　　pp. 34~35

문제 정답　**1** ②　　**2** ⑤　　**3** (1) F　(2) F　(3) T　　**4** (1) work overtime　(2) go to the party

---

문제 해설　**1** 인상주의 화풍이 가져온 변화와 특징들에 대해 다루고 있으므로 글의 주제로는 ②가 가장 적절하다.
　　① 보통 사람들의 삶을 그리는 방법
　　② 인상주의 그림들의 특징들
　　③ 인상주의의 부정적인 영향
　　④ 인상주의 그림들이 형형색색인 이유
　　⑤ 인상주의가 어떻게 사람들의 생각을 변화시켰는가

2 4~5행에서 인상파 화가들이 보통 사람들의 일상생활에 관심을 가졌다고 했으므로 빈칸에는 ⑤가 가장 적절하다.
　　① 자유의 여신상　　　　　　　　　　　② 십자가를 짊어진 예수
　　③ 트로이 전쟁의 장면들　　　　　　　④ 궁전에 있는 왕들과 왕비들
　　⑤ 공원에서 소풍을 즐기는 사람들

3 (1) 4~5행에서 인상파 화가들은 보통 사람들의 일상생활에 관심을 가졌다고 했다.
　　　그들은 역사적인 또는 성서 속의 이야기들에 관심을 가졌다.
　　(2) 11~13행에서 인상파 화가들은 물체의 색깔이 빛의 양과 분위기의 변화에 따라 끊임없이 변한다고 생각했다.
　　　그들은 모든 물체는 그것만의 고정된 색깔을 갖고 있다고 생각했다.
　　(3) 15~17행 참조
　　　그들은 전통에 영향을 받지 않고 그들이 사물들을 보는 대로 그것들을 인식했다.

4 대부정사 to: 동사(구)가 반복될 때 to만 남기고 동사(구)는 생략한다.
　　(1) 내 상사는 내게 초과 근무를 할 것을 요구했지만, 나는 초과 근무를 하고 싶지 않았다.
　　(2) 그녀는 파티에 가고 싶었지만, 그녀의 부모님은 그녀가 파티에 가는 것을 허락하지 않았다.

본문 해석　인상주의는 19세기 말에 시작된 유명한 예술 운동이었다. 인상주의 이전에 대부분의 화가들은 움직이지 않는 사물들, 역사적인 사건들 그리고 성서 속의 이야기들과 같은 전통적인 주제에 집중했다. 그러나 인상파 화가들은 보통 사람들의 일상생활에 관심을 가졌다. 예를 들어, 모네와 르누아르와 같이 잘 알려진 인상파 화가들은 종종 공원에서 소풍을 즐기는 사람들을 그렸다.
　　게다가 인상파 화가들은 색깔에 대해 완전히 다른 개념을 가졌다. 인상파 화가들 이전에는, 화가들이 모든 것은 그 자체의 독특한 색깔을 가지고 있다고 믿었다. 예를 들어, 하늘은 푸르고, 사과는 빨갛고, 잎은 초록색이었다. 그러나 인상파 화가들은 물체의 색깔이 빛의 양과 대기의 변화에 따라 끊임없이 변한다는 것을 깨달았다. 그래서 그들은 그들이 특정한 장소와 때에 물체들을 어떻게 보느냐에 따라서 그것들을 그리기로 택했다. 아마도 인상파 화가들의 가장 큰 공헌은 우리가 인식하라고 들은 대로가 아니라 우리가 실제로 보는 대로 사물을 인식하는 즐거움을 소개했다는 것이다.
　　인상주의는 미술에 대한 혁명적인 접근법으로 시작되었고, 곧 미술사에서 가장 인기 있는 운동 중 하나가 되었다.

Impressionism was a famous artistic movement / ❶ **that** began in the late 19th century. / Before
인상주의는 유명한 예술 운동이었다 /   19세기 말에 시작된 /   인상주의

Impressionism, / most painters focused on traditional subject matters / such as ❷ **motionless objects,**
이전에 /   대부분의 화가들은 전통적인 주제에 집중했다 /   움직이지 않는 사물들, 역사적인 사건들, 그리고

historical events and biblical stories. / However, / the Impressionists took an interest / in the daily lives
성서 속의 이야기들과 같은 /   그러나 /   인상파 화가들은 관심을 가졌다 /   보통 사람들의 일상생활에 /

of ordinary people. / For example, / well-known Impressionists like Monet and Renoir often painted /
                예를 들어, /   모네와 르누아르와 같이 잘 알려진 인상파 화가들은 종종 그렸다 /

people enjoying picnics in the park. /
공원에서 소풍을 즐기는 사람들을 /

Moreover, / the Impressionists had a completely different concept of color. / Before the Impressionists, /
게다가 /   인상파 화가들은 색깔에 대해 완전히 다른 개념을 가졌다 /   인상파 화가들 이전에는 /

artists believed / that everything had its own unique color. / For instance, / ❸ **the sky was blue,** / apples
화가들이 믿었다 /   모든 것은 그 자체의 독특한 색깔을 가지고 있다고 /   예를 들어 /   하늘은 푸르고 /   사과는

were red / **and leaves were green.** / But the Impressionists realized / that the color of an object constantly
빨갛고 /   그리고 잎은 초록색이었다 /   그러나 인상파 화가들은 깨달았다 /   물체의 색깔이 끊임없이 변한다는 것을 /

changes / depending on the amount of sunlight and changes in the atmosphere. / So they chose to paint
      빛의 양과 대기의 변화에 따라 /   그래서 그들은 물체들을 그리기로

the objects / according to how they saw them / in a particular place and moment. / Probably the greatest
택했다 /   그들이 그것들(물체들)을 어떻게 보느냐에 따라서 /   특정한 장소와 때에 /   아마도 인상파 화가들의 가장 큰

contribution of the Impressionists is / ❹ **that** they introduced the joy of perceiving things / as we actually
공헌은 ~이다 /   그들이 사물을 인식하는 즐거움을 소개했다는 것 /   우리가 실제로 보는

see them / ❺ **rather than** as we are told to. /
대로 /   우리가 인식하라고 들은 대로가 아니라 /

Impressionism began / as a revolutionary approach toward the fine arts / and soon became one of the
인상주의는 시작되었다 /   미술에 대한 혁명적인 접근법으로 /   그리고 곧 가장 인기 있는 운동 중 하나가 되었다 /

most popular movements / in art history. /
           미술사에서 /

❶   ┌─주격 관계대명사 that
     a famous artistic movement **that** began in the late 19th century

❷, ❸ and, or, but과 같은 등위 접속사를 기준으로 연결하려고 하는 두 개 이상의 요소의 품사와 모양을 동일하게 나열한다.

    • such as <u>motionless objects</u>, <u>historical events</u> **and** <u>biblical stories</u>: A, B, C가 모두 명사구
                 A   B   C

    • <u>the sky was blue</u>, <u>apples were red</u> **and** <u>leaves were green</u>: A, B, C가 모두 절
           A   B   C

❹ that 이하는 주어인 the greatest contribution of the Impressionists를 보충 설명해주는 명사절(주격 보어)이다.

❺ A rather than B: B라기 보다는 A

    the joy of perceiving things <u>as we actually see them</u> **rather than** <u>as we are told to</u>
                                  A   B ∧(perceive things)

문제 정답 1 ③   2 ③   3 ②   4 ①   5 ④   **6** A number of   **7** I suggested that he <u>should</u> get up early to catch the train.   **8** Jane didn't call him back because she didn't want to <u>call him back</u>.

문제 해설 **1** ①, ②, ④는 명사 – 형용사 관계이고, ③은 명사 – 명사 관계이다.

① 혜택, 이득 – 이로운   ② 성서 – 성서의   ③ 인상 – 인상파 화가   ④ 혁명 – 혁명적인

2 humid: 습한

매우 물기가 많고 보통 뜨거운

① 건조한   ② 희박한   ④ 따뜻한

3 atmosphere: 분위기

어떤 사건이나 장소가 당신에게 주는 감정

① 접근법   ② 영향, 영향력   ④ 상황

4 perceive: 인지[인식]하다

• 사람들은 사물들을 실제 그대로 <u>인식하지</u> 못하는지도 모른다.

• 우리는 이 동전 간에 어떤 차이도 <u>감지할</u> 수 없다.

② 믿다   ③ 없애다, 제거하다   ④ 흡수하다

5 movement: (조직적으로 벌이는) 운동

• 많은 도시들은 대기 오염을 줄이기 위해 자전거 타기 <u>운동</u>에 참여했다.

• 그들은 노숙자들을 위해 집을 지어주는 세계적인 <u>운동</u>을 시작했다.

① 물체   ② 순간, 때   ③ 기여, 이바지

6 a number of + 복수형 명사 + 복수형 동사: 많은 ～

7 suggest + that + 주어 + (should) + 동사원형: ～에게 …할 것을 제안하다

나는 그에게 기차를 타기 위해 일찍 일어날 것을 제안했다.

8 대부정사 to: 동사(구)가 반복될 때 to만 남기고 동사(구)는 생략한다.

Jane은 그에게 답신 전화를 하지 않았는데, 그녀는 <u>그에게 답신 전화를 하고</u> 싶지 않았기 때문이었다.

Unit 04

10 하나의 목표에 집중하라! pp. 38~39

문제 정답 **1** ③ **2** ⑤ **3** ⑤ **4** only to fail

문제 해설 **1** 이 글의 요지는 한번 시작한 것이 있으면 거기에 집중해서 다른 길로 새지 말라는 것이다.
① 그냥 해보고 행동에 옮겨라.
② 스스로에게 너무 자책하지 마라.
③ 네가 목표를 세우면, 오직 그것에 집중해라.
④ 내일은 결코 오지 않을 수도 있으니 그것을 지금 해라.
⑤ 네가 새로운 것을 시도할 때, 첫 번째가 되라.

2 사냥꾼이 사냥개와 곰 사냥을 갔지만 산만해진 개는 다른 동물들의 냄새를 따라가다가 결국 들쥐 구멍만을 찾아냈으므로 사냥꾼은 실망감을 느꼈을 것이다.
① 자랑스러운   ② 무서운   ③ 행복한
④ 지루한   ⑤ 실망한

3 가수를 지망했다가 갑자기 의사가 되겠다는 형은 한 가지에 집중하지 못하고 다른 길로 잘 새는 사람이므로 이 글을 들려주기에 가장 적절하다.

4 only + to부정사: (~했으나) 결국 …하다

본문 해석 한 남자가 사냥개를 새로 샀다. 그는 개가 어느 정도 재주가 있는지 보고 싶어 안달이 나서, 곰 사냥을 갔다. 그들이 숲에 들어서자마자 개는 곰의 흔적을 포착했다. 얼마 후, 개는 멈춰 서서 땅 냄새를 맡더니 새로운 방향으로 향했다. 개는 첫 번째 흔적을 가로질러 간 사슴의 흔적을 찾았던 것이다. 잠시 후, 개는 다시 멈춰 서서 사슴이 지나간 길을 가로질러 간 토끼 냄새를 맡았다. 마침내, 지친 사냥꾼은 개를 따라잡았지만, 개가 들쥐 구멍 아래로 의기양양하게 짖어 대는 것을 발견했을 뿐이었다.
이 개처럼, 우리는 목표를 추구하는 동안 쉽게 산만해져서 실패할 수 있다. 그것이 여러분이 일단 목표를 세우면, 끝까지 그것을 꼭 고수해야 하는 이유이다.

지문 풀이

A man bought a new hunting dog. / He was impatient to see / how it would perform, / so he went on a
한 남자가 사냥개를 새로 샀다 /   그는 보고 싶어 안달이 났다 /   그것이 어느 정도 재주가 있는지 /   그래서 그는 곰 사냥을

bear hunt. / As soon as they entered the woods, / the dog picked up a bear's trail. / After some
갔다 /   그들이 숲에 들어서자마자 /   그 개는 곰의 흔적을 포착했다 /   얼마 후 /

time, / the dog ❶ stopped, / sniffed the ground / and then headed in a new direction. / The dog had
그 개는 멈춰 서서 /   땅 냄새를 맡았다 /   그러고 나서 새로운 방향으로 향했다 /   그 개는 사슴의 흔적을

noticed ❷ a deer's trail, / which had crossed the first trail. / A few moments later, / ❸ the dog stopped
찾았던 것이다 /   그리고 그것은 첫 번째 흔적을 가로지른 것이었다 /   잠시 후 /   개는 다시 멈춰 섰다

again, / smelling a rabbit / that had crossed the path of the deer. / Finally, / the tired hunter caught up
토끼 냄새를 맡았다 /   사슴이 지나간 길을 가로질러 간 /   마침내 /   지친 사냥꾼은 그의 개를 따라잡았다 /

with his dog, / only to find it barking proudly / down the hole of a field mouse. /
그것이 의기양양하게 짖어 대는 것을 발견했을 뿐이었다 / 들쥐 구멍 아래를 향해 /

Just like the dog, / we can get distracted easily and fail / ❹ **while pursuing our goals.** / That's why / once
이 개처럼 / 우리는 쉽게 산만해져서 실패할 수 있다 / 우리의 목표를 추구하는 동안 / 그것이 이유이다 / 여러분이

you set a goal, / you should just stick to it / until the end. /
일단 목표를 세우면 / 여러분이 그것을 꼭 고수해야 하는 / 끝까지 /

❶ 병렬 구조의 A, B and C
the dog <u>stopped</u>, <u>sniffed the ground</u> **and then** <u>headed in a new direction</u>
　　　　　　　A　　　　　　　B　　　　　　　　　　　　　C

❷ 관계대명사의 계속적 용법: 관계대명사 앞에 콤마(,)가 있으며 「접속사 + 대명사」로 바꿔 쓸 수 있다.
a deer's trail, **which** had crossed the first trail
= a deer's trail, <u>and it</u> had crossed the first trail

❸ the dog <u>stopped</u> again, <u>smelling</u> a rabbit that <u>had crossed</u> the path of the deer
　　　　　　　과거　　　　　= and it smelled (분사구문)　　과거완료 (과거보다 먼저 일어난 일)

❹ 접속사와 함께 쓰는 분사구문: 접속사의 의미를 강조할 때 생략하지 않는다.
while pursuing our goals = while we pursue our goals

---

11 열대 우림을 삼키는 햄버거　　　　　　　　　　　　　　　　pp. 40~41

문제 정답　**1** ⑤　　**2** ⑤　　**3** (1) F　(2) T　(3) F　　**4** (1) lives　(2) were

---

문제 해설　**1** 이 글은 햄버거를 만들기 위한 목장을 조성함으로써 열대 우림이 파괴되고 있는 현상을 다루고 있으므로 필자의 주장으로 ⑤가 가장 적절하다.

2 20세기 이후 전 세계 열대 우림의 반이 파괴되었고, 지금의 산림 파괴 속도라면, 남아 있는 열대 우림도 향후 100년 안에 완전히 사라질 수 있다고 해야 문맥상 자연스럽다.
① 사람들은 햄버거를 먹는 것을 중단할 것이다
② 열대 우림은 (지금) 있는 그대로 유지될 것이다
③ 열대 우림은 더 이상 파괴되지 않을 것이다
④ 모든 곤충류들은 지구에서 사라질 것이다
⑤ 남아 있는 열대 우림도 향후 100년 안에 완전히 사라질 수 있다

3 (1) 7~9행에 따르면 햄버거 두 개가 아니라 한 개당 사라지는 개체 수를 나타낸다.
(2) 10~11행 참조
(3) 12~13행에서 열대 우림에서 사육된 소의 80%는 수출된다고 했으나, 나머지에 대한 정보는 이 글을 통해 알 수 없다.

4 (1) [all, some, half, most, the rest, 퍼센트] + of + 단수형 명사 + 단수형 동사 ~
인구의 거의 절반이 이 도시에 산다.
(2) [all, some, half, most, the rest, 퍼센트] + of + 복수형 명사 + 복수형 동사 ~
나는 대부분의 문제들이 해결된 것을 발견했다.

당신은 햄버거를 좋아하는가? 당신은 중남미의 열대 우림이 당신의 햄버거를 만들기 위해 태워진다는 것을 알게 되면 충격을 받을지도 모른다.

언뜻 보기에, 햄버거와 숲의 소실을 연관시키는 것은 쉽지 않다. 단지 두 개의 햄버거를 위한 고기를 만들기 위해서, 당신은 교실만큼 큰 구역의 열대 우림을 태워버려야 한다. 또한, 햄버거 하나를 만들기 위해서 당신은 20~30여 종의 식물들, 100종의 곤충들, 그리고 수십 종의 조류, 포유류, 파충류들의 서식지를 파괴해야 한다.

20세기가 시작된 이후에, 소들을 키우기 위한 사육장을 만들기 위해 대략적으로 전 세계 열대 우림의 반이 완전히 파괴되었다. 열대 우림에서 사육된 약 80%의 소들은 햄버거와 스테이크를 만들기 위해 전 세계적으로 소비자들에게 수출된다. 육류에 대한 수요가 늘어남에 따라 점점 더 많은 숲들이 파괴될 수 있다. 산림 파괴가 지금의 속도로 계속된다면, 남아 있는 열대 우림도 향후 100년 안에 완전히 사라질 수 있다.

지문 풀이

Do you love hamburgers? / You may be shocked to learn / that ❶ tropical forests in Central and Latin
당신은 햄버거를 좋아하는가? / 당신이 알게 되면 충격을 받을지도 모른다 / 중남미의 열대 우림이 태워진다는 것을 /

America **are burnt** down / to make your hamburgers. /
당신의 햄버거를 만들기 위해 /

At first sight, / it's not easy / to relate hamburgers to the disappearance of the forests. / In order to
언뜻 보기에 / 쉽지 않다 / 햄버거와 숲의 소실을 연관시키는 것이 / 고기를 만들기

produce the meat / for just two hamburgers, / you have to burn down a section of the tropical
위해서 / 단지 두 개의 햄버거를 위한 / 당신은 한 구역의 열대 우림을 태워버려야 한다 /

forest / ❷ **as big as** your classroom. / Also, / to make one hamburger, / you have to destroy ❸ **the**
당신의 교실만큼 큰 / 또한 / 햄버거 하나를 만들기 위해 / 당신은 서식지를 파괴해야 한다 /

habitats / **of 20 to 30 plant species,** / **100 insect species** / **and dozens of bird, mammal and reptile**
20~30여 종의 식물들의 / 100종의 곤충들 / 그리고 수십 종의 조류, 포유류, 파충류들 /

species. /

Since the start of the 20th century, / roughly half of the world's rainforests / have been wiped out / to
20세기가 시작된 이후에 / 대략적으로 전 세계 열대 우림의 반이 / 완전히 파괴되었다 /

create fields for raising cattle. / About 80% of the cattle raised in the rainforests / are exported to
소들을 키우기 위한 사육장을 만들기 위해 / 열대 우림에서 사육된 약 80%의 소들은 / 전 세계적으로 소비자들에게

consumers globally / to make hamburgers and steaks. / ❹ **With** the increasing demand for meat, / more
수출된다 / 햄버거와 스테이크를 만들기 위해 / 육류에 대한 수요가 늘어남에 따라 / 점점 더

and more forests are likely to be destroyed. / If deforestation continues / at the current rate, / the
많은 숲들이 파괴될 수 있다 / 산림 파괴가 계속된다면 / 지금의 속도로 /

remaining rainforests could be gone altogether / in the next 100 years. /
남아 있는 열대 우림도 완전히 사라질 수 있다 / 향후 100년 안에 /

---

❶ tropical forests in Central and Latin America are burnt down to make your hamburgers
　　주어 　　　　　　　　　　　　　　　　　　　동사

❷ as + 형용사 원급 + as: '~만큼 …한'이라는 뜻으로 비교하는 대상의 성격, 성질 등이 동등함을 나타낼 때 사용한다.
　　ex. The house is **as quiet as** the library. 그 집은 도서관처럼 조용하다.

❸ the habitats of 20 to 30 plant species, 100 insect species and dozens of bird, mammal and reptile species
　　　　　　　　　　　　A　　　　　　　　　　　B　　　　　　　　　　　C
　　A, B, C의 서식지라는 의미이고, C는 다시 a, b and c로 나열되고 있다.

❹ with: ~함에 따라, ~와 함께 (전치사)
　　ex. Skill comes **with** practice. 기술은 연습과 함께 온다.

문제 정답　　**1** ⑤　　**2** ⑤　　**3** ③

문제 해설　　**1** 고대 사람들의 뼈를 분석하여 그 시대 사람들에 대한 다양한 정보를 알아낼 수 있다는 내용이다.
　　　　① 왜 우리의 뼈가 그토록 오래 남아 있는가
　　　　② 고대의 뼈에 관한 퍼즐 풀기
　　　　③ 생활방식이 우리의 뼈에 미치는 영향
　　　　④ 서로 다른 뼈 종류의 비교
　　　　⑤ 뼈: 고대 사람들을 이해하는 열쇠

2 뼈를 분석함으로써 그 사람의 성격은 알 수 없다.
　　다음 중 사람들의 뼈를 분석함으로써 알 수 있는 것이 아닌 것은?
　　① 식습관　　② 성별　　③ 병력　　④ 직업　　⑤ 성격

3 사람이 죽은 뒤 뼈와 치아와 같은 딱딱한 부분들이 남아 있기 때문에 이것들이 그 사람에 대한 정보를 제공해 줄 수 있다.
　　죽은 후에 당신의 부드러운 부분들은 사라지지만, 뼈와 치아와 같이 딱딱한 부분들은 <u>남아 있다</u>. 이것이 뼈가
　　죽은 사람에 대한 <u>정보</u>를 제공해줄 수 있는 이유이다.
　　① 썩다 – 화학 물질들　　　　　　　　　　② 남아 있다 – 화학 물질들
　　③ 남아 있다 – 정보　　　　　　　　　　　④ 썩다 – 정보
　　⑤ 자라다 – 존경

본문 해석　　고대 사람들에 대해서 배운다는 것은 꽤 어렵다. 고맙게도, 그들의 뼈들은 그들과 그들의 삶에 대해 우리에게
단서와 식견을 준다.
　　당신이 살아 있는 동안에는 뼈들도 살아 있다. 피가 뼈들을 관통하여 흐른다. 뼈들은 그 자체의 신경을 가지고
있고, 뼈들은 자라고 형태가 변하며, 당신 몸의 나머지 부분과 마찬가지로 화학 물질들을 흡수한다. 죽은 뒤에
살은 썩어 없어지지만, 단단한 뼈는 정보의 출처로 남아 있게 된다.
　　인간의 뼈를 분석함으로써 연구원들은 죽은 사람의 나이, 성별, 인종, 신장을 알아낼 수 있다. 뼈들은 심지어 한
여성이 얼마나 많은 자녀를 낳았는지도 알려 준다. 뼈와 치아는 또한 그 사람이 어떤 종류의 질병을 가졌는지 또는
그들이 어떤 종류의 음식을 먹곤 했는지 알려 준다. 뼈들의 모양과 무게를 조사함으로써 연구원들은 어느 근육이
자주 사용되었는지 알아낼 수 있다. 이것은 연구원들에게 그 사람이 어떤 종류의 일을 했을지에 관해서
아이디어를 제공할 수 있다.

지문 풀이

❶ **Learning** about ancient humans / is quite challenging. / Thankfully, / their bones give us clues and
　고대 사람들에 대해서 배운다는 것은 /　　　　　　꽤 어렵다 /　　　　　　　고맙게도 /　　　　그들의 뼈들은 우리에게 단서와 식견을 준다 /

insights / about them and their lives. /
　　　　/ 그들과 그들의 삶에 대해 /

While you're alive, / your bones are alive, too. / Blood runs through them. / They have their own
당신이 살아 있는 동안에는 /　뼈들도 살아 있다 /　　　　　　피가 그것들을 관통하여 흐른다 /　　　　그것들은 그 자체의 신경을 가지고

nerves, / and they grow, / change shape / and absorb chemicals / just like the rest of your body. / After
있다 /　　그리고 그것들은 자란다 /　형태가 변한다 /　그리고 화학 물질들을 흡수한다 /　당신 몸의 나머지 부분과 마찬가지로 /　　죽음

death, / the flesh rots away, / but the hard bones ❷ **remain sources of information.** /
후에 /　　살은 썩어 없어진다 /　　　하지만 단단한 뼈는 정보의 출처로 남아 있게 된다 /

❸ **By analyzing** human bones, / researchers can discover / a dead person's age, sex, race and height. /
인간의 뼈를 분석함으로써 / 연구원들은 알아낼 수 있다 / 죽은 사람의 나이, 성별, 인종 그리고 신장을 /

They can even tell / how many children a woman had. / The bones and teeth also show / what kind of
그것들은 심지어 알려 준다 / 한 여성이 얼마나 많은 자녀를 낳았는지 / 뼈와 치아는 또한 알려 준다 / 그 사람이 어떤 종류의

diseases the person had / or what kind of food they used to eat. / ❹ **By examining** the shape and weight
질병을 가졌는지 / 또는 그들이 어떤 종류의 음식을 먹곤 했는지 / 뼈들의 모양과 무게를 조사함으로써 /

of the bones, / researchers can find out / which muscles were often used. / This can give them an
연구원들은 알아낼 수 있다 / 어느 근육이 자주 사용되었는지 / 이것은 그들에게 아이디어를 제공할 수

idea / as to what kind of work a person ❺ **might have done.** /
있다 / 사람이 어떤 종류의 일을 했을지에 관해서 /

❶ <u>**Learning**</u> about ancient humans <u>is</u> quite challenging.
　　동명사 주어　　　　　　　　　　　　　　동사

❷ remain + 명사/형용사: ~인 상태로 남다 (명사가 올 경우에는 「remain (as) + 명사」도 가능하다.)
　　ex. He will **remain (as) manager** of the restaurant. 그는 레스토랑의 매니저로 남을 것이다.

❸, ❹ by + 동명사(-ing): ~함으로써

❺ might have p.p.: ~했을지도 모른다
　　cf. should have p.p.: ~했어야 했다 (후회, 유감), could have p.p.: ~했을 수도 있다

REVIEW TEST

p. 44

문제 정답　 **1** ④　 **2** ③　 **3** ④　 **4** ②　 **5** ②　 **6** ③　 **7** only to find nobody was home　 **8** All of the students were safe

문제 해설　 **1** be impatient to: ~하고 싶어 안달하다

2 habitat: 서식지
식물이나 동물의 자연적인 거주지
① 작은 길　　② 부분, 구역　　④ 위치

3 ancient: 고대의
역사에서 오래 전 시간에 속한
① 현재의　　② 현대의　　③ 미래의

4 analyze: 분석하다
어떤 것에 대해 더 알아내기 위해 그것을 상세하게 연구하다
① 추구하다　　③ 수출하다　　④ 알아채다, 인지하다

5 trail: 흔적, 자국
• 그는 그의 뒤로 발자국의 <u>흔적</u>을 남겼다.
• 그 개는 여우의 냄새를 찾았고, 그것의 <u>흔적</u>을 따라가기 시작했다.
① 모양, 형태　　② 장소, 위치　　④ 사냥

6 The rest of 뒤의 the bread가 단수형 명사이므로 단수형 동사 was가 와야 한다.
- [all, some, half, most, the rest, 분수, 퍼센트] + of + 단수형 명사 + 단수형 동사 ~
- [all, some, half, most, the rest, 분수, 퍼센트] + of + 복수형 명사 + 복수형 동사 ~

① 대부분의 아이디어는 그로부터 나왔다.
② 그 아이들의 절반은 그 방에 있었다.
③ 그 빵의 나머지는 Paul이 먹었다.
④ 몇몇 손님들은 파티에서 차려 입었다.

7 only + to부정사: (~했으나) 결국 …하다

8 [all, some, half, most, the rest, 분수, 퍼센트] + of + 복수형 명사 + 복수형 동사 ~

Unit 05

문제 정답   **1** ⑤   **2** took away   **3** ③   **4** ②

문제 해설

1 콜럼버스가 책력을 통해 알게 된 과학적 지식인 월식 현상을 이용해 원주민들을 속이는 것을 의미한다.

① 섬에 농작물을 재배하는 것   ② 원주민들과 음식을 교환하는 것
③ 원주민들의 생활방식을 연구하는 것   ④ 밤에 원주민들로부터 음식을 약탈하는 것
⑤ 과학적 지식을 이용해서 원주민들을 속이는 것

2 콜럼버스의 신이 분노하여 달을 빼앗을 것이라고 했는데, 월식 현상으로 달이 사라지자 원주민들은 정말로 신이 달을 가져갔다고 믿었기 때문이다.

Q: 달이 보이지 않았을 때 원주민들이 왜 겁을 먹었는가?
A: 그들은 콜럼버스의 신이 하늘에서 달을 빼앗아 갔다고 믿었기 때문이다.

3 월식으로 인해 달이 사라지자 원주민들은 콜럼버스의 신이 한 것으로 오해하고 겁을 먹었고, 콜럼버스가 요구한 음식을 주는 대신 자신들에게 달을 되돌려 달라고 애원했다고 해야 자연스럽다.

① 그들에게 사실을 말해달라고   ② 밤을 낮으로 바꿔 달라고
③ 그들에게 달을 되돌려 달라고   ④ 그들에게 달에 대해 가르쳐 달라고
⑤ 그 섬을 즉시 떠나라고

4 ①, ③은 관계부사 when으로 the time, the day가 각각 선행사이고, ②는 접속사 when(~할 때)이다.

① 너는 우리가 처음 만난 때를 기억하니?
② 나는 유럽에 머물렀을 때 많은 친구들을 사귀었다.
③ 오늘은 Brian이 여행에서 돌아오는 날이다.

본문 해석   과거 1503년으로 거슬러 올라가 크리스토퍼 콜럼버스는 자메이카 섬에 상륙했다. 처음에 원주민들은 콜럼버스와 그의 선원들을 환영했고, 그들에게 음식을 주었다. 하지만 수개월이 지남에 따라, 원주민들은 계속해서 그들에게 음식을 줄 수 없었다. 콜럼버스는 배가 고파 거의 죽을 지경이었다. 어느 날, 그는 이 위기를 극복할 좋은 아이디어를 생각해 냈다. 그는 원주민들이 그에게 먹을 것을 주지 않으면 그의 신이 분노해 달을 빼앗아버릴 것이라고 원주민들에게 경고했다. 그는 책력을 통해 월식이 일어날 것을 알고 있었다. 여러분도 알다시피, 월식은 지구가 태양과 달 사이에 있는 때이다. 달이 지구의 그림자 안에 있기 때문에 달이 보이지 않는다. 하지만 원주민들은 이것을 알지 못했다. 따라서 월식이 일어나자, 그들은 두려워했다. 그들은 콜럼버스에게 그가 필요로 하는 음식을 모두 주었고, 대신에 그들에게 달을 되돌려 달라고 그에게 애원했다.

지문 풀이

Back in the year 1503, / Christopher Columbus landed on the island of Jamaica. / At first, / the natives
과거 1503년으로 거슬러 올라가 /   크리스토퍼 콜럼버스는 자메이카 섬에 상륙했다 /   처음에 /   원주민들은

welcomed Columbus and his crew / and gave them food. / But the natives couldn't ❶ **keep providing**
콜럼버스와 그의 선원들을 환영했다 /   그리고 그들에게 음식을 주었다 /   하지만 원주민들은 계속해서 그들에게 음식을 줄 수 없었다 /

them with food / as months passed. / Columbus was almost starving. / One day, / he hit upon a good
              수개월이 지남에 따라 /   콜럼버스는 배가 고파 거의 죽을 지경이었다 /   어느 날 /   그는 좋은 아이디어를 생각해 냈다 /

idea / to get over the crisis. / He warned the natives / ❷ **that** if they did not feed him, / his god would
이 위기를 극복할 / 그는 원주민들에게 경고했다 / 그들이 그에게 먹을 것을 주지 않으면 / 그의 신이 분노할 것이고

be angry / and take away the moon. / He knew from his almanac / ❸ **that** there was going to be an
그리고 달을 빼앗을 것이라고 / 그는 책력을 통해 알고 있었다 / 월식이 일어날 것을

eclipse of the moon. / As you know, / an eclipse is an occasion / ❹ **when** the Earth is between the sun
여러분도 알다시피 / 월식은 ~때이다 / 지구가 태양과 달 사이에 있는

and the moon. / Since the moon is in the Earth's shadow, / it is not visible. / But the natives were
달이 지구의 그림자 안에 있기 때문에 / 그것은 보이지 않는다 / 하지만 원주민들은 이것을 알지

unaware of this. / So when an eclipse occurred, / they were frightened. / They ❺ **gave Columbus all the**
못했다 / 따라서 월식이 일어나자 / 그들은 두려워했다 / 그들은 콜럼버스에게 그가 필요로 하는 음식을 모두

food he needed / and begged him / to give them back the moon / in return. /
주었다 / 그리고 그에게 애원했다 / 그들에게 달을 되돌려 달라고 / 대신에

❶ keep + -ing: 계속해서 ~하다
  ex. Don't **keep making** loud noises. 계속해서 큰 소음을 만들지 마라.

❷, ❸ 접속사 that

He warned the natives **that** if they did not feed him, his god would be angry ~. (직접목적어를 이끄는 접속사 that)
  동사 / 간접목적어 / 직접목적어

He knew from his almanac **that** there was going to be an eclipse of the moon (목적어를 이끄는 접속사 that)
  동사 / 목적어(명사절)

❹ an occasion **when** the Earth is between the sun and the moon (관계부사절의 when)

❺ They gave Columbus all the food (that) he needed
  동사 / 간접목적어 / 직접목적어

---

14 적게 먹어도 살이 빠지지 않는 이유 pp. 50~51

문제 정답 **1** ④ **2** ③ **3** ⑤ **4** did miss

문제 해설 **1** 적게 먹으면 우리 몸의 적응 능력 때문에 몸의 신진대사율이 느려져 칼로리 소비율이 낮아지므로 살을 빼는 데 도움이 안
된다는 내용이므로 이 글의 주제로 ④가 가장 적절하다.
  ① 효과적으로 살을 빼는 방법
  ② 사람들이 살을 빼고 싶어하는 이유
  ③ 체중 조절에 관한 흔한 근거 없는 믿음
  ④ 적게 먹는 것이 당신이 살을 빼는 데 도움이 되지 않는 이유
  ⑤ 신진대사와 건강 간의 관계

2 8~10행에서 칼로리 섭취량이 줄어들면 우리 몸의 신진대사가 느려진다고 했고, 10~11행에서 500 칼로리를 덜
섭취하면, 우리 몸도 그만큼의 칼로리를 덜 쓴다고 했으므로, 칼로리 소모량이 줄어든다는 것을 알 수 있다.

3 적게 먹으면 우리 몸이 적응을 해서 칼로리를 덜 소비하므로 장기적으로는 살이 '빠지지(lose)' 않는다고 해야 알맞다.

4 missed는 과거형 동사이므로 이를 강조하기 위해서는 과거형인 **did**가 알맞다.

　나는 교통 체증 때문에 기차를 놓쳤다.

　→ 나는 <u>정말로</u> 교통 체증 때문에 기차를 <u>놓쳤다</u>.

본문 해석 살을 빼는 가장 좋은 방법은 무엇일까? 대부분의 사람들은 그것은 적게 먹는 것이라고 믿는다. 하지만 **몇몇** 영양학자들은 이것은 단지 근거 없는 믿음이라고 말한다.

영국 의료 데이터 베이스(GPRD)에 의해 실시된 10년간의 연구에 따르면 '적게 먹는 접근법'은 그다지 효과적이지 않다. 적게 먹은 사람들의 단지 0.6%만이 실제로 살이 빠지는 데 성공했다. 뿐만 아니라 정말로 살이 빠진 사람들의 80%는 결국 1년 안에 자신의 체중으로 돌아왔다.

그러면 '적게 먹는 접근법'이 왜 효과가 없는가? 이것은 칼로리 섭취량이 감소할 때 당신의 몸이 신진대사율을 늦추기 때문이다. 예를 들어, 당신의 몸이 500 칼로리를 덜 섭취하면, 몸은 또한 500 칼로리를 덜 쓴다. 당신이 적게 먹더라도 당신의 몸이 적응할 것이기 때문에 당신은 여전히 장기적으로 살이 <u>빠지지</u> 않을 것이다.

지문 풀이

What is the best way to lose weight? / Most people believe / that it is to eat less. / But some nutritionists
살을 빼는 가장 좋은 방법은 무엇일까? / 　　　　대부분의 사람들은 믿는다 / 　그것은 적게 먹는 것이라고 / 　하지만 몇몇 영양학자들은 말한다 /

say / that this is just a myth.
이것은 단지 근거 없는 믿음이라고 /

According to ❶ **a ten-year study** / **conducted** by the UK General Practice Research Database (GPRD), / the
10년간의 연구에 따르면 / 　　　　　영국 의료 데이터 베이스(GPRD)에 의해 실시된 /

"eat less approach" is not very effective. / ❷ **Only 0.6% of people who ate less** / **actually succeeded** in
'적게 먹는 접근법'은 그다지 효과적이지 않다 / 　　　적게 먹은 사람들의 단지 0.6%만이 / 　　실제로 살이 빠지는 데 성공했다 /

losing weight. / Furthermore, / 80% of those who did lose weight / ❸ **ended up gaining** that weight
뿐만 아니라 / 　　정말로 살이 빠진 사람들의 80%는 / 　　결국 자신의 체중으로 돌아왔다 /

back / within a year.
1년 안에 /

So why doesn't the "eat less approach" work? / This is because your body slows down its metabolism
그러면 '적게 먹는 접근법'이 왜 효과가 없는가? / 　　　이것은 당신의 몸이 신진대사율을 늦추기 때문이다 /

rate / when calorie intake is reduced. / For example, / when your body takes in 500 fewer calories, / it
칼로리 섭취량이 감소할 때 / 　　예를 들어 / 　당신의 몸이 500 칼로리를 덜 섭취하면 /

also burns 500 fewer calories. / ❹ **Even if** you eat less, / you still won't lose weight / in the long term /
그것은 또한 500 칼로리를 덜 쓴다 / 　　당신이 적게 먹더라도 / 　당신은 여전히 살이 빠지지 않을 것이다 / 　장기적으로 /

because your body will adjust.
당신의 몸이 적응할 것이기 때문에 /

　　　　　　　(which was)
❶ a ten-year study conducted by the UK General Practice Research Database

❷ Only 0.6% of people who ate less actually succeeded in losing weight.
　　　　　주어　　　주격 관계대명사절　　동사

❸ end up + 동명사(-ing): 결국 ~하게 되다
　ex. They **ended up falling** in love. 그들은 결국 사랑에 빠졌다.

❹ even if + 주어 + 동사: ~라 하더라도

문제 정답 **1** ⑤ **2** ⑤ **3** (1) F (2) F (3) T **4** As long as

---

문제 해설 **1** 효과적으로 살을 빼는 방법은 적게 먹는 것이 아니라 일정 기간 동안 단식하는 것이라고 했으므로 필자의 주장으로는 ⑤가 가장 적절하다.
① 단식은 당신의 건강에 위험할 수 있다.
② 단식은 더 길고 건강한 삶으로 이어질 수 있다.
③ 당신은 결국에는 살을 빼기 위해 단식하지 말아야 한다.
④ 칼로리를 줄이는 것이 체중 감량의 첫 번째 단계가 되어야 한다.
⑤ 단식은 적게 먹는 것보다 당신이 더 효과적으로 살을 빼는 데 도움을 줄 수 있다.

2 (A) 우리 몸은 간에 당이 남아있는 한 근육의 지방은 쓰지 않으므로 이것이 단지 적게 먹음으로써 지방을 '줄일(reduce)' 수 없는 이유가 된다고 해야 알맞다.
(B) 단식을 하게 되면 간에 있는 당을 모두 소비한 뒤 근육의 지방을 사용하게 되므로 지방이 '사라질(disappears)' 때 살이 빠진다고 해야 알맞다.
(C) 단식으로 근육의 지방을 사용할 때 신진대사율이 '낮아지지(lower)' 않는다고 해야 적절하다.
① 늘리다 – 사라지다 – 올리다
② 늘리다 – 나타나다 – 낮추다
③ 줄이다 – 사라지다 – 올리다
④ 줄이다 – 나타나다 – 올리다
⑤ 줄이다 – 사라지다 – 낮추다

3 (1) 5~7행에서 간이 꽉 차면, 우리 몸은 당을 지방으로 변형시켜서 근육에 저장한다고 했다.
(2) 9~10행에서 우리 몸은 가장 먼저 간에 있는 당을 사용한다고 했다.
(3) 11~12행 참조

4 as long as + 주어 + 동사: ~하는 한, ~하는 이상

본문 해석 살을 빼는 좋은 방법은 일정 기간 동안 전혀 먹지 않는 것이다. 당신이 단식할 때 몸에 어떤 일이 일어나는지 아는가?
당신이 먹는 음식은 결국 몸의 세포들을 위한 연료인 포도당 즉, 당으로 분해된다. 당신의 몸이 당을 저장하고 쓰는 방법은 매우 독특하다. 당신의 몸은 먼저 당을 간에 저장한다. 간이 꽉 차면, 당신의 몸은 당을 지방으로 변형시켜서 근육에 저장한다.
당신의 몸이 저장된 당과 지방을 쓸 때, 당신의 몸은 같은 순서를 따른다. 먼저 간에 있는 당을 쓸 필요가 있고 그리고 나서는 근육에 있는 지방을 쓸 필요가 있다. 다시 말해서 간에 당이 남아있는 한, 당신의 몸은 근육에 있는 지방을 쓰지 않을 것이다. 그리고 당신이 심지어 약간의 음식을 먹는다 해도, 당은 간에 남아있을 것이다. 이것이 당신이 단지 적게 먹음으로써 지방을 줄일 수 없는 이유이다.
그러나 당신이 하루 또는 이틀 동안 아무 것도 먹지 않는다면, 당신의 몸은 간에 있는 모든 당을 써버릴 것이다. 그리고 나서 당신 몸은 근육에 있는 지방을 쓰기 시작할 것이다. 지방이 사라질 때 당신은 살이 빠진다. 더 좋은 것은 지방을 쓰는 것이 신진대사율을 낮추지 않는다는 것이다. 이것이 단식이 살을 빼는 더 좋은 방법인 이유이다.

A good way to lose weight is not to eat at all / for a certain period of time. / Do you know / what
살을 빼는 좋은 방법은 전혀 먹지 않는 것이다 / 일정 기간 동안 / 당신은 아는가 / 당신의

happens to your body / when you fast? /
몸에 어떤 일이 일어나는지 / 당신이 단식할 때? /

❶ **The food that you eat** / eventually **breaks down** into ❷ **glucose or sugar,** / **the fuel for your body**
당신이 먹는 음식은 / 결국 포도당 즉, 당으로 분해된다 / 당신 몸의 세포들을 위한 연료인 /

cells. / ❸ **The way that your body stores and uses sugar** / is very unique. / It stores sugar in the liver
당신의 몸이 당을 저장하고 쓰는 방법은 / 매우 독특하다 / 그것은 먼저 당을 간에 저장한다 /

first. / If the liver is full, / your body transforms the sugar into fat / and stores it in the muscles. /
간이 꽉 차면 / 당신의 몸은 당을 지방으로 변형시킨다 / 그리고 그것을 근육에 저장한다 /

When your body uses the stored sugar and fat, / it follows the same order: / it first needs to use sugar
당신의 몸이 저장된 당과 지방을 쓸 때 / 그것은 같은 순서를 따른다 / 그것은 먼저 간에 있는 당을 쓸 필요가 있다 /

from the liver / and then fat from the muscles. / In other words, / as long as sugar remains in the
그리고 나서는 근육에 있는 지방을 (쓸 필요가 있다) / 다시 말해서 / 간에 당이 남아있는 한 /

liver, / your body will not use the fat in your muscles. / And if you consume even a little bit of
당신의 몸은 근육에 있는 지방을 쓰지 않을 것이다 / 그리고 당신이 심지어 약간의 음식을 먹는다 해도 /

food, / sugar will remain in the liver. / ❹ **This is why** you cannot reduce fat / just by eating less. /
당은 간에 남아있을 것이다 / 이것이 당신이 지방을 줄일 수 없는 이유이다 / 단지 적게 먹음으로써 /

However, / if you don't eat anything / for a day or two, / your body will use up / all the sugar in the
그러나 / 당신이 아무 것도 먹지 않는다면 / 하루 또는 이틀 동안 / 당신의 몸은 써버릴 것이다 / 간에 있는 모든 당을 /

liver. / Then it will start to use the fat in the muscles. / When the fat disappears, / you lose weight. /
그리고 나서 그것은 근육에 있는 지방을 쓰기 시작할 것이다 / 지방이 사라질 때 / 당신은 살이 빠진다 /

❺ **What** is better is / that using fat does not lower the metabolism rate. / ❻ **This is why** fasting is a
더 좋은 것은 ~이다 / 지방을 쓰는 것이 신진대사율을 낮추지 않는다는 것 / 이것이 단식이 더 좋은 방법인 이유이다 /

better way / to lose weight. /
살을 빼는 /

---

❶ The food **that** you eat eventually <u>breaks down</u> ~
　　　주어 └────┘ 목적격 관계대명사절　　동사

❷ 동격의 or / 동격의 콤마(,)

glucose **or** sugar, the fuel for your body cells
A └─=─┘ B ────────── C　　　　▶ A = B
　　└─────────=─────────┘　　　▶ A + B = C

❸ The way **that** your body stores and uses sugar **is** very unique.
　　　주어 └─~하는 방법─┘　　　　　　　　　동사

❹, ❻ This is why + 주어 + 동사: 이것이 ~한 이유이다 (관계부사 why)

This is **why** you cannot reduce fat just by eating less.
　　(the reason)

❺ 관계대명사 what: ~하는 것 (선행사를 포함)

ex. What you need is a good meal. 당신에게 필요한 것은 맛있는 식사다.

문제 정답 1 ②   2 ④   3 ③   4 ④   5 ③   6 as long as   7 when   8 I do hope to pass the exam.

문제 해설

1 crisis: 위기

우리 나라는 곧 에너지 <u>위기</u>를 맞이할지도 모른다.

① 섭취(량)   ③ 때, 경우   ④ 접근법

2 conduct a study: 연구를 하다

3 starve: 굶주리다

당신이 먹을 음식이 충분하지 않아서 고통받거나 죽는다

① 간청하다   ② 상륙하다   ④ 제공하다

4 reduce: 줄이다

어떤 것을 크기나 양에 있어 더 작게 만들다

① 저장하다   ② 증가하다, 늘다   ③ 적응하다

5 order: 주문, 순서

• 제가 <u>주문</u>을 받아도 될까요?

• 그 이름들은 알파벳의 <u>순서</u>대로 나열되어 있다.

① 규칙   ② 방법   ④ 기간; 용어, 말

6 as long as + 주어 + 동사: ~하는 한, ~하는 이상

7 관계부사 when이 이끄는 절이 the day(선행사)를 수식한다.

8 동사의 의미를 강조하는 조동사 do가 쓰여 hope의 의미를 강조해 주고 있다.

Unit 06

pp. 56~57

16 신 것을 달콤하게 만드는 신비한 과일

문제 정답 **1** ⑤   **2** ①   **3** (A) taste buds (B) sweet (C) sweetening   **4** (1) happy (2) strange

문제 해설 **1** 8행에서 기적의 열매는 당분을 많이 함유하지 않는다고 했다.
① 3~5행 참조   ② 4~5행 참조   ③ 6행 참조   ④ 7행 참조

2 우리가 기적의 열매를 먹으면 미라쿨린이 혀에 달라붙는데, 그 결과 우리의 뇌가 순간적으로 산을 당으로 착각한다고 해야 문맥상 어울리므로 빈칸에는 As a result가 가장 적절하다.
① 결과적으로   ② 그러나
③ 비슷하게   ④ 다른 한편으로는
⑤ 게다가

3 기적을 열매를 먹으면 열매 속에 있는 미라쿨린이라는 단백질이 혀의 '맛봉오리(taste buds)'에 붙어서 신맛을 '단맛(sweet)'으로 착각하게 만들며, 이 '단맛이 나는(sweetening)' 효과는 최대 1시간까지 지속된다.
미라쿨린이 당신의 혀의 맛봉오리에 달라붙는다.
↓
당신의 뇌는 신맛을 단맛으로 착각한다.
↓
당신은 이 단맛이 나는 효과를 1시간까지 경험할 수 있다.

4 「감각동사(look, feel, smell, sound, taste) + 형용사」 구문에서 감각동사 뒤에 부사가 오지 않도록 주의해야 한다.
(1) 그녀가 선물 상자를 열었을 때, 그녀는 행복해 보였다.
(2) 그것이 네게 이상하게 들린다면 내게 말해줘.

본문 해석 기적의 열매는 서아프리카에서 나는 산딸기류 열매의 일종이다. 그것이 '기적'이라고 불리는 이유는 신맛이 나는 어떤 것이든지 달콤한 맛이 나도록 만들기 때문이다. 기적의 열매와 함께 먹으면, 레몬은 사탕과 같이 단맛이 날 수 있다. 이 산딸기류 열매의 관목은 6m 높이까지 자라는 상록식물이다. 그것은 하얀 꽃과 단맛이 나는 자그마한 빨간 과실을 생산한다. 관목은 우기가 끝난 뒤 매년 두 번 작물을 생산한다. 그 열매의 씨앗은 커피 콩의 크기와 비슷하다.
놀랍게도, 기적의 열매는 당분을 많이 함유하지 않는다. 대신에 그 열매는 미라쿨린이라고 불리는 특별한 단백질을 함유한다. 당신이 기적의 열매를 먹으면, 이 단백질이 혀의 맛봉오리에 달라붙는다. 결과적으로 당신의 뇌는 잠시 동안 산을 당으로 착각한다. 그래서 당신은 레몬 조각을 사탕처럼 먹을 수 있다. 이 단맛이 나는 효과는 단지 15분에서 60분까지만 지속된다.

지문 풀이

Miracle fruit is a kind of berry from West Africa. / It's called "miracle" / because it makes anything sour
기적의 열매는 서아프리카에서 나는 산딸기류 열매의 일종이다 /   그것은 '기적'이라고 불린다   왜냐하면 그것은 신맛이 나는 어떤 것이든지 달콤한 맛이

taste sweet. / ❶ **When eaten together** with miracle fruit, / lemon can taste sweet / like candy. / The
나도록 만들기 때문이다. / 기적의 열매와 함께 먹으면 /   레몬은 단맛이 날 수 있다 /   사탕과 같이 /

berry's bush is ❷ **an evergreen plant / that grows up to six meters high.** / It produces white flowers / and
이 산딸기류 열매의 관목은 상록식물이다 /   6m 높이까지 자라는 /   그것은 하얀 꽃을 생산한다 /   그리고

small red berries with a sweet flavor. / A bush yields two crops every year / after the rainy season. / The
단맛이 나는 자그마한 빨간 과실을 (생산한다) /   관목은 매년 두 번 작물을 생산한다 /   우기가 끝난 뒤 /

fruit's seeds are about the size of coffee beans. /
그 열매의 씨앗은 커피 콩의 크기와 비슷하다 /

Surprisingly, / miracle fruit does not contain much sugar. / Instead, / the fruit contains a special
놀랍게도 /   기적의 열매는 당분을 많이 함유하지 않는다 /   대신에 /   그 열매는 특별한 단백질을 함유한다 /

protein / called miraculin. / When you eat miracle fruit, / this protein sticks to your tongue's taste
미라쿨린이라고 불리는 /   당신이 기적의 열매를 먹으면 /   이 단백질이 당신의 혀의 맛봉오리에 달라붙는다 /

buds. / As a result, / your brain ❸ **mistakes** acid **for** sugar / for a moment. / So you can eat lemon
결과적으로 /   당신의 뇌는 산을 당으로 착각한다 /   잠시 동안 /   그래서 당신은 레몬 조각을 먹을 수 있다 /

slices / like candy. / This sweetening effect only lasts / from 15 to 60 minutes. /
사탕처럼 /   이 단맛이 나는 효과는 단지 지속된다 /   15분에서 60분까지 /

❶ When (lemon is) eaten together (접속사 when을 포함하는 분사구문)

❷ an evergreen plant that grows up to six meters high
　　　　　　　　　　　　↑_____| 주격 관계대명사절

❸ mistake A for B: A를 B로 오인하다[혼동하다]
　　ex. Kids might **mistake** pills **for** candies. 아이들은 알약을 사탕으로 착각할 수 있다.

---

17 생태계의 새로운 적, 빛공해   pp. 58~59

문제 정답   **1** ③   **2** ⑤   **3** ④   **4** (1) reach (2) attended

문제 해설   **1** 도시의 밝은 불빛 때문에 일어나는 여러 가지 피해 상황을 설명하고 있으므로 ③이 이 글의 주제로 가장 적절하다.
　　　　① 멜라토닌의 영향들
　　　　② 숙면의 이점들
　　　　③ 빛공해의 문제점들
　　　　④ 멸종 위기의 동물들을 보호하는 방법들
　　　　⑤ 빛과 건강의 관계

2 빛공해 때문에 동물과 사람이 밤에 너무 활기를 띠게 된다는 내용은 이 글에서 언급되지 않았다.
　　　① 일부 동물들은 방향 감각을 잃어버린다. (3~4행 참조)
　　　② 일부 동물들은 가로등과 달을 구별할 수 없다. (6~8행 참조)
　　　③ 일부 동물들은 번식에 어려움이 있을지도 모른다. (8~9행 참조)
　　　④ 그것은 멜라토닌의 생산을 막는다. (15~16행 참조)
　　　⑤ 동물과 사람 둘 다 밤에 너무 활기를 띠게 된다.

3 멜라토닌의 기능 및 빛공해가 멜라토닌의 생성에 미치는 영향에 대해 다루고 있으므로 ⓓ는 글의 전체 흐름과 무관하다.
　　많은 연구원들은 매일 얼마나 많은 멜라토닌이 생성되는지 연구하고 있다.

4 reach, attend는 자동사로 착각하기 쉬운 타동사로 뒤에 전치사를 쓰지 않는다.
　　(1) 내 친구는 내일 아침에 서울역에 이를 것이다.
　　(2) 우리는 단지 12명만이 회의에 참석했다는 것을 발견했다.

매년 수백만 마리의 새들이 도시의 빛 때문에 목숨을 잃는다. 보통 밤에 이동하거나 사냥하는 새들은 달빛과 별빛으로 길을 찾아간다. 그러나 그들이 큰 도시에 이르면 새들은 밝은 빛으로 인해 혼란에 빠지기 때문에 사무실 건물들에 부딪친다. 도시 근처의 해변에서는 새끼 바다거북들이 종종 가로등 쪽으로 기어가 지나가는 차에 치여 죽는다. 그 거북들은 밝은 빛을 물에 비치는 달빛으로 여기는데, 그래서 그들은 자연스럽게 밝은 빛 쪽으로 가는 것이다. 일부 동물들은 심지어 밝은 빛에 노출되면 새끼를 갖는 데 어려움을 겪는다.

의사들은 사람들도 과도한 빛에 영향을 받고 있다고 생각한다. 사람들과 주행성 동물들 모두 보통의 수면 시간 동안 멜라토닌을 생성한다. 멜라토닌은 주로 어두울 때 만들어지는 호르몬이다. 그것은 면역력을 향상시키고 암세포의 성장을 막는다. 그러나 사람들이 밤 불빛에 노출되면, 멜라토닌의 생산량이 감소한다.

Every year, / millions of birds die / because of city lights. / Normally, / ❶ **migrating or hunting birds** at
매년 / 수백만 마리의 새들이 목숨을 잃는다 / 도시의 빛 때문에 / 보통 / 밤에 이동하거나 사냥하는 새들은 길을 찾아간다 /

night find their way / by moonlight and starlight. / However, / when they reach big cities, / they crash
달빛과 별빛으로 / 그러나 / 그들이 큰 도시에 이르면 / 그들은 사무실

into office buildings / because they are confused by the bright lights. / On beaches near cities, / baby sea
건물들에 부딪친다 / 그들이 밝은 빛으로 인해 혼란에 빠지기 때문에 / 도시 근처의 해변에서는 / 새끼 바다거북들이

turtles often crawl toward streetlights / and ❷ **get killed** by passing cars. / The turtles ❸ **believe** / the bright
종종 가로등 쪽으로 기어간다 / 그리고 지나가는 차에 치여 죽는다 / 그 거북들은 여긴다 / 밝은 빛이

lights are the moon / shining on the water, / so they naturally go toward them. / Some animals even
달이라고 / 물에 비치는 / 그래서 그들은 자연스럽게 그것들 쪽으로 간다 / 일부 동물들은 심지어 새끼를

❹ **have difficulty having** babies / when they are exposed to bright lights. /
갖는 데 어려움을 겪는다 / 그들이 밝은 빛에 노출되면 /

Doctors think / that humans ❺ **are** also **being affected** by too much light. / Both humans and diurnal
의사들은 생각한다 / 사람들 또한 과도한 빛에 영향을 받고 있다고 / 사람들과 주행성 동물들 모두 멜라토닌을

animals produce melatonin / during normal sleep hours. / Melatonin is a hormone / mainly produced
생성한다 / 보통의 수면 시간 동안 / 멜라토닌은 호르몬이다 / 주로 어두울 때 만들어지는

in the dark. / It improves immunity / and blocks the growth of cancer cells. / However, / when people
그것은 면역력을 향상시킨다 / 그리고 암세포의 성장을 막는다 / 그러나 / 사람들이 밤 불빛에

are exposed to nighttime light, / their production of melatonin drops. /
노출되면 / 그들의 멜라토닌 생산량이 감소한다 /

❶ **migrating** or **hunting** birds at night find their way: 현재분사 migrating과 hunting이 형용사처럼 birds를 수식
동사

❷ get + p.p.: 동사 get을 이용해 '~이 되다'라는 수동의 의미를 나타낼 수 있는데 주로 상태의 변화를 나타낸다.
ex. The boy **got hurt** on his way from school. 그 소년은 학교에서 돌아오는 길에 다쳤다.

❸ The turtles believe the bright lights are the moon: 명사절(목적어)을 이끄는 접속사 that이 생략됨
(that)

❹ have difficulty + 동명사(-ing): ~하는 데 어려움이 있다
ex. He **has difficulty writing** in English. 그는 영어로 쓰는 데 어려움이 있다.

❺ 현재진행형 수동태(be동사 + being + p.p.): ~되고 있는 중이다

문제 정답 **1** ③　**2** ⑤　**3** (1) T　(2) F　(3) F　(4) T

문제 해설

1 ⓒ의 앞에서 '베르테르 효과(the Werther Effect)'가 언급되었고, ⓒ의 뒤에서는 베르테르 효과의 최근 사례들을 다루고 있으므로 주어진 문장의 위치로 ⓒ가 가장 적절하다.
베르테르 효과는 18세기에 국한된 것이 아니었다.

2 its side effects는 유럽의 많은 남성들이 Werther처럼 자살한 것과 2,000명 이상의 괴테 소설의 독자들이 자살을 했다는 것이므로 밑줄 친 부분의 의미로는 ⑤가 가장 적절하다.
① 젊은 여성과 사랑에 빠지는 것
② 파란색 코트와 노란색 조끼를 입는 것
③ 수면제를 복용함으로써 자살하는 것
④ 사람들에게 슬픈 소설을 읽도록 부추기는 것
⑤ 많은 독자들의 모방 자살을 야기하는 것

3 (1) 2～3행 참조
괴테의 소설 속 주인공은 그가 사랑한 여인과 결혼하는 데 실패한다.
(2) 12～14행에서 배우 마릴린 몬로가 수면제를 복용하여 자살했다고 했다.
마릴린 몬로의 죽음을 따라 하기 위해서, 많은 여성들이 독약을 먹고 자살했다.
(3) 16～17행에서 마이클 잭슨은 자살하지 않았다고 했다.
마이클 잭슨의 자살 후에 10명 이상의 사람들이 그들의 생을 마감했다.
(4) 18행 참조
일부 사람들은 대중매체가 이러한 모방 자살에 책임이 있다고 믿는다.

본문 해석

괴테는 18세기에 「젊은 베르테르의 슬픔」을 썼다. 이 소설에서 주인공 Werther(베르테르)는 한 젊은 여인과 사랑에 빠진다. 그녀가 다른 남자와 결혼하자, Werther는 매우 절망감을 느낀다. 어느 날, 그는 삶을 끝마치기로 결심한다. 그는 파란색 코트와 노란색 조끼를 차려 입고, 책을 펼쳐 놓은 채 책상에 앉아 자기 자신에게 총을 쏘아 자살한다.
그 소설은 곧 베스트셀러가 됐지만, 그것의 부작용은 충격적이었다. 그 뒤로 수년간 유럽 전역의 많은 남성들이 Werther와 똑같이 했다. 그들은 그와 같이 차려 입고 총을 쏘아 자살했다. 몇몇 사람들은 Werther의 자살이 그 소설의 독자들에 의한 2,000건이 넘는 자살을 초래했다고 주장했다. 후에, 이러한 모방 자살 현상은 '베르테르 효과'라고 불리기 시작했다.
베르테르 효과는 18세기에 국한된 것이 아니었다. 1962년 8월에 미국의 유명 여배우 마릴린 몬로가 수면제를 복용하여 자살했다. 그녀의 자살의 뒤를 이어서 미국 전역의 여성들에 의한 197건의 유사 자살이 있었다. 가장 최근의 사례는 2009년에 일어났는데, 미국 팝의 슈퍼스타 마이클 잭슨이 사망했을 때였다. 그가 자살을 한 것은 아니었지만, 열 명이 넘는 팬들이 그의 죽음을 따라서 '그와 함께 하기' 위해 자살했다.
몇몇 사람들은 이러한 현상을 불러일으킨 것에 대해 대중매체를 비난한다. 유명 인사들의 죽음을 미화함으로써 대중매체는 사람들이 그들을 따라서 자살하는 것이 괜찮다고 믿도록 조장한다.

Goethe wrote *The Sorrows of Young Werther* / in the 18th century. / In this novel, / ❶ **the hero, Werther,**
괴테는 「젊은 베르테르의 슬픔」을 썼다 /　　　　　18세기에 /　　　　　이 소설에서 /　　　　　주인공 베르테르는

is in love with a young woman. / When she marries another man, / Werther feels so hopeless. / One
한 젊은 여인과 사랑에 빠진다 /　　　　그녀가 다른 남자와 결혼하자 /　　　　베르테르는 매우 절망감을 느낀다 /　　　어느

day, / he decides to end his life. / He ❷ **dresses up in a blue coat and yellow vest,** / **sits down at his desk**
날 /　그는 삶을 끝마치기로 결심한다 /　　　그는 파란색 코트와 노란색 조끼를 차려 입는다 /　　책을 펼쳐 놓은 채 책상에 앉는다 /

with an open book / **and shoots himself.**
　　　　　　　　　그리고 자기 자신에게 총을 쏘아 자살한다 /

The novel quickly became a bestseller, / but its side effects were shocking. / In the following years, / many
그 소설은 곧 베스트셀러가 됐다 /　　　　하지만 그것의 부작용은 충격적이었다 /　　　그 뒤로 수년간 /　　　　유럽

men throughout Europe / ❸ **did the same thing as** Werther. / They dressed up like him / and shot
전역의 많은 남성들이 /　　　베르테르와 똑같이 했다 /　　　　그들은 그와 같이 차려 입었다 /　　　　그리고 자기

themselves. / Some people claimed / that Werther's suicide led to more than 2,000 suicides / by readers of
자신에게 총을 쏘았다 /　몇몇 사람들은 주장했다 /　　베르테르의 자살이 2,000건이 넘는 자살을 초래했다고 /　　그 소설의 독자들에

the novel. / Later, / the phenomenon of such imitation suicides / started to be called the "Werther
의한 /　　후에 /　　이러한 모방 자살 현상은 /　　　　　　　'베르테르 효과'라고 불리기 시작했다 /

Effect." /
효과" /

The Werther Effect was not limited to the 18th century. / In August 1962, / famous American actress
베르테르 효과는 18세기에 국한된 것이 아니었다 /　　　　1962년 8월에 /　　　미국의 유명 여배우 마릴린 먼로가 자살했다 /

Marilyn Monroe killed herself / by taking sleeping pills. / Following her suicide, / there were 197 similar
　　　　　　　　　　　　수면제를 복용하여 /　　그녀의 자살의 뒤를 이어서 /　　197건의 유사 자살이 있었다 /

suicides / by women across America. / The most recent case happened in 2009, / when American pop
미국 전역의 여성들에 의한 /　　　　가장 최근의 사례는 2009년에 일어났는데 /　　미국 팝의 슈퍼스타 마이클 잭슨이

superstar Michael Jackson died. / ❹ **Though** he didn't commit suicide, / more than ten fans killed
사망했을 때였다 /　　　　그가 자살을 한 것은 아니었지만 /　　　열 명이 넘는 팬들이 자살했다

themselves / after his death / in order to "be with him." /
그의 죽음을 따라서 /　'그와 함께 하기' 위해 /

Some people blame the media / for creating this phenomenon. / By glorifying celebrities' deaths, / they
몇몇 사람들은 대중매체를 비난한다 /　이러한 현상을 불러일으킨 것에 대해 /　유명 인사들의 죽음을 미화함으로써 /　그들은

encourage people to believe / that ❺ **it's** okay / **to commit suicide after them.** /
사람들이 믿도록 조장한다 /　　괜찮다고 /　그들을 따라서 자살하는 것이 /

---

❶ the hero, Werther
　　　└── 동격 ──┘

❷ A, B and C의 병렬 구조
　He dresses up in a blue coat and yellow vest, sits down at his desk with an open book and shoots himself
　　　　A　　　　　　　　　　　　　　　　　　B　　　　　　　　　　　　　　C

❸ do the same thing as: ~와 동일한 일을 하다, ~와 똑같이 하다
　ex. She tried to **do the same thing as** him. 그녀는 그와 똑같이 하려고 애썼다.

❹ though: '비록 ~하지만, ~라 하더라도'의 뜻을 지닌 양보의 접속사 (= even though, although)

❺ 가주어와 진주어: 주어가 길 때 주어 역할을 하는 to부정사구를 뒤로 보내고, 이때 가주어 it은 해석하지 않는다.
　it's okay to commit suicide after him
　가주어　　　　진주어

문제 정답 **1** ③ **2** immunity **3** glorify **4** ⓑ, ⓕ **5** ⓒ, ⓓ **6** ⓐ, ⓔ **7** ③ **8** ④ **9** great
10 reached

문제 해설

1 salty, sweet, sour는 맛의 종류를 나타내므로 flavor가 이 셋을 포함할 수 있다.
① 짠   ② 달콤한   ③ 맛   ④ (맛이) 신

2 형용사 – 명사의 관계를 나타내고 있다.
〈보기〉 어려운 – 어려움 / 면역성이 있는 – 면역력

3 형용사 – 동사의 관계를 나타내고 있다.
〈보기〉 간단한 – 단순화하다 / 영광스러운 – 미화하다

4 crash into buildings: 건물들과 충돌하다

5 dress up: (옷을) 갖춰 입다

6 commit suicide: 자살하다

7 lead to: ~을 야기하다, 초래하다
• 지방이 많은 식단은 비만을 초래할 수 있다.
• 길고 무더운 여름은 물 부족을 야기할 수 있다.
① 지속하다, 계속하다   ② 노출시키다   ④ 달라붙다

8 discuss는 자동사가 아니라 타동사이므로 discussed the problem이라고 해야 알맞다.
① 그는 나와 결혼하고 싶어했다.
② 그녀는 자신에 대해 낙담했다.
③ 그 초콜릿 케이크는 쓴맛이 난다.
④ 나는 그와 그 문제를 논의했다.

9 「감각동사(look, feel, smell, sound, taste) + 형용사」 구문에서 감각동사 뒤에 부사가 오지 않도록 주의해야 한다.
그 밴드의 음악은 멋지게 들린다.

10 reach는 자동사로 착각하기 쉬운 타동사로 동사 뒤에 전치사를 쓰지 않는다.
우리는 이틀 동안 운전한 뒤에 캘리포니아에 이르렀다.

Unit 07

19 펭귄의 구애에는 특별함이 있다   pp. 66~67

문제 정답   **1** ⑤   **2** ①, ③   **3** (A) love   (B) nest   (C) faithful   **4** warm

---

문제 해설   **1** 펭귄이 구애하기 위해 조약돌을 사용한다는 내용이므로 이 글의 제목으로 ⑤가 가장 적절하다.
     ① 펭귄들의 조약돌 둥지들
     ② 펭귄들의 짝 선택
     ③ 펭귄들이 그들의 둥지를 짓는 법
     ④ 펭귄들 간의 진정한 우정
     ⑤ 조약돌: 펭귄의 마음을 얻는 방법
   2 3~4행에서 조약돌을 선물한다고 했지 가능한 많이 선물한다고는 하지 않았으며, 6~7행에서 구애가 성공한 뒤 암수 펭귄이 나란히 서서 짝짓기 노래를 부른다고 했으므로 ①, ③은 이 글의 내용과 일치하지 않는다.
     ② 4~6행 참조   ④ 11~12행 참조   ⑤ 12~13행 참조
   3 수컷은 먼저 그의 '애정(love)'을 보여주기 위해 암컷에게 조약돌을 주고, 암컷은 받은 조약돌을 '둥지(nest)'에 놓으며, 짝짓기 의식 후에 평생 동안 서로에게 '충실히(faithful)' 한다.
     수컷 펭귄은 암컷 펭귄에게 그의 <u>애정</u>을 표시하기 위해 조약돌을 준다.
                             ↓
     암컷 펭귄은 조약돌을 받아 그것을 그녀의 <u>둥지</u>에 놓는다.
                             ↓
     짝짓기 의식을 치른 뒤에, 그들은 평생 동안 서로에게 <u>충실히</u> 한다.
   4 remain[stay, keep] + 형용사: 계속[여전히] ~이다

본문 해석   사람과 같이 몇몇 동물들은 그들의 애정을 표시하기 위해서 서로에게 선물을 준다. 펭귄은 그들 중의 하나이다. 수컷 펭귄이 암컷 펭귄과 사랑에 빠졌을 때, 수컷은 사랑의 징표로 암컷에게 조약돌을 선사한다. 펭귄들은 조약돌을 돌 둥지를 만드는 데 사용한다. 만약 암컷이 조약돌을 받아서 자신의 둥지에 그것을 놓는다면, 그것은 암컷이 수컷의 구애를 받아들였다는 것을 의미한다. 구애가 성공적이면, 두 파트너는 나란히 서서 짝짓기 노래를 부른다. 이 짝짓기 의식 후에, 이 커플은 평생 동안 서로에게 충실히 한다.
조약돌은 펭귄이 짝을 선택하는 데 있어 매우 중요한 역할을 한다. 이런 이유로, 수컷 펭귄은 가장 매끈한 조약돌을 찾기 위해 해변가 전체를 뒤질 것이다. 때때로 수컷 펭귄은 심지어 이웃 둥지에서 가장 멋져 보이는 조약돌을 훔치려 할지도 모른다.

지문 풀이

Like humans, / some animals give each other gifts / to show their love. / ❶ **The penguin** is one of
사람과 같이 /   몇몇 동물들은 서로에게 선물을 준다 /   그들의 애정을 표시하기 위해서 /   펭귄은 그들 중의 하나이다 /

them. / When a male penguin falls in love with a female penguin, / he ❷ **offers her a pebble** / as a
수컷 펭귄이 암컷 펭귄과 사랑에 빠졌을 때 /   그는 그녀에게 조약돌을 선사한다 /   사랑의

token of his love. / Penguins use pebbles / ❸ **to build** stone nests. / If the female accepts the pebble / and
징표로 /   펭귄들은 조약돌을 사용한다 /   돌 둥지를 만들기 위해서 /   만약 암컷이 조약돌을 받는다면 /   그리고

---

places it in her nest, / it means / that she has accepted his proposal. / If the proposal is successful, / the
그것을 그녀의 둥지에 놓는다면 / 그것은 의미한다 / 그녀가 그의 구애를 받아들였다는 것을 / 구애가 성공적이면 /

two partners stand side by side / and perform a mating song. / After this mating ceremony, / the couple
두 파트너는 나란히 선다 / 그리고 짝짓기 노래를 부른다 / 이 짝짓기 의식 후에 / 이 커플은 서로에게

remains faithful to each other / for the rest of their lives. /
충실히 한다 / 평생 동안 /

Pebbles play a very significant role / in the choice of a penguin's mate. / For this reason, / a male
조약돌은 매우 중요한 역할을 한다 / 펭귄이 짝을 선택하는 데 있어 / 이런 이유로 / 수컷 펭귄은

penguin will search the entire beach / to find the smoothest pebble. / Sometimes he may even attempt
해변가 전체를 뒤질 것이다 / 가장 매끈한 조약돌을 찾기 위해 / 때때로 그는 심지어 가장 멋져 보이는 조약돌을 훔치려

to steal the best-looking pebble / from a neighbor's nest. /
할지도 모른다 / 이웃의 둥지에서 /

❶ the + 단수형 가산명사: 어떤 종류에 속하는 것의 전체를 가리킴

❷ he offers her a pebble = he offers a pebble to her
　　동사 간접목적어 직접목적어

❸ 목적을 나타내는 to부정사의 부사적 용법: ~하기 위해
　　ex. She called me **to ask** for help. 그녀는 도움을 요청하기 위해서 나에게 전화했다.

---

20 유전자 조작 식품의 습격　　　　　　　　　　　　　　　　　　　pp. 68~69

문제 정답　**1** ③　　**2** ②　　**3** (1) T　(2) F　(3) T　　**4** (1) looks　(2) are

문제 해설　**1** 유전자 조작 식품의 심각성을 알리는 글로써 유전자 조작의 정의와 문제점을 다루고 있으므로 이 글의 제목으로는 ③이
알맞다.
① 유전자 조작 식품의 이점들
② 유전자 조작 식품이 세계 기아를 없앨 수 있는 방법
③ 유전자 조작 식품: 그것은 무엇이고 문제점이 무엇인가?
④ 유전자 조작 농업: 전통적인 농업보다 더 생산적인가?
⑤ 유전자 조작과 전통 육종이 가지는 공통점은 무엇인가?

2 주어진 문장의 앞에서는 전통적인 육종에 대한 소개가 나오고 뒤에서는 전통 육종과 비교하여 유전자 조작이 어떻게
다른지를 설명하는 흐름이 자연스럽다.
그렇다면 유전자 조작은 전통 육종 방법과 어떻게 다른가?

3 (1) 3~5행 참조
(2) 8~9행에서 병충해를 막기 위해 옥수수에 박테리아 유전자를 넣는다고 했으므로 비슷한 종에서 우수한 유전자만
뽑아서 섞는 과정은 아니다.
(3) 14~15행 참조

4 (1) 주어인 The soccer player가 단수형이므로 동사도 단수형이 되어야 한다.
팬들을 향해 손을 흔들고 있는 그 축구 선수는 신나 보인다.
(2) 주어인 Stamps가 복수형이므로 동사도 복수형이 되어야 한다.
세계 각지에서 발견된 우표들은 연구하기에 재미있다.

오늘날, 과학자들은 더 나은 농작물을 생산하기 위해서 식물 본래의 유전자를 변경하거나 수정할 수 있다. 이것은 유전자 조작 즉, GM이라고 불린다.

그러나 새로운 종류의 농작물을 개발하기 위해서 유전자를 변경한다는 생각은 새로운 것은 아니다. 전통적으로 과학자들은 이 방법을 실행해 왔다. <u>그렇다면 유전자 조작은 전통 육종 방법과 어떻게 다른가?</u> 전통 육종은 비슷한 식물 간에 유전자들을 결합시킴으로써 자연의 방식을 따른다. 반면에 유전자 조작은 완전히 관련 없는 개체들 사이에서 유전자들을 결합시킬 수 있다. 예를 들어, 병충해를 막기 위해 박테리아 유전자가 옥수수에 삽입될 수 있다. 이것은 자연에서는 결코 일어나지 않을지도 모른다.

유전자 조작은 우주 공간의 외계인과 같은 식물들을 만들어낸다. 그래서 어떤 사람들은 유전자 조작 식품을 '프랑켄푸드(Frankenfood)'라고 부른다. 마치 프랑켄슈타인 (소설)에 나오는 괴물처럼 그것은 많은 문제들을 야기할 수 있다. 한 보고서에 따르면, 나비 애벌레들이 유전자 조작 옥수수의 화분을 먹자, 그들의 44%가 죽었다. 그러나 부작용은 동물들에게만 국한되지 않는다. 사람들이 유전자 조작 식품들을 먹기 시작한 이래로 특히 어린이들에게서 알레르기가 급속히 증가했다. 점점 더 많은 아기들이 장애를 가지고 태어난다. 우리는 아직도 유전자 조작 식품이 어떤 종류의 심각한 부작용을 일으킬 수 있는지 모른다. 하지만 우리가 지금 조치를 취하지 않으면, 우리는 가까운 미래에 끔찍한 재앙에 직면해야 할지도 모른다.

Today, / scientists can change or modify the original genes of plants / to create better crops. / This is
오늘날 / 과학자들은 식물 본래의 유전자를 변경하거나 수정할 수 있다 / 더 나은 농작물을 생산하기 위해서 / 이것은

called ❶ **genetic modification or GM**. /
유전자 조작 즉, GM이라고 불린다 /

However, / the idea of changing genes / to develop new kinds of crops / is not new. / Traditionally, /
그러나 / 유전자를 변경한다는 생각은 / 새로운 종류의 농작물을 개발하기 위해서 / 새로운 것은 아니다 / 전통적으로 /

scientists ❷ **have been practicing** this method. / Then, / how is GM different from traditional breeding
과학자들은 이 방법을 실행해 왔다 / 그렇다면 / 유전자 조작은 전통 육종 방법과 어떻게 다른가? /

methods? / Traditional breeding follows nature's way / by combining genes between similar plants. / On
전통 육종은 자연의 방식을 따른다 / 비슷한 식물 간에 유전자들을 결합시킴으로써 /

the other hand, / GM can combine genes / between completely unrelated organisms. / For example, /
반면에 / 유전자 조작은 유전자들을 결합시킬 수 있다 / 완전히 관련 없는 개체들 사이에서 / 예를 들어 /

bacterial genes can be inserted into corn / to prevent insect attack. / This might never happen in
박테리아 유전자가 옥수수에 삽입될 수 있다 / 병충해를 막기 위해 / 이것은 자연에서는 결코 일어나지 않을지도

nature. /
모른다 /

GM creates plants / that are like aliens from outer space. / So some people call GM food "Frankenfood." /
유전자 조작은 식물들을 만들어낸다 / 우주 공간의 외계인과 같은 / 그래서 어떤 사람들은 유전자 조작 식품을 '프랑켄푸드'라고 부른다 /

Just like the monster in *Frankenstein*, / it can cause a lot of problems. / According to a report, / 44% of
마치 프랑켄슈타인 (소설)에 나오는 괴물처럼 / 그것은 많은 문제들을 야기할 수 있다 / 한 보고서에 따르면 / 나비 애벌레들의

butterfly larvae died / when they ate pollen from GM corn. / However, / the side effects are not limited
44%가 죽었다 / 그들이 유전자 조작 옥수수의 화분을 먹었을 때 / 그러나 / 부작용들은 동물들에게만 국한되지 않는다 /

to animals. / Since people started eating GM foods, / allergies ❸ **have** rapidly **increased**, / especially in
사람들이 유전자 조작 식품을 먹기 시작한 이래로 / 알레르기가 급속히 증가했다 / 특히 어린이들에게서 /

children. / More and more babies are born with defects. / We still don't know / what kinds of serious
점점 더 많은 아기들이 장애를 가지고 태어난다 / 우리는 아직도 모른다 / 유전자 조작 식품이 어떤 종류의

side effects GM foods can cause. / But if we don't take action now, / we might have to face a terrible
심각한 부작용을 일으킬 수 있는지 / 하지만 우리가 지금 조치를 취하지 않으면 / 우리는 끔찍한 재앙에 직면해야 할지도 모른다

disaster / in the near future. /
가까운 미래에 /

① genetic modification **or** GM
└── = ──┘ 동격의 or

② 현재완료 진행형(have been + -ing): 과거에 시작되어 현재까지 행위가 계속 진행 중임을 나타낼 때 사용한다.

③ 현재완료 계속적 용법(have p.p.): since, for와 함께 쓰이면 계속의 의미를 나타낸다.
Since people started eating GM foods, allergies **have** rapidly **increased** ~
~이래로

---

21 디지털 아바타로 영원히 산다?

pp. 70~71

문제 정답   **1** ③   **2** 죽음으로 인해 (사랑하는) 사람과의 관계가 끝나는 것   **3** information, communicate   **4** Like
I said before, I don't like a person like her.

문제 해설   **1** 이 글에 따르면 사람이 죽은 후에도 그 사람의 아바타와 소통할 수 있으므로 죽음의 개념은 변할 수 있다고 해야 알맞다.
① 우리는 진정한 우정에 대해 생각할 수 있다
② 사람들 간의 관계는 개선될 것이다
③ 우리가 아는 죽음의 개념은 변할지도 모른다
④ 우리는 새로운 기술 덕분에 더 나은 삶을 살 수 있다
⑤ 우리 자신들의 디지털 복제품들은 우리의 일상 생활을 망칠 것이다

2 2~3행에서 여자 친구가 죽은 뒤 장례식에서 그녀를 마지막으로 봄으로써 자신과의 관계가 끝난 것인지 묻고 있으므로
this는 '죽음으로 인해 (사랑하는) 사람과의 관계가 끝나는 것'을 의미한다.

3 사람의 뇌에 있는 모든 '정보(information)'를 컴퓨터로 옮겨서 그 사람과 똑같은 아바타가 만들어지고, 이 아바타는 그
사람의 가족들과 '의사소통(communicate)할' 수 있는 것이다.

당신의 디지털 아바타를 만들어 보세요

당신은 영원히 살고 싶습니까? 당신은 아바타로 그렇게 할 수 있습니다. 당신의 뇌에 있는 모든 정보를
컴퓨터로 옮김으로써, 당신은 바로 자신과 똑같은 디지털 형태의 당신 자신을 만들 수 있습니다. 당신의
아바타를 통해서 당신이 사망했을 때도 당신의 가족은 당신과 의사소통할 수 있습니다. 기다리지 마시고
저희에게 연락주세요!

4 like 다음에 「주어 + 동사」가 오면 접속사로 쓰인 것이고, I don't like a person like her에서 첫 번째 like는 동사, 두
번째 like는 전치사이다.
내가 전에 말한 것처럼, 나는 그녀와 같은 사람을 싫어한다.

본문 해석   어느 날, 당신의 여자 친구가 자동차 사고로 사망한다. 당신은 슬픔에 젖어 있다. 그녀의 장례식에서 당신은
그녀를 마지막으로 본다. 이것이 당신의 관계의 끝이다, 맞는가?
미래에는 이것이 그렇지 않을 수 있다. 인공지능 덕분에 당신은 죽음을 너머 당신의 관계를 유지할 수 있을
것이다. 당신은 여전히 휴대폰에서 예전처럼 그녀에게 문자를 보낼 수 있을 것이다. '나는 네가 보고 싶어.'라고
당신은 입력할 수 있다. 그녀의 아바타가 화면에 나타날 것이다. '나도 네가 그리워.'라고 그녀가 대답할 것이다.
그것은 마치 그녀가 떠나지 않은 것과 같을 것이다.
인공지능이 이것을 어떻게 가능하게 할까? 당신의 뇌에 있는 모든 정보를 컴퓨터로 업로드함으로써, 당신은
정확히 당신처럼 생각하고, 행동하고, 반응하는 당신 자신의 디지털 형태인 아바타를 만들어낼 수 있다. 이런
방법으로 당신의 친구들과 가족은 심지어 당신이 떠난 뒤에도 당신의 아바타와 의사소통할 수 있을 것이다.
따라서 우리가 아는 죽음의 개념은 변할지도 모른다.

One day, / your girlfriend dies in a car accident. / You are heartbroken. / At her funeral, / you see her for
어느 날 /　　　당신의 여자 친구가 자동차 사고로 사망한다 /　　　　　당신은 슬픔에 젖어 있다 /　　　그녀의 장례식에서 /　　　당신은 그녀를 마지막으로

the last time. / This is the end of your relationship, right? /
본다 /　　　　이것이 당신의 관계의 끝이다, 맞는가? /

In the future, / this won't have to be the case. / Thanks to AI, / you will be able to maintain your
미래에는 /　　　이것이 그렇지 않을 수 있다 /　　　　인공지능 덕분에 /　　　당신은 당신의 관계를 유지할 수 있을 것이다 /

relationship / beyond death. / You will still be able to text her on your phone, / just like old times. / "I
관계를 /　　죽음을 너머 /　　당신은 여전히 휴대폰에서 그녀에게 문자를 보낼 수 있을 것이다 /　　　예전처럼 /　　　나는

miss you," / you can type. / Her avatar will appear on the screen. / "I miss you too," / she will reply. / It
네가 보고 싶어 /　당신은 입력할 수 있다 /　그녀의 아바타가 화면에 나타날 것이다 /　　　나도 네가 그리워 /　　그녀가 대답할 것이다 / 그것은

will be like she never left. /
마치 그녀가 떠나지 않은 것과 같을 것이다 /

How will AI make this possible? / ❶ **By uploading** all of the information in your brain to a computer, /
인공지능이 이것을 어떻게 가능하게 할까? /　　　　　당신의 뇌에 있는 모든 정보를 컴퓨터로 업로드함으로써 /

you can create ❷ **an avatar,** / **a digital version of yourself** / **who thinks, acts and responds exactly like**
당신은 아바타를 만들어낼 수 있다 /　　　당신 자신의 디지털 형태인 /　　　　정확히 당신처럼 생각하고, 행동하고, 반응하는 /

you. / In this way, / your friends and family will be able to communicate with your avatar / even after
이런 방법으로 /　　당신의 친구들과 가족은 당신의 아바타와 의사소통할 수 있을 것이다 /　　　심지어 당신이

you're gone. / Thus, / the concept of death / ❸ **as we know it** / might change. /
떠난 뒤에도 /　따라서 /　죽음의 개념은 /　　우리가 아는 대로의 /　변할지도 모른다 /

❶ by + 동명사(-ing): ～함으로써

❷ <u>an avatar, a digital version of yourself</u> <u>who thinks, acts and responds exactly like you</u>
　　└─ 동격 ─┘　　　　　　　　　　　　　　　주격 관계대명사절　　　　　전치사

❸ <u>the concept of death</u> <u>as we know it</u> <u>might change</u>
　　　주어　　　　삽입절　　　동사

REVIEW TEST　　　　　　　p. 72

문제 정답　　**1** ③　　**2** ④　　**3** ①　　**4** ③　　**5** ③　　**6** healthy　　**7** is　　**8** like she did before

문제 해설　　**1** ①, ②, ④는 반의어 관계, ③은 유의어 관계이다.
　　　　① 남성 – 여성　　② 매끈한 – 거친　　③ 수정하다 – 변경하다　　④ 업로드하다 – 다운로드하다

　　2 ①, ②, ③은 명사 – 형용사 관계, ④는 동사 – 명사 관계이다.
　　　　① 신뢰 – 충실한　　② 유전자 – 유전의　　③ 전통 – 전통적인　　④ 제안하다 – 제안

　　3 disaster: 재앙, 참사, 재해
　　　　1987년의 허리케인은 영국을 강타한 최악의 자연 재해였다.
　　　　② 혜택, 이득　　③ 이유　　④ 질병

4 defect: 결함, 장애

작동을 멈췄기 때문에 이 커피 머신에는 <u>결함</u>이 있는 것 같다.

① 행동　　② 영향　　④ 공격

5 as a token of love: 사랑의 징표로

6 stay + 형용사: 계속[여전히] ∼이다

너는 네 고향으로 돌아갈 때까지 <u>건강하게</u> 유지할 필요가 있다.

7 단수형 주어(The boy) + 수식어구(who is wearing glasses) + 단수형 동사(is)

안경을 쓴 그 소년이 길을 건너고 <u>있다</u>.

8 접속사 like + 주어 + 동사: (마치) ∼인 것처럼

22 별들이 우주에 남긴 흔적   pp. 74~75

문제 정답   **1** ④   **2** ①   **3** ③   **4** the sentence whose meaning

문제 해설   **1** 우리가 오늘날 보는 별빛은 이미 수십만 년 전에 소멸한 별들이 보냈을지도 모르는 별빛이라는 내용이다.

① 우리 은하계의 많은 별들이 소멸하고 있다.

② 별들의 나이를 아는 것은 불가능하다.

③ 우리는 거리를 측정하기 위해서 별빛을 사용할 수 있다.

④ 우리가 보는 별들은 이미 존재하지 않을 수도 있다.

⑤ 지구에서 별들까지의 거리를 측정하는 것은 어렵다.

2 수십만 또는 수백만 광년 떨어진 곳에서 오는 빛을 보고 있다는 것은 우주가 거대하다는 증거이다.

① 우주는 거대하다   ② 별들이 햇빛을 반사한다

③ 별들은 죽고 다시 태어난다   ④ 빛은 직선으로 이동한다

⑤ 빅뱅(우주 대폭발)이 우리의 우주를 창조했다

3 6~7행에서 프록시마성의 별빛이 꺼지면 그것을 4년 후에야 알게 된다고 했으므로 ③은 글의 내용과 일치하지 않는다.

①, ② 4~6행 참조   ④ 7~9행 참조   ⑤ 10~11행 참조

4 선행사는 the sentence이고 the sentence's meaning을 whose meaning으로 나타낸다.

본문 해석   우리가 밤하늘에서 보는 많은 별들은 사실 거기에 있는 것이 아니다. 별들은 우리에게서 너무 멀리 있다. 때때로 별빛은 그 별이 존재하지 않은지 오래된 후에 우리에게 올지도 모른다.

예를 들어, 비록 프록시마성이 태양 다음으로 우리에게 가장 가깝지만, 그것의 빛은 우리에게 오는 데 4광년 이상이 걸린다. 그러므로 그 별빛이 오늘 꺼지면, 우리는 4년이 지난 후에야 그것을 알게 될 것이다. 오늘날 우리가 '보는' 어떤 별들은 한국 전쟁 전에 소멸했는지도 모르고, 다른 별들은 세종대왕이 한글을 발명하기 전에 소멸했는지도 모른다.

육안으로 볼 수 있는 가장 먼 거리에 있는 별들은 260만 광년 떨어져 있다. 오늘날 우리가 여전히 보고 있는 별빛을 내는 별들 중 일부는 수십만 년 전에 사라졌는지도 모른다. 우리가 아주 멀리 떨어져 있는 별빛을 본다는 사실은 <u>우주가 거대하다</u>는 것을 증명한다.

지문 풀이

Many stars / that we see in the night sky / are not really there. / Stars are so far away from us. /
많은 별들은 / 우리가 밤하늘에서 보는 / 사실 거기에 있는 것이 아니다 / 별들은 우리에게서 너무 멀리 있다 /

Sometimes a star's light might reach us / long after the star stops existing. /
때때로 별빛은 우리에게 올지도 모른다 / 그 별이 존재하지 않은지 오래된 후에 /

For example, / the light from Proxima Centauri / takes more than four light years to reach us / even
예를 들어 / 프록시마성의 빛은 / 우리에게 오는 데 4광년 이상이 걸린다 / 비록

though this star is closest to us / besides the sun. / Therefore, / ❶ if its light went out today, / we
이 별이 우리에게 가장 가깝지만 / 태양 외에 / 그러므로 / 그것의 빛이 오늘 꺼지면 / 우리는

wouldn't realize it / until four years later. / Some stars we "see" today may have died before the Korean
그것을 알지 못할 것이다 / 4년 후가 될 때까지 / 오늘날 우리가 '보는' 어떤 별들은 한국 전쟁 전에 소멸했는지도 모른다 /

War, / and ❷ **others** before King Sejong invented Hangul. /
그리고 다른 별들은 세종대왕이 한글을 발명하기 전에 (소멸했는지도 모른다) /

The most distant stars / visible to the naked eye / are 2.6 million light years away. / Some of these
가장 먼 거리에 있는 별들은 /　　　　　육안으로 볼 수 있는 /　　　　　　　260만 광년 떨어져 있다 /　　　　　　　　이러한 별들 중 일부는 /

stars / whose light we still see today / may have disappeared hundreds of thousands of years ago. / ❸ **The**
　　　오늘날 우리가 그것들의 빛을 여전히 보고 있는 /　　수십만 년 전에 사라졌는지도 모른다 /　　　　　　　　　　　　사실은 /

fact / **that we see light from stars so far away** / **proves** that the universe is huge. /
　　　　우리가 아주 멀리 떨어져 있는 별빛을 본다는 /　　　　　우주가 거대하다는 것을 증명한다 /

❶ 가정법 과거(If + 주어 + 과거형 동사, 주어 + 과거형 조동사 + 동사원형): 현재의 사실과 반대되는 상황을 가정할 경우에 사용한다.

❷ others before King Sejong invented Hangul: 앞에 나온 동사구가 반복되어 생략되었다.
　(may have died)

❸ **The fact** that we see light from stars so far away proves
　주어 └── 동격 ──┘　　　　　　　　　　　　　　　　　　　　동사

---

23 키가 작아서 좋은 점이 있다!

pp. 76~77

문제 정답　**1** ①　　**2** ④　　**3** (1) T　(2) F　(3) F　　**4** the effects of stress on our health

문제 해설　**1** 키가 작은 사람들은 키가 큰 사람들에 비해 성장과 노화를 촉진하는 성장호르몬이 적어 더 오래 살 수 있다는 내용이므로 빈칸에는 ①이 가장 적절하다.
　　① 키가 작은 사람들이 더 오래 산다　　　　　　② 키는 그다지 중요하지 않다
　　③ 키가 작은 사람들은 더 행복한 삶을 산다　　④ 호르몬은 사람의 키에 영향을 미친다
　　⑤ 키가 작은 사람들은 더 많은 호르몬들을 갖는다

2 15～16행에서 성장을 촉진하는 호르몬이 수명을 단축시킬 수 있다고 했으므로 빈칸에는 ④가 가장 적절하다.
　성장을 도와주는 호르몬은 사람들을 더 젊어서 죽게 할 수도 있다.
　　① 우리를 더 강하게 만든다　　　　　　　　　② 밤에 생성된다
　　③ 우리의 감정에 또한 영향을 미친다　　　　④ 사람들을 더 젊어서 죽게 할 수도 있다
　　⑤ 사람들의 기대 수명을 연장시킬지도 모른다

3 (1) 4～6행 참조
　(2) 9～10행에서 작은 쥐들에게서 더 적은 양이 검출됐다고 했다.
　(3) 15～16행에서 성장호르몬이 아이들의 수명을 단축시킬 수 있다고 했으므로 인간에게 적용 가능한 것으로 볼 수 있다.

4 effect on: ~에 미치는 영향

본문 해석　대부분의 사람들은 키가 큰 것이 키가 작은 것보다 장점이 더 많다고 생각한다. 하지만 키가 작은 사람들이 키가 큰 사람들에 비해 가지는 한 가지 큰 장점이 있다. 키가 작은 사람들이 더 오래 산다는 것이다.
　연구원들은 400명을 연구해서 키가 작은 사람들이 키가 큰 사람들보다 약 5년 정도 기대 수명이 더 길다는 것을 밝혀냈다. 그들은 이것에 대한 이유를 설명했다. 몸속에는 사람의 키가 크도록 도와주는 IGF-1이라고 불리는 어떤 성장호르몬이 있다. 하지만 이 동일한 호르몬은 또한 몸을 더 빨리 노화되게 하고, 암에 걸릴 위험을 높인다. 연구원들이 쥐를 연구했을 때, 그들은 작은 쥐들이 훨씬 낮은 수치의 IGF-1을 가지고 있다는 것을 알게 되었다. 결과적으로 작은 쥐들은 큰 쥐들보다 약 1년 더 오래 살았다.

의사들은 이 결과들에 특히 주목해야 한다. 그 이유는 일부 의사들이 키가 작은 아이들이 더 클 수 있도록 도와주기 위해 그들에게 특별한 성장호르몬을 주기 때문이다. 불행히도, 이 호르몬은 또한 그들의 수명을 단축시킬지도 모른다.

Most people think / that being tall has more advantages than being short. / However, / there is one big
대부분의 사람들은 생각한다 / 키가 큰 것이 키가 작은 것보다 장점이 더 많다고 / 하지만 / 한 가지 큰 장점이 있다 /

advantage / that short people have / over tall people: / short people live longer. /
키가 작은 사람들이 가지는 / 키가 큰 사람들에 비해 / 키가 작은 사람들이 더 오래 산다 /

Researchers studied 400 people / and found / that shorter people have a longer life expectancy than taller
연구원들이 400명을 연구했다 / 그리고 밝혀냈다 / 키가 작은 사람들이 키가 큰 사람들보다 기대 수명이 더 길다는 것을 /

people / by about five years. / They explained the reason for this. / There are ❶ certain growth
약 5년 정도 / 그들은 이것에 대한 이유를 설명했다 / 어떤 성장호르몬이 있다

hormones / called IGF-1 in the body / that help a person grow tall. / However, / these same hormones
몸속에 IGF-1이라고 불리는 / 사람의 키가 크도록 도와주는 / 하지만 / 이 동일한 호르몬은 또한 몸을 더

also ❷ cause the body to grow old faster / and increase the risk of cancer. / When researchers examined
빨리 노화되게 한다 / 그리고 암에 걸릴 위험을 높인다 / 연구원들이 쥐를 연구했을 때 /

mice, / they found / that smaller ❸ ones had a much lower level of IGF-1. / As a result, / the smaller mice
그들은 알게 되었다 / 작은 것들이 훨씬 낮은 수치의 IGF-1을 가지고 있다는 것을 / 결과적으로 / 작은 쥐들은 살았다 /

lived / about one year longer than the larger ❹ ones. /
큰 것들보다 약 1년 더 오래 /

Doctors should pay special attention to these results. / The reason is that some doctors give special
의사들은 이 결과들에 특히 주목해야 한다 / 그 이유는 일부 의사들이 키가 작은 아이들에게 특별한 성장호르몬을 주기

growth hormones to small children / to help them grow taller. / Unfortunately, / these hormones may
때문이다 / 그들이 더 클 수 있도록 도와주기 위해 / 불행히도 / 이 호르몬은 또한 그들의 수명을

also shorten their life. /
단축시킬지도 모른다 /

❶   (which are)   ┌ hormones가 복수형이므로 '복수형 동사'
    certain growth hormones called IGF-1 in the body that help a person grow tall

❷   cause + 목적어 + to부정사: ~가 …하게 하다

❸, ❹ ones = mice (앞에 나온 복수형 명사의 반복을 피하기 위해 부정대명사 ones를 사용함.)

24   몰디브 섬 해안가를 수놓은 별들의 정체   pp. 78~79

문제 정답   1 ⑤   2 ④   3 plankton, distract

문제 해설   1 8~9행에 따르면 은하수의 별들은 플랑크톤이 만들어 내는 빛을 빗댄 말이므로 ⑤는 이 글을 읽고 대답할 수 없다.
① 몰디브는 어디에 위치하는가? (2~3행 참조)
② 플랑크톤은 왜 어둠 속에서 빛나는가? (12~14행 참조)
③ 빛나는 빛은 어떻게 만들어지는가? (11~12행 참조)
④ 몰디브에 있는 빛나는 해변의 별명은 무엇인가? (4행 참조)
⑤ 우리는 몰디브에서 은하수의 별들을 어디서 또렷하게 볼 수 있는가?

2 플랑크톤은 외부의 압력에 '노출되면(exposed)' 빛을 내는데, 이 빛은 플랑크톤을 '공격하고 있는(attacking)' 포식자들을 교란시키기 위함이다. 마지막으로 여행을 계획할 때 몰디브를 '포함시키라고(include)' 해야 문맥상 알맞다.

① 노출된 – 붙어 있는 – 포함시키다 ② 노출된 – 공격하고 있는 – 제외하다
③ 숨겨진 – 공격하고 있는 – 포함시키다 ④ 노출된 – 공격하고 있는 – 포함시키다
⑤ 숨겨진 – 붙어 있는 – 제외하다

3 바드후 섬의 파란 빛은 플랑크톤이 만들어낸 것이고, 이것은 플랑크톤이 포식자들의 주의를 다른 곳으로 돌리기 위함이다. 사람들은 몰디브 바드후 섬의 해변에서 플랑크톤에 의해 만들어진 빛나는 파란 네온 점들을 볼 수 있다. 플랑크톤은 그들의 적의 주의를 딴 데로 돌리고 자신들을 방어하기 위해서 빛을 만들어낸다.

본문 해석 인도양의 한가운데에 몰디브라고 불리는 아주 작고 아름다운 섬나라가 있다. 스리랑카의 남쪽에 위치한 몰디브는 유명한 빛나는 해변들로 독특한데, 그 해변들은 '별들의 바다'라는 별명을 얻었다. 가장 유명한 해변은 바드후 섬에 있다.

그러나 이 해변이 아름다움의 절정에 이르는 때는 바로 낮 동안이 아니고 밤이다. 바드후 섬의 해변에 밤이 찾아오면 당신은 은하수의 별들처럼 수백만의 파란 네온 점이 반짝이는 것을 볼 수 있다.

그러면 무엇이 대체 그러한 아름다운 자연 경관을 만들어낼 수 있을까? 흥미롭게도, 그 빛들은 플랑크톤에 의해 만들어진다. 파도가 해변에 부딪칠 때 플랑크톤이 자극을 받아 빛나기 시작한다. 이것은 플랑크톤이 외부의 압력에 노출되면 빛나기 때문이다. 이것은 그들의 방어기제이다. 빛을 냄으로써 플랑크톤은 그들이 생각하기에 자신들을 공격하고 있는 물고기나 다른 동물들의 주의를 딴 데로 돌리려고 한다. 당신의 다음 여행 계획에는 몰디브를 포함시키는 것을 잊지 마라. 이곳은 당신이 정말로 방문하고 싶어 못 견딜 정도의 장소들 중에 하나이다.

지문 풀이

In the middle of the Indian Ocean, / there is a very small and beautiful island country / called the
인도양의 한가운데에 / 아주 작고 아름다운 섬나라가 있다 / 몰디브라고

Maldives. / Located to the south of Sri Lanka, / the Maldives is unique for its famous glowing
불리는 / 스리랑카의 남쪽에 위치한 / 몰디브는 그것의 유명한 빛나는 해변들로 독특한데 /

beaches, / which earned them the nickname "Sea of Stars." / The most famous beach is on Vaadhoo
그리고 그것들은 '별들의 바다'라는 별명을 얻었다 / 가장 유명한 해변은 바드후 섬에 있다 /

Island. /

However, / ❶ **it's** not during the daytime but at night / **when** this beach reaches the peak of its beauty. / As
그러나 / 바로 낮 동안이 아니고 밤이다 / 이 해변이 아름다움의 절정에 이르는 때는 /

night falls on the beach of Vaadhoo Island, / you can see millions of blue neon dots / twinkle like stars
바드후 섬의 해변에 밤이 찾아오면 / 당신은 수백만의 파란 네온 점들을 볼 수 있다 / 은하수의 별들처럼 반짝이는 /

in the Milky Way. /

So what could possibly create / such a gorgeous natural scene? / Interestingly, / the lights are created
그러면 무엇이 대체 만들어낼 수 있을까 / 그러한 아름다운 자연 경관을? / 흥미롭게도 / 그 빛들은 플랑크톤에 의해

by plankton. / When the waves hit against the beach, / the plankton are stirred up / and start to
만들어진다 / 파도가 해변에 부딪칠 때 / 플랑크톤이 자극을 받는다 / 그리고 빛나기

glow. / That's because plankton glow / when exposed to outside pressure. / It is their defense
시작한다 / 이것은 플랑크톤이 빛나기 때문이다 / 외부의 압력에 노출되면 / 이것은 그들의 방어기제이다 /

mechanism. / By glowing, / they try to distract the fish or other animals / ❷ **that they think** / **are**
빛을 냄으로써 / 　　그들은 물고기나 다른 동물들의 주의를 딴 데로 돌리려고 한다 / 　　　　그들이 생각하기에 / 　　그들을

attacking them. / For your next travel plans, / don't forget to include the Maldives. / It's one of those
공격하고 있는 / 　당신의 다음 여행 계획에는 / 　몰디브를 포함시키는 것을 잊지 마라 / 　　이것은 그러한 장소들 중에

places / you ❸ **can't simply resist visiting.** /
하나이다 / 　당신이 정말로 방문하고 싶어 못 견딜 /

---

❶ it is ~ that[when] 강조 구문: 강조하는 내용이 시간을 나타내는 부사구일 때, that 대신 when을 쓸 수 있다.
　it's not during the daytime but at night **when** this beach ~
　　　　　　　　시간의 부사구　　　　　　　　= that
　　　　　　　　　　　　　　　┌주격 관계대명사
❷ to distract <u>the fish or other animals</u> <u>that</u> <u>they think</u> are attacking them
　　　　　　　　　　　　　　　　　　　　　　삽입절
❸ can't simply resist + 동명사: 도저히 (결코) ~하는 것을 참지 못하다
　ex. He **couldn't simply resist showing off** his new smartphone.
　　그는 그의 새 스마트폰을 자랑하고 싶어 도저히 못 견딜 정도였다.

REVIEW TEST

문제 정답　**1** ③　　**2** ②　　**3** defense　　**4** expectancy　　**5** naked　　**6** ①　　**7** ①　　**8** whose hair

문제 해설　**1** distract: (주위를) 딴 데로 돌리다, 산만하게 하다
　　거리 소음이 내 정신을 산만하게 해서 나는 공부에 집중을 할 수 없다.
　　① 증명하다　　② 숨기다　　④ ~에 도달하다, 닿다

　　2 earn: (명성, 지휘 등을) 얻다, 얻게 하다
　　그의 책은 그에게 돈과 명예를 얻게 할 것이다.
　　① 존재하다　　③ (위험에) 노출시키다　　④ 공격하다

　　3 방어기제: 생물이 적에 의한 공격에 맞서는 반응

　　4 기대 수명: 사람이 살 것으로 기대되는 평균의 기간

　　5 육안, 맨눈: 시력을 변화시키는 어떤 장치의 도움도 받지 않는 눈

　　6 risk: 위험
　　나쁘고, 불쾌하거나, 위험한 일이 생길 가능성
　　② 절정　　③ 성장　　④ 결과

　　7 objection to: ~에 대한 반대
　　① 나는 네 의견에 반대하지 않는다.
　　② 음악은 우리 기분에 영향을 줄 수 있다. (effect on: ~에 미치는 영향)
　　③ 사람들은 로봇에 대한 통제를 해야 한다. (control over: ~에 대한 통제)
　　④ 너는 다른 사람들보다 많은 유리한 점들을 가지고 있다. (advantage over: ~보다 유리한 점)

　　8 선행사는 the doll이고 the doll's hair는 whose hair로 나타낸다.

Unit **9**

25 사랑과 호르몬의 관계 pp. 84~85

문제 정답 **1** ⑤ **2** ③ **3** ① **4** (1) that of Busan (2) those in other cities

문제 해설 **1** 주어진 문장이 NGF 수치를 비교한 연구의 결과를 소개하고 있으므로 주어진 문장이 들어가기에 ⓔ가 가장 적절하다.
그들은 관계를 막 시작한 사람들에게서 증가한 NGF 수치를 발견했다.

2 9~11행에서 독신인 사람들보다 새로 연애를 시작한 사람들의 NGF 수치가 증가했다고 했으므로 독신인 사람들보다
사랑에 빠진 사람들이 영향을 더 많이 받는다는 것을 알 수 있다.
① 그것은 우리 뇌에서 발견되는 화학 물질이다. (3~4행 참조)
② 그것은 사람들에게 낭만적인 감정을 느끼게 만든다. (4~5행 참조)
③ 그것은 사랑에 빠진 사람보다 독신인 사람들에게 더 많은 영향을 미친다.
④ 그것은 당신의 손에 땀이 나게 만들 수도 있다. (11~12행 참조)
⑤ 그것은 젊은 남성들이 자신들의 여자 친구들에게 꽃을 사주게 할 수 있다. (12~14행 참조)

3 5~7행에서 처음 사랑에 빠지면 NGF 수치는 증가하지만 관계가 점차 지속됨에 따라 NGF 수치가 감소한다고
언급되어 있다.

4 the population, the apartments의 반복을 피하기 위해서 각각 that, those를 썼다.
(1) 서울의 인구는 부산의 그것보다 많다.
(2) 뉴욕의 아파트들은 다른 도시들의 그것들보다 훨씬 더 비싸다.

본문 해석 우리는 사랑에 빠졌을 때 행복하고 아주 좋은 감정을 느낀다. 여러분은 왜 그런 감정들이 영원히 지속되지 않는지
궁금했던 적이 있는가? 해답은 우리 뇌 안에 있는 신경 성장 인자(NGF)라고 불리는 화학 물질에 있다. 몇몇
이탈리아 과학자들에 따르면, 이 화학 물질은 초기에는 우리가 사랑의 감정을 매우 느끼도록 만든다. 우리가 처음
사랑에 빠졌을 때, NGF 수치는 증가하지만, 시간이 지날수록 그 화학 물질은 점점 사라진다. 1년 정도가 지나서
우리가 (연애나 결혼의) 관계 속에서 더 안정되면 NGF 수치는 떨어진다. 연구자들은 최근에 사랑에 빠진 58명의
지원자들을 분석했다. 연구자들은 그 사람들의 NGF 수치와 독신이거나 장기간 관계를 지속하고 있는 사람들의
NGF 수치를 비교해 보았다. 연구자들은 관계를 막 시작한 사람들에게서 증가한 NGF 수치를 발견했다. 게다가,
연구자들은 NGF가 손에 땀이 나게 하고 위장을 예민하게 만든다는 것을 알아냈다. 아마 젊은 남성들이 자신들의
여자 친구에게 빨간 장미와 촛불을 켜 놓고 먹는 저녁식사를 사주게 만드는 것도 이 화학 물질인 것 같다!

지문 풀이

We have happy and wonderful feelings / when we fall in love. / Have you ever wondered / why those
우리는 행복하고 아주 좋은 감정을 느낀다 / 우리가 사랑에 빠졌을 때 / 여러분은 궁금했던 적이 있는가 / 왜 그런 감정들이

feelings do not last forever? / The answer lies in ❶ a chemical / called nerve growth factor (NGF) in our
영원히 지속되지 않는지? / 해답은 화학 물질에 있다 / 우리 뇌 안에 있는 신경 성장 인자(NGF)라고 불리는 /

brains. / According to some Italian scientists, / this chemical makes us feel very romantic / in the
몇몇 이탈리아 과학자들에 따르면 / 이 화학 물질은 우리가 사랑의 감정을 매우 느끼도록 만든다 / 초기에는 /

beginning. / When we first fall in love, / levels of NGF increase, / but that chemical fades over time. /
우리가 처음 사랑에 빠졌을 때 / NGF 수치는 증가한다 / 하지만 그 화학 물질은 시간이 지날수록 점점 사라진다 /

After a year or so, / when we become more secure in a relationship, / NGF levels drop. / The researchers
1년 정도가 지나서 / 우리가 관계 속에서 더 안정되면 / NGF 수치는 떨어진다 / 연구자들은 58명의

analyzed 58 volunteers / who had recently fallen in love. / They ❷ **compared** their levels of NGF / **with**
지원자들을 분석했다 / 최근에 사랑에 빠진 / 그들은 그들의 NGF 수치를 비교해 보았다 / 사람들의

those of people / who were single or in long-term relationships. / They found increased levels of NGF / in
그것들과 / 독신이거나 장기간 관계를 지속하고 있는 / 그들은 증가한 NGF 수치를 발견했다 /

the people / who just started their relationships. / In addition, / they learned / that NGF caused sweaty
사람들에게서 / 그들의 관계를 막 시작한 / 게다가 / 그들은 알아냈다 / NGF가 손에 땀이 나게 하고 위장을

hands and nervous stomachs. / Perhaps ❸ **it is** this chemical / **that** makes young men buy their
예민하게 만든다는 것을 / 아마 이 화학 물질인 것 같다 / 젊은 남성들이 그들의 여자 친구에게 빨간 장미와 촛불을

girlfriends red roses and candlelit dinners! /
켜 놓고 먹는 저녁식사를 사주게 만드는 것이! /

❶ a chemical called nerve growth factor (NGF)
　　　　　　└──────┘ 명사를 수식하는 과거분사

❷ compare A with B: A를 B와 비교하다
　　They **compared** <u>their levels of NGF</u> **with** <u>those of people</u> ~　┌ = the levels of NGF
　　　　　　　　　　　　　 A 　　　　　　　　　　　　　　B

❸ It is + 강조 어구 + that ~: ~한 것은 바로 …이다

26 　박테리아가 인류 최초의 조상?! 　　　　　　　　　　　pp. 86~87

문제 정답　1 ③　　2 ②　　3 (1) big, small　(2) digested　(3) transforms　　4 her husband getting a job

문제 해설　1　도입에서 지구의 첫 생명체인 박테리아가 다양한 생물로 진화했다고 했으므로 이 진화가 어떻게 일어났는지 설명하는
　　(B)가 먼저 오고, 진화 과정에서 일어난 박테리아 간의 싸움을 묘사하는 (A)로 이어지고, 이 싸움의 결과로 미토콘드리아가
　　만들어졌다는 내용의 (C)로 끝나야 자연스럽다.

　　2　두 박테리아가 거래에 합의함으로써 그 둘은 함께 '존재하게(exist)' 되었고, 그 결과로 단세포의 박테리아가 에너지를
　　만드는 기관으로 변형되었으므로 '더 복잡한 생물체(more complex organism)'가 된 것임을 알 수 있다.
　　　① 경쟁하다 – 더 단순한 생물체　　　　　　　② 존재하다 – 더 복잡한 생물체
　　　③ 경쟁하다 – 더 민감한 생물체　　　　　　　④ 존재하다 – 더 단순한 생물체
　　　⑤ 진화하다 – 더 복잡한 생물체

　　3　박테리아의 진화는 먼저 '큰(big)' 박테리아가 '작은(small)' 것을 삼킨 뒤, 작은 박테리아가 '소화되지(digested)' 않고,
　　생존을 위해 자신을 미토콘드리아로 '변형시킴으로써(transforms)' 일어난 것이다.
　　　(1) 큰 박테리아가 작은 박테리아를 먹는다. (4행 참조)
　　　(2) 작은 박테리아는 소화되지 않고 큰 것의 몸속에서 살아남는다. (4~10행 참조)
　　　(3) 작은 박테리아는 자신을 큰 것의 미토콘드리아로 변형시킨다. (16~17행 참조)

　　4　「전치사 + 동명사의 의미상 주어 + 동명사」 구문으로 her husband가 동명사구 getting a job의 의미상 주어이다.

본문 해석　지구의 첫 생물은 단세포의 박테리아였다. 10억 년이 넘는 동안 이 단세포의 박테리아가 어류, 파충류, 포유류,
　　인간 등을 포함한 다양한 생물체로 진화했다.

(B) 이 진화는 어떻게 일어났을까? 그것은 박테리아가 생존을 위해 서로 경쟁하고 협력하는 과정에서 일어났다. 예를 들어, 30억 년 전에 지구의 박테리아는 서로 싸우고 잡아먹으려고 했다. 생존을 위한 이 투쟁에서 흥미로운 일이 일어났다.

(A) 큰 박테리아가 작은 박테리아를 삼키자, 작은 것은 소화되기를 거부하고 목숨을 구걸했다. 하지만 큰 박테리아는 (그 말을) 듣고 싶어하지 않았다. 그래서 작은 박테리아는 큰 박테리아에게 거래를 제안했다. 작은 박테리아가 큰 박테리아 몸의 일부가 되어서 큰 박테리아를 위해 종처럼 일하겠다고 했다. 큰 박테리아는 작은 박테리아의 제안을 받아들였고, 그렇게 해서 그들이 함께 존재하게 된 것이다.

(C) 작은 박테리아는 자신을 하나의 기관으로 변형시켜서 큰 박테리아 몸의 일부가 되었다. 이 기관이 우리가 현재 미토콘드리아라고 부르는 것이다. 당신도 이미 알다시피, 미토콘드리아는 영양분을 연소시킴으로써 에너지를 만드는 동물의 내부 기관이다. 이렇게 해서 단세포의 박테리아가 미토콘드리아를 가진 동물인 더 복잡한 생물체로 진화한 것이다.

지문 풀이

The first life on Earth / was a single-celled bacteria. / For over a billion years, / this single-celled bacteria
지구의 첫 생물은 / 단세포의 박테리아였다 / 10억 년이 넘는 동안 / 이 단세포의 박테리아가 다양한 생물체로

evolved into various organisms, / including fish, reptiles, mammals and humans. /
진화했다 / 어류, 파충류, 포유류, 인간 등을 포함하여 /

(B) How did this evolution happen? / It happened / in the process of bacteria competing and cooperating
이 진화는 어떻게 일어났을까? / 그것은 일어났다 / 박테리아가 서로 경쟁하고 협력하는 과정에서

with one another / for survival. / For example, / three billion years ago, / bacteria on Earth fought / and
생존을 위해 / 예를 들어 / 30억 년 전에 / 지구의 박테리아는 싸웠다 / 그리고

tried to eat each other. / In this struggle for survival, / an interesting thing happened. /
서로 잡아먹으려고 했다 / 생존을 위한 이 투쟁에서 / 흥미로운 일이 일어났다 /

(A) When a big bacteria swallowed a small bacteria, / the small ❶ **one** refused to be digested / and begged
큰 박테리아가 작은 박테리아를 삼켰을 때 / 작은 것은 소화되기를 거부했다 / 그리고 그것의

for its life. / But the big bacteria didn't want to listen. / So, / the small bacteria proposed a deal to the big
목숨을 구걸했다 / 하지만 큰 박테리아는 듣고 싶어하지 않았다 / 그래서 / 작은 박테리아는 큰 박테리아에게 거래를 제안했다 /

bacteria: / the small bacteria would become a part of the big bacteria's body / and work for it / like a
작은 박테리아가 큰 박테리아 몸의 일부가 되겠다고 / 그리고 그것을 위해 일하겠다고 / 종처럼 /

servant. / The big bacteria accepted the small bacteria's proposal, / and ❷ **that is how** / they came to exist
큰 박테리아는 작은 박테리아의 제안을 받아들였다 / 그리고 그것이 ~한 방법이다 / 그들이 함께 존재하게 된 /

together. /
together. /

(C) The small bacteria transformed itself into an organ / and became a part of the big bacteria's body. /
작은 박테리아는 자신을 하나의 기관으로 변형시켰다 / 그리고 큰 박테리아 몸의 일부가 되었다 /

This organ is / ❸ **what** we now call mitochondria. / As you may already know, / a mitochondrion is an
이 기관이 ~이다 / 우리가 현재 미토콘드리아라고 부르는 것 / 당신도 이미 알다시피 / 미토콘드리아는 동물의 내부 기관이다

internal organ of an animal / that produces energy by burning nutrients. / ❹ **This is how** / a single-celled
영양분을 연소시킴으로써 에너지를 만드는 / 이것이 ~한 방법이다 / 단세포의 박테리아가

bacteria evolved into ❺ **a more complex organism,** / **an animal with mitochondria.** /
더 복잡한 생물체로 진화한 / 미토콘드리아를 가진 동물인 /

---

❶ one = bacteria (앞에 나온 명사의 반복을 피하기 위해 사용된 부정대명사 one)

❷, ❹ 관계부사 how는 the way로 바꿔 쓸 수 있고, '~하는 방법'으로 해석한다.

❸ 관계대명사 what: '~하는 것'이라는 의미로 선행사를 포함한다. (= the thing which)

❺ a more complex organism, an animal with mitochondria
　　　　　　　　　└── 동격 ──┘

문제 정답 **1** ② **2** ② **3** ① **4** appeared to find the solution

문제 해설 **1** '유령 경사로'는 귀신이 들린 것이 아니라 착시 현상 때문이라는 내용이므로 이 글의 제목으로는 ②가 가장 적절하다.

① 두 유명한 내리막 도로들 ② 유령 경사로에 대한 진실
③ 전 세계의 귀신 들린 경사로들 ④ 일상 생활에서의 착시 현상
⑤ 남북 전쟁의 전설적인 영웅들

2 주변의 풍경이 경사지가 올라가고 있는 것처럼 보이게 하므로 사실상 '내려가고 있는 것(going down)'이라고 해야
알맞다.

① 귀신 들린 ② 내려가고 있는
③ 사라지고 있는 ④ 또한 올라가고 있는
⑤ 아무 데도 못가는

3 유령 경사로의 미스터리는 착시 때문에 우리가 서있는 곳에서 수평선을 보지 못할 때 일어난다.
유령 경사로들의 <u>미스터리</u>는 눈을 <u>속이는</u> 환경 때문이다.

① 미스터리 – 속이다 ② 아름다움 – 속이다
③ 마술 – 끌다 ④ 아름다움 – 끌다
⑤ 미스터리 – 다치게 하다

4 appear[seem] to+동사원형: ~인 것 같다

본문 해석 제주도에는 '도깨비 도로'라고 불리는 아주 흥미로운 경사로가 있다. 당신이 이 경사로의 한가운데에 차를
주차하면, 그것은 저절로 경사로를 천천히 올라갈 것이다.
놀랍게도, 한국이 이와 같은 경사로를 가진 유일한 나라는 아니다. 미국의 메릴랜드에는 '스푸크 힐(유령
경사로)'이라고 불리는 장소가 있다. 당신이 이 경사로의 맨 아래에 차를 주차한다면, 그것은 마치 제주도에 있는
차처럼 위로 굴러갈 것이다. 전설에 따르면, 이곳은 (미국) 남북 전쟁의 전투 중 하나가 일어났던 곳이었다. 많은
군인들이 이곳에서 사망했다. 사람들은 그 군인들의 유령들이 그들의 차를 경사로 위로 민다고 믿는다. 이것이 그
경사로가 '스푸크 힐'로 알려진 이유이다.
이 경사로들은 정말로 귀신이 나오는 걸까? 한 연구 팀이 스푸크 힐에 대한 연구를 했다. 그들이 이 경사로에 측정
장치를 놓았을 때, 그것은 아래쪽을 향했는데, 이것은 그곳이 내리막이라는 것을 뜻한다. 그래서 그것이 오르막인
것처럼 보일지라도 사실상 그것은 내리막이다.
그렇다면 왜 내리막 도로가 오르막 도로처럼 보이는가? 과학자들은 그것이 일종의 착시 현상이라고 말한다. 그
착각은 당신이 있는 곳에서 수평선을 보지 못하기 때문에 일어난다. 또한 주변 풍경은 그 경사로가 올라가고 있는
것처럼 보이게 만든다. 그래서 당신이 차가 올라가고 있다고 생각할 때, 그것은 사실상 내려가고 있는 것이다.
다음에 당신이 이러한 '유령 경사로들' 중에 하나를 보게 되면, 그 지역의 전설을 믿지 마라. 유령은 없다. 그것은
단지 착시 현상일 뿐이다.

지문 풀이

There is ❶ **a very interesting hill on Jeju Island** / **called Dokkaebi Road.** / If you park your car in the
제주도에는 아주 흥미로운 경사로가 있다 / 도깨비 도로라고 불리는 / 당신이 이 경사로의 한가운데에 당신의 차를

middle of the hill, / it will slowly go up the slope / by itself. /
주차하면 / 그것은 천천히 경사로를 올라갈 것이다 / 저절로 /

Surprisingly, / Korea isn't the only country / with a hill like this. / In Maryland, U.S.A., / there's a
놀랍게도 / 한국은 유일한 나라는 아니다 / 이와 같은 경사로를 가진 / 미국의 메릴랜드에는 / 장소가 있다 /

place / called Spook Hill. / If you park your car / at the bottom of this hill, / it rolls up / just like the
스푸크 힐이라고 불리는 / 당신이 당신의 차를 주차한다면 / 이 경사로의 맨 아래에 / 그것은 위로 굴러갈 것이다 / 마치

one on Jeju Island. / According to legend, / this was ❷ where one of battles of the Civil War took
제주도에 있는 차처럼 / 전설에 따르면 / 이곳은 (미국) 남북 전쟁의 전투 중 하나가 일어났던 곳이었다 /

place. / Many soldiers died here. / People believe / that the ghosts of the soldiers push their cars up the
많은 군인들이 이곳에서 사망했다 / 사람들은 믿는다 / 그 군인들의 유령들이 그들의 차를 경사로 위로 민다고 /

hill. / That is why / the hill is known as "Spook Hill." /
이것이 ~인 이유이다 / 그 경사로가 '스푸크 힐'로 알려진 /

Are these hills really haunted? / A research team conducted a study / on Spook Hill. / When they placed
이 경사로들은 정말로 귀신이 나오는 걸까? / 한 연구 팀이 연구를 했다 / 스푸크 힐에 대한 / 그들이 이 경사로에 측정

a measuring device on the hill, / ❸ it pointed downward, / which means / it is downhill. / So, / although
장치를 놓았을 때 / 그것은 아래쪽을 향했는데 / 이것은 뜻한다 / 그곳이 내리막이라는 것을 / 그래서 / 그것이 오르막인

it looks uphill, / it is actually downhill. /
것처럼 보일지라도 / 사실상 그것은 내리막이다 /

Then / why does a downhill road look like an uphill road? / Scientists say / it's a kind of optical
그렇다면 / 왜 내리막 도로가 오르막 도로처럼 보이는가? / 과학자들은 말한다 / 그것이 일종의 착시 현상이라고 /

illusion. / The illusion occurs / because you can't see the horizon / from where you are. / Also, / the
그 착각은 일어난다 / 당신이 수평선을 보지 못하기 때문에 / 당신이 있는 곳에서 / 또한 /

surrounding landscape / makes the hill appear to be going up. / So / when you think your car is going
주변 풍경은 / 그 경사로가 올라가고 있는 것처럼 보이게 만든다 / 그래서 / 당신이 당신의 차가 올라가고 있다고 생각할 때

up, / it's actually going down. /
그것은 사실상 내려가고 있는 것이다 /

❹ The next time you see / one of these "ghost hills," / don't believe the local legend. / There are no
다음에 당신이 볼 때 / 이러한 '유령 경사로들' 중에 하나를 / 그 지역의 전설을 믿지 마라 / 유령은 없다 /

ghosts. / It is only an optical illusion. /
그것은 단지 착시 현상일 뿐이다 /

---

❶ a very interesting hill on Jeju Island called Dokkaebi Road
(which[that] is)

❷ where = the place that[which] (장소를 나타내는 관계부사)

❸ it pointed downward, **which** means it is downhill

= it pointed downward, <u>and it</u> means it is downhill
앞 문장 전체(it pointed downward)를 선행사로 취함

❹ The next time + 주어 + 동사: 다음에 ~할 때에

ex. **The next time** you travel to Korea, don't forget to call me.
다음에 네가 한국을 여행할 때, 내게 전화하는 것을 잊지 마라.

문제 정답　**1** ②　　**2** struggle　　**3** haunted　　**4** illusion　　**5** ③　　**6** approve of me going to the party
7 What seems to be the problem　　**8** the average temperature

문제 해설　**1** ①, ③, ④는 동사 - 명사 관계, ②는 명사 - 명사 관계이다.
① 진화하다 – 진화　　② 기관 – 생물체　　③ 분석하다 – 분석　　④ 경쟁하다 – 경쟁

2 생존을 위한 투쟁: 생존하기 위한 생물간의 경쟁

3 귀신이 나오는 집: 귀신이 나타나는 집

4 착시 현상: 존재하지 않는 무언가를 보는 경험

5 legend: 전설
• 뮤지컬 엑스칼리버(*Excaliber*)는 아더 왕의 전설을 토대로 한다.
• 전설에 따르면 신라의 첫 번째 왕은 알에서 태어났다.
① 전투　　② 과학　　④ 연구

6 「전치사 + 동명사의 의미상 주어 + 동명사」 구문으로 me가 동명사구 going to the party의 의미상 주어이다.

7 appear[seem] to+동사원형: ~인 것 같다

8 앞 명사(the average temperature)의 반복을 피하기 위해 지시대명사 that이 사용되었다.
부산의 평균 기온은 서울의 그것보다 더 높다.

28 인공 습지의 재발견 pp. 92~93

문제 정답   **1** ③   **2** ③   **3** ④   **4** Listening

문제 해설   **1** 인공 습지를 만들어 물을 깨끗이 정화하는 것에 대한 내용이다.
① 사라져가는 습지들을 보존하는 방법들
② 오염을 막기 위한 경제적인 방법
③ 물을 정화하기 위한 인공 습지 만들기
④ 자연 습지들이 토양 오염을 막는 방법
⑤ 자연 습지와 인공 습지의 몇 가지 차이점들

2 습지 식물들은 물에 산소를 '방출하고(release),' 유해 물질들은 흙을 통과하면서 '제거된다(removed)'고 해야 알맞다. 또한 이러한 습지들은 새와 다른 동물들에게 자연 서식지를 '제공한다(provide)'고 해야 적절하다.
① 방출하다 – 제거된 – 촉진하다
② 방출하다 – 첨가된 – 제공하다
③ 방출하다 – 제거된 – 제공하다
④ 흡수하다 – 첨가된 – 촉진하다
⑤ 흡수하다 – 제거된 – 제공하다

3 과학자들이 비용 절감을 위해 인공 습지에 관심을 가지고 있다고 했으므로 인공 습지는 '비싸지 않다(inexpensive)'고 해야 하고, 인공 습지는 화학 물질 없이 폐수를 정화할 수 있다고 했으므로 인공 습지가 필요로 하지 않는 것은 '화학 물질들(chemicals)'이다.
인공 습지는 비싸지 않고, 폐수를 정화하기 위한 화학 물질들을 필요로 하지 않으며, 야생 생물에 도움이 된다.
① 비싸지 않은 – 오염물질들
② 비싼 – 화학 물질들
③ 편리한 – 오염물질들
④ 비싸지 않은 – 화학 물질들
⑤ 비싼 – 장비, 설비

4 분사구문으로 전환하기 위해 접속사(When)와 주어(she)를 생략하고, 동사(listened)를 현재분사(listening) 형태로 만든다.
그녀는 그 노래를 들었을 때, 따라 부르기 시작했다.

본문 해석   "자연이 가장 잘 안다."라는 속담이 있다. 폐수를 정화하는 일에 관해서라면 이것은 확실히 맞는 말인 것 같다. 폐수를 정화하는 현대식 시설은 비용이 많이 든다. 그래서 과학자들은 돈을 절약하기 위해 물이 자연 상태에서 어떻게 정화되는지를 연구해 왔다. 특히, 그들은 습지를 관찰해 왔다.
습지에서는 식물이 신선한 산소를 물에 내보내며, 박테리아가 오염 물질을 먹음으로써 그것의 일부를 분해한다. 다른 유해한 화학 물질들은 물이 (습지 바닥의) 흙을 통과해 지나갈 때 제거된다.
이를 알게 되자, 많은 나라들은 폐수를 자연의 방식대로 정화하기 위해 인공 습지를 만들고 있다. 이러한 습지들은 화학 물질을 사용하지 않고 폐수를 정화할 수 있다. 그리고 습지들은 새와 다른 동물들에게 자연 서식지를 제공한다. 이러한 많은 인공 습지들이 탁월한 결과를 내면서 전 세계 여러 나라들에서 만들어지고 있다.

There is a saying / that "Nature knows best." / This seems to be very true / ❶ when it comes to cleaning
속담이 있다 /　　　　"자연이 가장 잘 안다."라는 /　　　　이것은 확실히 맞는 말인 것 같다 /　　　　폐수를 정화하는 일에 관해서라면 /

wastewater. / Modern equipment for cleaning wastewater / is expensive. / Therefore, / to save money, /
폐수를 정화하는 현대식 시설은 /　　　　　　　　　　비용이 많이 든다 /　　　그래서 /　　　돈을 절약하기 위해 /

scientists ❷ have been studying / how water is cleaned in nature. / In particular, / they ❸ have been
과학자들은 연구해 왔다 /　　　　물이 자연 상태에서 어떻게 정화되는지를 /　　　특히 /　　　그들은 습지를 관찰해 왔다 /

looking at wetlands. /

In wetlands, / plants release fresh oxygen into the water, / and bacteria break down some of the pollutants
습지에서는 /　　　식물이 신선한 산소를 물에 내보낸다 /　　　　그리고 박테리아가 오염 물질의 일부를 분해한다 /

by eating them. / Other harmful chemicals are removed / when the water passes through the soil. /
그것들을 먹음으로써 /　　　다른 유해한 화학 물질들은 제거된다 /　　　물이 흙을 통과해 지나갈 때 /

Realizing this, / many countries are making artificial wetlands / to clean their wastewater naturally. /
이를 알게 되자 /　　　많은 나라들은 인공 습지를 만들고 있다 /　　　　폐수를 자연의 방식대로 정화하기 위해 /

These wetlands can clean wastewater / without using chemicals. / And they provide natural homes / for
이러한 습지들은 폐수를 정화할 수 있다 /　　　　화학 물질을 사용하지 않고 /　　　그리고 그것들은 자연 서식지를 제공한다 /

birds and other animals. / ❹ Many such man-made wetlands are being built / in countries around the
새와 다른 동물들에게 /　　　이러한 많은 인공 습지들이 만들어지고 있다 /　　　전 세계 여러 나라들에서 /

world / with excellent results. /
　　　탁월한 결과를 내면서 /

---

❶ when it comes to + 동명사(-ing)/명사: ～에 관해서라면

❷, ❸ 현재완료 진행형(have been + -ing): (과거부터 지금까지) ～해 오고 있다

❹ Many such man-made wetlands **are being built** (현재진행형 수동태)
　　→ People **are building** many such man-made wetlands (현재진행형 능동태)

29 　냄새로 자기 짝을 찾는다? 　　　　　　　　　　　　　　　　　　　pp. 94~95

문제 정답 　**1** ② 　**2** smell, diseases 　**3** (1) T (2) F (3) T 　**4** Make sure that you turn off

문제 해설 　**1** 4~5행에서 인간의 냄새는 면역 체계에 의해 결정된다고 했다.

　2 냄새는 면역 체계에 의해 결정되므로 다른 냄새를 가진 사람과 결혼하면, 자녀들이 질병에 대한 더 폭넓은 면역력을
　　가지게 되어 질병에 걸릴 가능성이 더 적어진다는 것을 의미한다.
　　당신이 다른 냄새를 가진 사람과 결혼하면, 당신의 아이들은 병에 걸릴 가능성이 더 적다.

　3 (1) 4행 참조
　　(2) 4~5행과 9~10행으로 보아 면역 체계는 태어날 때 부모로부터 물려받는 것이므로 환경적인 영향보다는 유전적인
　　영향을 더 받는 것임을 알 수 있다.
　　(3) 11~12행 참조

　4 make sure that + 주어 + 동사: 반드시 ～하도록 하다[명심하다]

동물들은 보통 냄새 때문에 그들의 짝을 고른다. 그러나 이것이 동물들에게만 국한된 것은 아니다. 연구들에 따르면 인간들 또한 냄새 때문에 짝을 선택하는 경향이 있다.

모든 인간은 특정한 종류의 냄새를 가지고 태어난다. 개개인의 냄새는 자신의 면역 체계에 의해 결정된다. 면역 체계는 감염과 질병으로부터 몸을 보호해준다. 서로 다른 사람들은 서로 다른 면역 체계를 가지고 있다. 이것은 어떤 사람들은 다른 사람들보다 특정 질병을 더 잘 물리친다는 것을 의미한다. 따라서 다른 면역 체계를 가진 부부가 병에 대한 면역력의 폭이 더 넓은 건강한 아이들을 가질 가능성이 있다.

인간은 자신의 냄새와 다른 냄새를 가진 짝에게 호감을 느끼도록 만들어져 있다. 몇몇 과학자들은 이것이 질병을 물리치기 위해 다양한 면역 체계를 가진 아이들이 태어나도록 하기 위한 자연의 방식이라고 말한다. 당신에게 맞는 사람이 누구인지 확신이 없는가? 걱정하지 마라. 그냥 당신의 코를 따라가라!

지문 풀이

Animals usually choose their partners / because of their smell. / However, / this is not limited to
동물들은 보통 그들의 짝을 고른다 / 그들의 냄새 때문에 / 그러나 / 이것이 동물들에게만 국한된 것은

animals. / According to studies, / humans ❶ **tend to choose** their partners / for their smell / as well. /
아니다 / 연구들에 따르면 / 인간들은 그들의 짝을 선택하는 경향이 있다 / 그들의 냄새 때문에 / 또한 /

Every human being is born / with a certain type of smell. / A person's smell is determined / by his or
모든 인간은 태어난다 / 특정한 종류의 냄새를 가지고 / 개개인의 냄새는 결정된다 / 그 또는 그녀의

her immune system. / The immune system protects the body / from infections and diseases. / Different
면역 체계에 의해 / 면역 체계는 몸을 보호해준다 / 감염과 질병으로부터 / 서로 다른

people have different immune systems. / It means / some people ❷ **are better at** fighting off certain
사람들은 서로 다른 면역 체계를 가지고 있다 / 이것은 의미한다 / 어떤 사람들은 특정 질병을 더 잘 물리친다는 것을 /

sicknesses / **than** others. / Therefore, / ❸ **a couple with different immune systems** / is likely to have
다른 사람들보다 / 따라서 / 다른 면역 체계를 가진 부부가 / 건강한 아이들을 가질 가능성이

healthy children / with broader immunity to diseases. /
있다 / 병에 대한 면역력의 폭이 더 넓은 /

Humans are designed to like partners / with different smells from their own. / Some scientists say / that
인간은 짝에게 호감을 느끼도록 만들어져 있다 / 자신의 것과 다른 냄새를 가진 / 몇몇 과학자들은 말한다 / 이것이

this is nature's way of making sure / that children are born with diverse immune systems / to fight off
확실히 해두려는 자연의 방식이라고 / 아이들이 다양한 면역 체계를 가지고 태어나는 것을 / 질병을 물리치기

disease. / Not sure / ❹ **who the right person for you is**? / Don't worry. / Just follow your nose! /
위해 / 확신이 없는가 / 당신에게 맞는 사람이 누구인지? / 걱정하지 마라 / 그냥 당신의 코를 따라가라! /

---

❶ tend to + 동사원형: ~하는 경향이 있다
ex. I **tend to go** to bed late at night. 나는 밤에 잠자리에 늦게 드는 경향이 있다.

❷ some people are better at fighting off certain sicknesses than others
~에 있어서 …보다 낫다

❸ a couple with different immune systems is likely to have healthy children
주어   동사

❹ Not sure who the right person for you is?
(Are you)   간접의문문 (의문사 + 주어 + 동사)

문제 정답 1 ④ 2 ② 3 ④

문제 해설 1 사람의 귀에 가장 가장 즐겁고 편안하게 들리는 소리인 핑크 노이즈의 특징과 사용 사례에 관해 설명하고 있는 글이다.
① 자연에서의 핑크 노이즈 ② 핑크 노이즈를 만드는 방법
③ 핑크 노이즈에 관한 연구들 ④ 핑크 노이즈: 가장 즐거운 소리
⑤ 음악에서의 핑크 노이즈의 중요성

2 새소리, 바람 소리, 빗소리, 물소리 등은 자연에 존재하는 소리이므로 (A)에는 '다시 말해서(In other words)'가 알맞고, 교육 분야에서 핑크 노이즈를 사용하는 것은 핑크 노이즈가 다른 영역에서 쓰이는 한 예이므로 (B)에는 '예를 들어(For example)'가 적절하다.
① 그런데 – 더욱이 ② 다시 말해서 – 예를 들어
③ 그런데 – 예를 들어 ④ 결과적으로 – 비슷하게
⑤ 다시 말해서 – 더욱이

3 13~14행에서 학생들의 기억력을 향상시키기 위해서 핑크 노이즈를 사용한다고 했으므로 ④는 이 글의 내용과 일치하지 않는다.
① 그것은 가장 즐겁고 편안한 소리이다. (3~4행 참조)
② 나무 위에서 지저귀는 새들의 소리는 핑크 노이즈이다. (4~6행 참조)
③ 많은 인기 있는 음악은 그 안에 핑크 노이즈가 있다. (11~12행 참조)
④ 교육자들은 학생들의 전반적인 능력을 향상시키기 위해서 핑크 노이즈를 사용한다.
⑤ 사람들은 핑크 노이즈를 만들어내는 에어컨을 개발했다. (17~18행 참조)

본문 해석 모차르트, 엘비스 프레슬리, 마이클 잭슨은 왜 그렇게 대중적으로 인기가 있을까? 그들의 음악이 가지는 공통점은 무엇일까? 그것들 모두는 핑크 노이즈라는 똑같은 특징을 공유한다. 핑크 노이즈는 사람들의 귀에 가장 즐겁고 편안하게 들리는 소리이다. 핑크 노이즈의 좋은 예들로는 새소리, 산들바람 소리, 부슬부슬 내리는 빗소리, 시냇가에 흐르는 물소리 등을 포함한다. 다시 말해서, 핑크 노이즈는 인공적으로 만들어진 것이 아닌 자연에 존재하는 소리이다.
1975년, 캘리포니아 대학교의 Richard Voss(리차드 보스)와 John Clarke(존 클라크)라는 이름의 두 물리학자들이 음악의 리듬과 소리에 관한 연구를 실시했다. 그들이 고전음악과 현대음악을 연구했을 때 그들은 놀라운 발견을 했다. 음악이 인기가 있으면 있을수록, 그 음악은 핑크 노이즈를 더 많이 가지고 있다는 것이었다. 요즘에는 핑크 노이즈가 다른 영역에서도 쓰이고 있다. 예를 들면, 교육자들은 학생들의 기억력을 향상시키기 위해 핑크 노이즈를 사용한다. 실제로, 핑크 노이즈가 들어간 음악, 특히 모차르트의 소나타를 들은 학생들은 시험에서 더 높은 점수를 받았다고 보고되었다. 핑크 노이즈는 또한 매우 즐거운 소리를 만들어내는 에어컨을 개발하는 데도 사용되어 왔다.

지문 풀이

Why are Mozart, Elvis Presley, and Michael Jackson so popular? / What does their music have in
모차르트, 엘비스 프레슬리, 그리고 마이클 잭슨은 왜 그렇게 대중적으로 인기가 있을까? / 그들의 음악이 가지는 공통점은 무엇일까? /

common? / All of them share the same characteristic: / pink noise. / Pink noise is the sound / that is
그것들 모두는 똑같은 특징을 공유한다 / 핑크 노이즈라는 / 핑크 노이즈는 소리이다 / 가장

most pleasing and comfortable / to people's ears. / Good examples of pink noise include / sounds made
즐겁고 편안한 / 사람들의 귀에 / 핑크 노이즈의 좋은 예들은 포함한다 / 새들, 산들바람,

by birds, a breeze, soft rain and water flowing in a stream. / In other words, / pink noise is a sound /
부슬부슬 내리는 비, 그리고 시냇가에 흐르는 물에서 만들어지는 소리들 / 다시 말해서 / 핑크 노이즈는 소리이다 /

that is present in nature, / not artificially created. /
자연에 존재하는 / 인공적으로 만들어진 것이 아닌 /

In 1975, / two physicists / named Richard Voss and John Clarke at the University of California /
1975년 / 두 물리학자들이 / 캘리포니아 대학교의 리차드 보스와 존 클라크라는 이름의 /

❶ conducted research on the rhythms and sounds of music. / When they studied classical and modern
음악의 리듬과 소리에 관한 연구를 실시했다 / 그들이 고전음악과 현대음악을 연구했을 때 /

music, / they made an amazing discovery: / ❷ the more popular the music, / the more pink noise it
그들은 놀라운 발견을 했다 / 음악이 인기가 있으면 있을수록 / 그것은 핑크 노이즈를 더 많이 가지고

contained. /
있다는 것을 /

These days, / pink noise is used in other areas, too. / For example, / educators use pink noise / to
요즘에는 / 핑크 노이즈가 다른 영역에서도 쓰이고 있다 / 예를 들면 / 교육자들은 핑크 노이즈를 사용한다 /

improve students' memories. / In fact, / ❸ it was reported / that ❹ students who listened to music with
학생들의 기억력을 향상시키기 위해 / 실제로 / 보고되었다 / 핑크 노이즈가 들어간 음악을 들은 학생들은 /

pink noise, / especially Mozart's sonatas, / got higher scores on tests. / Pink noise has also been used to
특히 모차르트의 소나타 / 시험에서 더 높은 점수를 받았다고 / 핑크 노이즈는 또한 에어컨을 개발하는 데도 사용되어

develop air conditioners / that produce a very pleasant sound. /
왔다 / 매우 즐거운 소리를 만들어내는 /

---

❶ conduct[do] research on : ~에 대한 연구를 실시하다, 리서치를 하다

❷ The + 비교급 (주어 + 동사), the + 비교급 (주어 + 동사) : ~하면 할수록 더욱 …하다

❸ It is reported that + 주어 + 동사: ~라고 보고되다
   ex. It was reported that he had been arrested. 그는 체포됐던 것으로 보고되었다.

❹ students who listened to music with pink noise, especially Mozart's sonatas, got higher scores on tests
   주어 ⎿ 주격 관계대명사절 ⎦ 삽입구 동사

---

p. 98

문제 정답 **1** ① **2** ③ **3** ① **4** ② **5** ③ **6** ④ **7** Watching a boring movie **8** Make sure

문제 해설 **1** ②, ③, ④는 반의어 관계, ①은 유의어 관계이다.
   ① 인공의 – 인공의   ② 촉진하다 – 지연시키다   ③ 폭넓은 – 좁은   ④ 존재하는 – 부재한

2 physicist: 물리학자
   자연, 특히 물질과 에너지가 어떻게 작용하는지를 연구하는 과학자
   ① 심리학자   ② 연구원   ④ 교수

3 immune: 면역의, 면역력이 있는
   특정한 질병에 의해 영향을 받을 수 없는
   ② 다양한   ③ 무해한   ④ 편안한

4 infection: 감염, 전염병

　병으로 고통 받는 사람들의 상태

　① 처리, 과정　③ 상태　④ 장비, 설비

5 when it comes to: ～에 대해서라면

6 release: 방출하다; 개봉하다

　• 사람들은 그 의식에서 수백 마리의 새들을 하늘로 <u>방출할</u> 것이다.

　• 그 영화 감독은 내년에 새 영화를 <u>개봉할</u> 것이다.

　① 공통적으로 갖다　② 제거하다　③ 결정하다

7 분사구문: 접속사와 주어를 생략하고, 동사를 현재분사(-ing) 형태로 만든다.

　<u>나는 지루한 영화를 봤기 때문에</u> 잠이 들었다.

8 make sure (that) + 주어 + 동사: 반드시 ～하도록 하다[명심하다]

Unit 011

31 빵 틀에서 얻은 기발한 아이디어 pp. 102~103

문제 정답 **1** ③ **2** ③ **3** what would happen if he poured rubber into a waffle iron **4** (1) ① (2) ②

문제 해설

1 아내가 아침 식사로 와플 굽는 것을 보고 와플 틀에 고무를 부어 새로운 신발 밑창을 만들었으므로 '같은 원리를 전혀 다른 대상에 적용했'고 볼 수 있다.

2 아내가 와플을 굽는 것을 본 후, 그가 직접 틀에 고무를 부어 시도해 보았지 아내의 충고를 활용한 것은 아니다.
① 그는 신발 회사를 시작하기 전에 코치였다. (2~3행 참조)
② 그는 그 시대에 인기 있었던 금속 스파이크 신발들을 싫어했다. (3~4행 참조)
③ 그는 아내의 충고를 사업에 활용했다.
④ 그는 와플 굽는 틀을 본 후 새로운 신발에 대한 아이디어를 얻었다. (10~12행 참조)
⑤ 그는 신발업계에 중요한 업적을 남겼다. (13~15행 참조)

3 10~12행에서 Bill Bowerman은 아내가 와플 굽는 틀로 와플을 만드는 것을 보다가 거기에 고무를 부으면 어떻게 될지 자문했다고 언급되어 있다.

4 (1) 형용사 enough: 명사를 수식할 때는 그 앞에 온다.
나는 새 차를 살 <u>충분한</u> 돈이 없다.
(2) 부사 enough: 형용사나 다른 부사를 수식할 때는 그 뒤에 온다.
그 책은 그가 이해하기에 <u>충분히</u> 쉬웠다.

본문 해석 Bill Bowerman(빌 바우먼)은 세계적으로 유명한 신발 회사인 나이키를 설립했다. 그러나 그가 젊었을 때, 그는 한때 오리건 대학교의 육상 경기팀 코치였다. 자상한 코치로서 그는 당시 널리 쓰이던 금속 스파이크가 박힌 신발을 싫어했다. 그래서 그는 항상 그의 운동선수들을 위해 더 가볍고 더 편한 운동화를 찾으려고 애썼다. 하지만 그가 구할 수 있는 신발들은 썩 만족스럽지 못했다. 그래서 그는 직접 운동화를 디자인했다.
어떻게 Bill Bowerman은 최초의 고무 밑창을 만들게 되었을까? 어느 날, 그는 아내가 아침 식사로 와플 만드는 것을 지켜보고 있었다. 그때, 그는 다른 사람들에게는 바보 같아 보일지 모르는 질문을 스스로에게 해 보았다. 그는 와플 굽는 틀에 고무를 부으면 어떻게 될지 궁금했다. 나중에, 그는 이것을 시도했고, 그 결과는 오늘날 우리가 보는 대부분의 스포츠 신발 밑창과 같은 것이었다. 결국, 그의 바보 같은 질문은 와플 밑창으로 이어졌고, 그것은 신발업계에 획기적인 발전이었다.

지문 풀이

Bill Bowerman founded Nike, / the world-famous shoe company. / But when he was young, / he was once
빌 바우먼은 나이키를 설립했다 / 세계적으로 유명한 신발 회사인 / 그러나 그가 젊었을 때 / 그는 한때 코치였다 /

a coach / for a track and field team / at the University of Oregon. / As a caring coach, / he disliked the
육상 경기팀의 / 오리건 대학교에서 / 자상한 코치로서 / 그는 금속 스파이크가 박힌

metal spiked shoes / that were widely used at the time. / So, / he always tried to find / lighter and more
신발을 싫어했다 / 당시에 널리 쓰이던 / 그래서 / 그는 항상 찾으려고 애썼다 / 더 가볍고 더 편한 운동화를 /

comfortable running shoes / for his athletes. / But ❶ **the shoes he could get** / weren't good enough. / So /
그의 운동선수들을 위해 / 하지만 그가 구할 수 있는 신발들은 / 썩 만족스럽지 못했다 / 그래서 /

he designed a pair of running shoes himself. /
그는 직접 한 켤레의 운동화를 디자인했다 /

How did Bill Bowerman make the first rubber sole? / One day, / he was ❷ **watching his wife making**
어떻게 빌 바우먼은 최초의 고무 밑창을 만들게 되었을까? /　　　　　　　　　　　　　어느 날 /　　　그는 그의 아내가 와플 만드는 것을 지켜보고 있었다 /

waffles / for breakfast. / Then, / he asked himself a question / that might seem silly to other people. / He
아침 식사로 /　　　그때 /　　　그는 스스로에게 질문을 해 보았다 /　　　다른 사람들에게는 바보 같아 보일지 모르는 /　　　그는

wondered what would happen / if he poured rubber into a waffle iron. / Later, / he tried it, / and the
어떻게 될지 궁금했다 /　　　　그가 와플 굽는 틀에 고무를 부으면 /　　　나중에 /　그는 이것을 시도했다 / 그리고

result was something like ❸ **the bottom of most sport shoes** / we see today. / In the end, / his silly
그 결과는 대부분의 스포츠 신발 밑창과 같은 것이었다 /　　　오늘날 우리가 보는 /　결국 /　그의 바보

question led to ❹ **the waffle sole,** / **which** was a great breakthrough / in the shoe industry. /
같은 질문은 와플 밑창으로 이어졌다 /　　　그리고 그것은 획기적인 발전이었다 /　　신발업계에 /

---

❶, ❸ 목적격 관계대명사절(he could get, we see today)에서 관계대명사 that[which]이 생략되었다.

(that[which])
the shoes he could get weren't good enough

(that[which])
the bottom of most sport shoes we see today

❷ watch + 목적어 + 동사원형[현재분사]: ~가 …하고 있는 것을 보다

watch, hear, feel 등과 같은 지각 동사는 목적어 다음에 '현재분사'가 올 경우 '~하고 있는'의 진행의 뜻이 강조된다.

❹ 관계대명사의 계속적 용법

the waffle sole, which was a great breakthrough
　선행사　　　　　= and it

32　깨진 유리창과 범죄율의 관계　　　　　　　　　　　　　pp. 104~105

문제 정답　1 ②　　2 지하철의 낙서 없애기, 지하철 무임승차 금지하기　　3 ③　　4 was left unfinished

문제 해설　**1** 6~9행에 따르면 건물의 유리창이 깨져 있는 것과 같은 무질서의 징후가 있으면, 사람들은 더 쉽게 범죄를 저지르고
싶어진다.
무질서의 작은 징후일지라도 사람들이 범죄를 저지르도록 조장할 수 있다.
　① 질서 – 행동에 옮기다　　　　　　　② 무질서 – 범죄를 저지르다
　③ 무질서 – 지배하다　　　　　　　　④ 질서 – 범죄를 저지르다
　⑤ 친절함 – 행동에 옮기다

2 13~14행의 'kept the subways free of graffiti', 'stopped people from riding for free'가 두 가지 조치이다.

3 2~3행에서 뒷골목의 벽은 지저분한 글씨와 그림으로 덮여있다고 나와 있지만 어떤 낙서인지는 알 수 없다.
　① 누가 깨진 유리창 이론을 내놓았는가? (5~6행 참조)
　② 그 시장은 언제 깨진 유리창 이론을 사용했는가? (11~13행 참조)
　③ 뒷골목에는 어떤 종류의 낙서가 그려졌는가?
　④ 줄리아니의 1년 간의 정책 후에 범죄율이 얼마나 감소했는가? (16~17행 참조)
　⑤ 사람들은 그들이 수리되지 않은 창문을 지나갈 때 어떤 메시지를 받는가? (8~9행 참조)

4 5형식(주어+동사+목적어+목적격 보어) → 2형식 문장의 수동태
그는 그 일을 완료되지 않은 채로 두었다.
= 그 일은 그에 의해 완료되지 않은 채로 남았다.

갱 영화에서 우리는 흔히 뒷골목에서 범죄가 일어나는 것을 목격한다. 건물들의 창문들은 깨져 있고, 벽은 지저분한 글씨와 그림으로 덮여 있다. 범죄는 실제로 그러한 장소에서 일어나는 것일까?

James Q. Wilson(제임스 Q. 윌슨)과 George L. Kelling(조지 L. 켈링)의 깨진 유리창 이론에 따르면 대답은 '그렇다'이다. 어떤 건물의 유리창이 깨져서 수리되지 않은 채 있으면, 지나가는 사람들은 그것에 대해 신경 쓰는 사람이 아무도 없다고 생각한다. 그들은 그것을 방치의 메시지로 받아들여서 더 쉽게 범죄를 저지르고 싶어진다. 그러므로 우리가 범죄로 이어지는 무질서의 징후를 제거하면, 범죄율은 아마 감소할 것이다. 사실, 뉴욕시 시장 Rudolph Giuliani(루돌프 줄리아니)는 1994년에 범죄를 줄이기 위해서 이 이론을 사용하기 시작했다. 경찰관들은 지하철에서 낙서를 없애고 사람들에게 무임승차를 하지 못하도록 했다. 이러한 조치들은 그 도시가 지하철에 대한 통제력을 회복했음을 알리는 것이었고, 범죄를 현저하게 감소시키는 데 일조했다. 놀랍게도 이 정책을 시행한 1년 후에 범죄율이 30~40%까지 떨어졌다.

지문 풀이

In gangster movies, / we often see crimes take place / in back alleys. / The windows of the buildings are
갱 영화에서 / 우리는 흔히 범죄가 일어나는 것을 목격한다 / 뒷골목에서 / 건물들의 창문들은 깨져 있다 /

broken, / and their walls are covered with messy writings or drawings. / Do crimes actually happen in
그리고 그것들의 벽은 지저분한 글씨와 그림으로 덮여 있다 / 범죄는 실제로 그러한 장소에서 일어나는 것일까? /

those places? /

According to James Q. Wilson and George L. Kelling's broken windows theory, / the answer is yes. / If a
제임스 Q. 윌슨과 조지 L. 켈링의 깨진 유리창 이론에 따르면 / 대답은 '그렇다'이다 / 만약

window in a building is broken / and left unrepaired, / ❶ the people walking by think / that no one
어느 건물의 유리창이 깨져 있고 / 그리고 수리되지 않은 채 있으면 / 지나가는 사람들은 생각한다 / 그것에 대해 신경

cares about it. / ❷ They take it as a message of neglect / and are more easily tempted to commit crimes. /
쓰는 사람이 아무도 없다고 / 그들은 그것을 방치의 메시지로 받아들인다 / 그리고 더 쉽게 범죄를 저지르고 싶어진다 /

Therefore, / if we remove a sign of disorder / that leads to crimes, / the crime rate ❸ should decrease. /
그러므로 / 우리가 무질서의 징후를 제거하면 / 범죄로 이어지는 / 범죄율은 아마 감소할 것이다 /

In fact, / New York City Mayor Rudolph Giuliani started to use this theory / to reduce crime in 1994. /
사실 / 뉴욕시 시장 루돌프 줄리아니는 이 이론을 사용하기 시작했다 / 1994년에 범죄를 줄이기 위해서 /

Police officers kept the subways free of graffiti / and stopped people from riding for free. / These actions
경찰관들은 지하철에서 낙서를 없앴다 / 그리고 사람들에게 무임승차를 하지 못하도록 했다 / 이러한 조치들은 알리는

signaled / that the city ❹ had taken control of the subway again / and helped to reduce crime
것이었다 / 그 도시가 지하철에 대한 통제력을 회복했다는 것을 / 그리고 범죄를 현저하게 감소시키는 데 일조했다

significantly. / Surprisingly, / the crime rate dropped by 30 to 40 percent / after a year of this policy. /
놀랍게도 / 범죄율이 30~40%까지 떨어졌다 / 이 정책을 시행한 1년 후에 /

❶ the people walking by think that no one cares about it
　　주어　　　현재분사구　　동사　　　　　목적절

❷ They take it as a message of neglect and are more easily tempted ~
　주어　동사1　　　　　　　　　　　　　　　동사2

❸ should: 아마 ~일 것이다 (예상, 추측의 의미)

❹ 내용상, 도시가 지하철에 대한 통제력을 회복한 일이 이러한 조치를 '알리는 일(signaled)'보다 먼저 일어난 일이고, 또한 계속되어 온 일이므로 과거완료(had + p.p.) 시제가 사용되었다.

These actions signaled that the city had taken control of the subway again
　　　　　　　　　과거　　　　　　　　　과거완료 (알리기 전부터 계속되어 온 일)

33 파스퇴르가 최후에 남긴 말은?

문제 정답 **1** ⑤ **2** ① **3** (1) T (2) F (3) F **4** Who do you believe

---

문제 해설

1 사람이 병에 걸리는 것은 박테리아 때문이 아니라 건강하지 못한 몸의 상태 때문이라는 내용이다.
① 박테리아는 어떻게 음식을 상하게 하는가 ② 항생제 사용의 부작용들
③ 우리 몸에 미치는 세균의 해로운 영향들 ④ 우리가 병에 걸리는 이유는 미스터리로 남아 있다
⑤ 병을 일으키는 것으로 부당하게 비난받는 박테리아

2 20행에서 세균은 아무것도 아니고 몸의 상태가 전부라고 했으므로 자신의 이론을 부정했음을 알 수 있다.
① 자신의 이론을 부정했다 ② 그의 실수를 인정하기를 거부했다
③ 세균이 병을 유발한다고 믿었다 ④ 강력한 항생제 사용에 반대했다
⑤ 그에 반대하는 사람들에 대한 반대론을 폈다

3 (1) 7~9행 참조
(2) 17~18행에서 박테리아를 죽인다고 환자들의 몸이 낫는 것은 아니라고 했다.
(3) 21~22행에 따르면 파스퇴르가 아니라 이 글의 저자가 강조한 내용임을 알 수 있다.

4 Do you believe + Who always causes problems?
→ **Who do you believe** always causes problems? (의문사 + do you believe + (주어) + 동사)

본문 해석

당신은 무엇이 실제로 병을 일으킨다고 생각하는가? 19세기의 세계적으로 유명한 미생물학자 루이 파스퇴르는 병은 박테리아나 바이러스와 같은 세균에 의해 발생한다고 말했다. 그러나 어떤 과학자들은 이것은 사실이 아니라고 주장했다. 그들은 박테리아는 병의 원인이 아니라 단지 결과일 뿐이라고 믿었다.

파스퇴르에 반대하는 사람들은 박테리아를 파리에 비유했다. 파리들은 썩고 냄새 나는 음식에 끌린다. 이것이 파리들이 음식을 상하게 만든다는 것을 의미하는가? 분명히 아니다. 음식은 파리들이 앉기 전에 이미 상해버렸다. 파리들은 대개 상한 음식을 찾아간다. 파리들은 신선한 음식을 좀처럼 좋아하지 않는다. 박테리아는 파리들과 같다. 박테리아는 그들의 임무가 썩은 조직을 제거하는 것이기 때문에 보통 병에 걸리거나 썩은 신체 조직에서 발견된다. 박테리아는 강한 면역력을 가진 건강한 신체 조직은 절대 공격하지 않는다.

의사들은 부당하게 병을 일으키는 책임을 박테리아에게 돌리고, 종종 박테리아를 죽이기 위해 항생제를 처방한다. 그러나 박테리아를 죽이는 것은 파리들을 죽이는 것과 같이 불합리하다. 파리들이 제거된다고 해도 그 음식은 신선해지지 않을 것이다. 같은 식으로 환자들은 단지 박테리아가 죽는다고 해서 나아지지 않는다.

그의 임종의 자리에서, 루이 파스퇴르는 사실상 자신의 이론을 부정했다. 그는 "세균은 아무것도 아닙니다. 몸의 상태가 전부이지요."라고 말했다. 이것이 사실이라면, 그렇다면 건강을 유지하는 가장 좋은 방법은 적절한 영양분을 섭취하고 규칙적으로 운동을 함으로써 튼튼한 몸을 만드는 것이다.

지문 풀이

What do you think really causes diseases? / In the 19th century, / ❶ **world-famous microbiologist, Louis**
당신은 무엇이 실제로 병을 일으킨다고 생각하는가? / 19세기에 / 세계적으로 유명한 미생물학자 루이 파스퇴르는 말했다 /

Pasteur, said / that diseases were caused by germs, / like bacteria and viruses. / But some scientists
병은 세균에 의해 발생한다고 / 박테리아나 바이러스와 같은 / 그러나 어떤 과학자들은 주장했다 /

argued / that this was not true. / They believed / that bacteria were only the result of diseases, / ❷ **not the**
이것이 사실이 아니라고 / 그들은 믿었다 / 박테리아는 단지 병의 결과일 뿐이라고 / (병의) 원인이

cause. /
아니라 /

❸**Those who** opposed Pasteur / compared bacteria to flies. / Flies are attracted to rotten, smelly
파스퇴르에 반대하는 사람들은 / 박테리아를 파리에 비유했다 / 파리들은 썩고 냄새 나는 음식에 끌린다 /

food. / Does this mean / that flies make food go bad? / Obviously not. / The food ❹**has** already **gone**
이것이 의미하는가 / 파리들이 음식을 상하게 만든다는 것을? / 분명히 아니다 / 음식은 이미 상해버렸다 /

bad / before flies land on it. / Flies mostly go for food / that ❺**has gone** bad. / They rarely go for
파리들이 그것에 앉기 전에 / 파리들은 대개 음식을 찾아간다 / 상해버린 / 그들은 신선한 음식을 좀처럼

fresh food. / Bacteria are like flies. / Bacteria are normally found / in diseased, rotten body tissue /
좋아하지 않는다 / 박테리아는 파리들과 같다 / 박테리아는 보통 발견된다 / 병에 걸리거나 썩은 신체 조직에서 /

because their mission is to remove the rotten tissue. / Bacteria never attack healthy body tissue / with
그들의 임무가 썩은 조직을 제거하는 것이기 때문에 / 박테리아는 건강한 신체 조직은 절대 공격하지 않는다 /

strong immunity. /
강한 면역력을 가진 /

Medical doctors unjustly blame bacteria / for causing diseases / and often prescribe antibiotics / to kill
의사들은 부당하게 박테리아의 탓으로 돌린다 / 병을 일으키는 것으로 / 그리고 종종 항생제를 처방한다 / 그것들을 죽이기

them. / However, / killing bacteria is ❻**as unreasonable as** killing flies. / Even if the flies are removed, /
위해 / 그러나 / 박테리아를 죽이는 것은 파리들을 죽이는 것과 같이 불리하다 / 파리들이 제거된다고 해도 /

the food will not become fresh. / In the same way, / sick people don't get better / just because bacteria are
그 음식은 신선해지지 않을 것이다 / 같은 식으로 / 환자들은 나아지지 않는다 / 단지 박테리아가 죽는다고 해서 /

killed. /

On his deathbed, / Louis Pasteur actually denied his own theory. / He said, / "Germs are nothing; / the
그의 임종의 자리에서 / 루이 파스퇴르는 사실상 자신의 이론을 부정했다 / 그는 말했다 / 세균은 아무것도 아니다 / 몸의

condition of the body is everything." / If this is true, / then the best way to stay healthy / is to build a
상태가 가장 중요한 것이다 / 이것이 사실이라면 / 그렇다면 건강을 유지하는 가장 좋은 방법은 / 튼튼한 몸을 만드는

strong body / by taking in proper nutrition / and exercising on a regular basis. /
것이다 / 적절한 영양분을 섭취함으로써 / 그리고 규칙적으로 운동을 함으로써 /

❶ world-famous microbiologist, Louis Pasteur
└─ 동격 ─┘

❷ bacteria were only the result of diseases, not the cause.: cause 뒤에 of diseases가 생략됨.
(of diseases)

❸ those who: ~하는 사람들
ex. Heaven helps **those who** help themselves. 하늘은 스스로 돕는 자를 돕는다.

❹, ❺ 현재완료(have + p.p.)의 완료 용법
The food **has** already **gone** bad before flies land on it.
현재완료(과거에 시작한 일이 현재에 끝남)   현재

❻ as + 형용사[부사]의 원급 + as: ~만큼 …한 (원급 비교를 나타냄)
ex. She is **as generous as** her father. 그녀는 그녀의 아버지만큼 관대하다.

문제 정답 **1** ③ **2** ④ **3** ⓒ, ⓓ **4** ⓐ, ⓔ **5** ⓑ, ⓕ **6** ① **7** it's not cold enough to wear
8 The roof was painted blue **9** Where do you think

문제 해설 **1** rotten: 썩은, 부패한

내가 더운 날씨에 음식을 밖에 두어서 그것이 <u>상했다</u>.

① 아픈 ② 신선한 ④ 냄새 나는

2 found: 설립하다, 세우다

Jim은 그의 가족과 회사를 <u>설립하기</u> 위해서 그의 고향으로 돌아갔다.

① 찾다 ② 쏟아 붓다 ③ 제거하다

3 prescribe antibiotics: 항생제를 처방하다

4 commit a crime: 죄를 저지르다

5 go for a job: 직업을 구하려고 애쓰다

6 be tempted to: ~하도록 유혹 받다

나는 내 일을 그만두고 싶은 <u>유혹을 받는다</u>.

= 나는 내 일을 그만두고 싶다.

② ~하기로 되어 있는 ③ 방치된, 무시된 ④ 반대하는

7 부사 enough: 형용사나 다른 부사를 수식할 때는 그 뒤에 온다.

8 5형식(My sister painted the roof blue.)을 2형식 문장의 수동태로 전환한 것이다.

9 주의할 간접의문문의 어순: 의문사 + do you think + (주어) + 동사 ~?

Unit 012

34 온도조절기 같은 사람이 되세요!

pp. 110~111

문제 정답 1 ② 2 ⑤ 3 ④ 4 not only, but also

문제 해설 **1** 온도계와 자동 온도조절기의 차이점을 사람들이 어려움에 대처하는 방식에 비유한 글로 ②가 필자의 주장으로 가장 적절하다.

① 실패한 일들에 대해 변명하지 마라.
② 어려움에 처해 있을 때는 조치를 취하라.
③ 결단을 내릴 때 시간을 충분히 가져라.
④ 마음이 원하는 바를 따르고 자신의 꿈대로 살아라.
⑤ 모든 상황을 기회로 봐라.

2 자동 온도조절기는 온도 변화에 따라 히터를 켜고 끄므로 빈칸에는 ⑤가 가장 적절하다.

① 그것을 측정하는 것을 멈춘다
② 그것에 대해 아무것도 하지 않는다
③ 그것을 계속해서 측정한다
④ 그것이 내려가기를 기다린다
⑤ 그것에 대해 무언가를 한다

3 10~11행에서 온도계와 같은 사람은 어려움이 닥쳐도 대처를 못하지만, 13~14행에서 자동 온도조절기와 같은 사람은 어려움에 대해 적극적으로 대처한다고 나와 있다.

4 not only A but also B: A뿐만 아니라 B도
A, B를 가리키는 with the students와 with the teachers themselves가 전치사구의 형태로 병렬 구조를 이룬다.

본문 해석 사람들은 온도계와 자동 온도조절기 둘 다에 비유될 수 있다. 이 둘의 차이는 무엇인가? 온도계는 그저 온도만 측정한다. 그러나 자동 온도조절기는 온도를 측정할 뿐만 아니라 그것에 반응도 한다. 예를 들어, 당신 집에 온도가 내려가면, 자동 온도조절기는 히터를 켠다. 후에, 온도가 올라가면 자동 온도조절기는 히터를 끈다. 달리 말하면 자동 온도조절기는 온도를 측정한 다음 <u>그것에 대해 무언가를 한다.</u>
어떤 사람들은 온도계와 같다. 그들은 문제가 생기면 그것이 그저 자신의 삶을 지배하도록 내버려 둔다. 다른 사람들은 자동 온도조절기와 같다. 그들은 문제나 어려운 일이 생기면 그들이 그것에 대해 무언가 할 수 있다고 믿는다. 그들은 결정을 하고 빨리 조치를 취한다. 그렇다면, 당신은 어떤 사람이 되고 싶은가? 모든 것은 당신에게 달려 있다.

지문 풀이

People can be compared to / both a thermometer and a thermostat. / What's the difference between the
사람들은 ~에 비유될 수 있다 /   온도계와 자동 온도조절기 둘 다 /   이 둘의 차이는 무엇인가? /

two? / A thermometer simply measures the temperature. / However, / a thermostat / ❶ **not only measures**
온도계는 그저 온도만 측정한다 /   그러나 /   자동 온도조절기는 /   온도를 측정할 뿐만 아니라 /

the temperature / **but also responds to it**. / For example, / when the temperature goes down / in your
그것에 반응도 한다 /   예를 들어 /   온도가 내려가면 /   당신 집에 /

home, / a thermostat turns the heater on. / Later, / when the temperature goes up, / the thermostat turns
자동 온도조절기는 히터를 켠다 /   후에 /   온도가 올라가면 /   자동 온도조절기는 히터를 끈다 /

the heater off. / In other words, / a thermostat measures the temperature / and does something about it. /
달리 말하면 /   자동 온도조절기는 온도를 측정한다 /   그리고 그것에 대해 무언가를 한다 /

Some people are like thermometers. / When they have a problem, / they just ❷ **allow it to take** over
어떤 사람들은 온도계와 같다 /   그들은 문제가 생기면 /   그들은 그것이 그저 그들의 삶을 지배하도록 내버려 둔다 /

their lives. / Other people are like thermostats. / When they have a problem or difficulty, / they believe /
그들의 삶을 /   다른 사람들은 자동 온도조절기와 같다 /   그들은 문제나 어려운 일이 생기면 /   그들은 믿는다 /

that ❸ **something can be done about it.** / They make a decision / and quickly take action. / So, / which
그것에 대해 무언가 할 수 있다고 /   그들은 결정을 한다 /   그리고 빨리 행동을 취한다 /   그렇다면 /

kind of a person / would you like to be? / It's all up to you. /
어떤 사람이 /   당신은 되고 싶은가? /   그것은 모두 당신에게 달려 있다 /

❶ 「not only A but also B」 구문에서 A와 B가 동사구의 형태로 병렬 구조를 이룬다.

not only <u>measures the temperature</u> but also <u>responds to it</u>
                    A   B   ← A와 B의 형태를 일치시킴

❷ allow + 목적어 + to부정사: ~가 …하는 것을 허락하다

❸ something can be done about it (수동태)
   → they can do something about it (능동태)

---

35 빅 데이터 전문가는 누구?　　　　　　　　　　　　pp. 112~113

문제 정답　1 ③　　2 ④　　3 (A) user (B) websites (C) interests (D) suggestions　　4 (1) one (2) it

문제 해설　1 미래의 유망 직종으로 떠오르고 있는 빅 데이터 전문가에 대한 내용이다.
　　　① 빅 데이터의 짧은 역사　　　　　　　　② 최고의 빅 데이터 전문가를 찾는 방법
　　　③ 빅 데이터 전문가: 미래의 유망 직업　　④ 성공적인 유튜브 동영상 제작자가 되는 방법
　　　⑤ 빅 데이터 전문가가 되기 위해 필요한 기술들

　　2 빅 데이터 분석에 대한 수요가 증가하면 빅 데이터 전문가에 대한 수요도 증가할 것이다.
　　　① 소셜 미디어는 빅 데이터에 의존할 것이다
　　　② 사람들은 소셜 미디어를 좀 더 신중하게 사용할 것이다
　　　③ 소셜 미디어의 중요성은 증가할 것이다.
　　　④ 빅 데이터 전문가에 대한 수요는 증가할 것이다
　　　⑤ 사람들은 빅 데이터를 다루는 데 더욱 더 어려움을 가질 것이다

　　3 9~11행에 따르면 빅 데이터 전문가들은 먼저 사용자 데이터를 분석하고, 당신이 방문한 사이트들을 모니터함으로써
　　　관심사를 알아내고, 당신이 좋아할 만한 것들을 추천하는 것이다.
　　　〈빅 데이터 전문가는 당신이 좋아하는 것을 어떻게 아는가〉
　　　그들은 당신의 <u>사용자</u> 데이터를 살펴보고 당신이 가장 자주 방문한 <u>웹사이트</u>들을 모니터한다.
　　　　　　　　　　　　　　　↓
　　　그들은 당신의 <u>관심사</u>가 무엇인지 알아낸다.
　　　　　　　　　　　　　　　↓
　　　그들은 당신이 좋아할 만한 것에 대한 <u>제안</u>을 한다.

　　4 (1) 명사 box의 반복을 피하기 위해 부정대명사 one으로 받는다.
　　　　이 상자는 너무 작다. 나는 더 큰 <u>것</u>이 필요하다.
　　　(2) 내가 찾을 수 없는 것은 잃어버린 교과서이므로 지칭대명사 it으로 받는다.
　　　　나는 어제 교과서를 잃어버렸다. 나는 <u>그것</u>을 찾을 수 없었다.

10년 후에 가장 중요한 직업은 무엇이 될까? 어떤 전문가들은 그것이 '빅 데이터 전문가'가 될 것이라고 예측한다. 그렇다면 빅 데이터는 무엇인가? 그것은 컴퓨터에 의해서 분석되는 엄청나게 큰 사용자 데이터 집합을 나타낸다. 빅 데이터 전문가의 일은 수백만의 사용자 데이터에서 오직 가장 중요한 정보만을 선택하는 것이다.

유튜브는 빅 데이터 전문가가 어떤 일을 하느냐에 대한 좋은 예이다. 여러분이 유튜브에 접속하면, 그것은 여러분이 본 것과 비슷한 동영상들을 보여준다. 빅 데이터 전문가들은 여러분이 좋아하는 것을 어떻게 아는가? 그들은 먼저 여러분의 사용자 데이터를 살펴보고 여러분이 어떤 사이트를 자주 방문하는지 본다. 그렇게 함으로써, 그들은 여러분의 관심을 끄는 것을 알아내서 여러분이 좋아할 만한 것을 추천한다. 게다가 그들은 여러분의 구매와 행동 패턴을 파악하기 위해서 페이스북 또는 인스타그램에서의 여러분의 활동을 모니터한다.

빅 데이터 분석에 대한 수요가 증가함에 따라 빅 데이터 전문가에 대한 수요도 증가할 것이다. 여러분이 자신의 미래 직업에 대해 생각하고 있다면, 여러분이 빅 데이터 전문가가 되는 것을 고려해보는 것은 어떨까?

지문 풀이

In ten years, / what will be the most important job? / Some experts predict / that it will be "big data
10년 후에 / 가장 중요한 직업은 무엇이 될까? / 어떤 전문가들은 예측한다 / 그것이 '빅 데이터 전문가'가 될 것이라고 /

specialist." / Then, / what is big data? / It ❶ **refers to** extremely large user data sets / that are analyzed by
그렇다면 / 빅 데이터는 무엇인가? / 그것은 엄청나게 큰 사용자 데이터 집합을 나타낸다 / 컴퓨터에 의해서 분석되는 /

computers. / A big data specialist's job is to pick out / only the most important pieces of information /
빅 데이터 전문가의 일은 선택하는 것이다 / 오직 가장 중요한 정보만을 /

out of millions of user data. /
수백만의 사용자 데이터에서 /

YouTube is a good example of / what a big data specialist does. / When you log on to YouTube, / ❷ **it**
유튜브는 ~의 좋은 예이다 / 빅 데이터 전문가가 어떤 일을 하는가 / 여러분이 유튜브에 접속하면 / 그것은

shows videos / **that are similar to the ones you've watched**. / How do big data specialists know / what you
동영상들을 보여준다 / 여러분이 본 것과 비슷한 / 빅 데이터 전문가들은 어떻게 아는가 / 여러분이 좋아하는

like? / They first go through your user data / and look at which sites you frequently visit. / By doing
것을? / 그들은 먼저 여러분의 사용자 데이터를 살펴본다 / 그리고 여러분이 어떤 사이트를 자주 방문하는지 본다 / 그렇게 함으로써

so, / they figure out what interests you / and recommend what you are likely to love. / Furthermore, /
그들은 여러분의 관심을 끄는 것을 알아낸다 / 그리고 여러분이 좋아할 만한 것을 추천한다 / 게다가 /

they monitor your activities on Facebook or Instagram / to keep track of your buying and behavior
그들은 페이스북 또는 인스타그램에서의 여러분의 활동을 모니터한다 / 여러분의 구매와 행동 패턴을 파악하기 위해서 /

patterns. /

As the demand for big data analysis increases, / the demand for big data specialists will increase. / If
빅 데이터 분석에 대한 수요가 증가함에 따라 / 빅 데이터 전문가에 대한 수요도 증가할 것이다 /

you're thinking of your future career, / why don't you ❸ **consider becoming** a big data specialist? /
여러분이 자신의 미래 직업에 대해 생각하고 있다면 / 여러분이 빅 데이터 전문가가 되는 것을 고려해보는 것은 어떨까? /

---

❶ refer to: ~을 나타내다
  ex. The word "accent" **refers to** pronunciation. '억양'이라는 단어는 발음을 나타낸다.

❷ that are ~ ones는 주격 관계대명사절이고, you've watched는 목적격 관계대명사절이다.
  (= videos) ┐   (that[which])
  it shows videos that are similar to the ones you've watched

❸ consider + 동명사: ~하는 것을 고려하다
  ex. I hope you'll **consider taking** my advice. 나는 네가 내 충고를 받아들이는 것에 대해 생각해 보길 바란다.

문제 정답 1 ⑤ 2 ③ 3 ③ **4** temperature, feelings, brain

문제 해설

1 신체의 온기가 다른 사람들을 더 호의적으로 보게 만든다는 연구 결과의 내용으로 미루어 볼 때, ⑤가 빈칸에 들어갈 말로 가장 적절하다.
① 사람들의 욕구가 얼마나 자주 변하는지
② 커피가 사람들의 감정에 어떤 영향을 미치는지
③ 체온이 우리의 건강에 어떤 영향을 미치는지
④ 사람들이 얼마나 경솔하게 낯선 사람들의 행동을 평가하는지
⑤ 사람들의 손의 온도가 다른 이들의 감정에 어떤 영향을 끼치는지

2 실험 후 참가자들에게 낯선 이에 대한 생각을 물었다는 내용 뒤에 ⓒ가 오고, 뜨거운 컵과 차가운 컵을 들고 있던 사람들의 차이점을 설명하는 내용으로 이어지는 것이 흐름상 자연스럽다.
흥미롭게도, 명백한 차이가 있었다.

3 8~9행의 'Those who held ~ a warm personality.'에서 따뜻한 성격을 가진 것으로 평가했음을 알 수 있다.
따뜻한 컵을 들고 있던 참가자들은 낯선 이를 더 호의적으로 보았다.
① 낯선 이의 요구를 거절했다
② 커피가 맛있다고 말했다
④ 그들이 판단하는 데 있어 더 정확했다
⑤ 낯선 이에 대해 의견들이 서로 달랐다

4 13~16행에 따르면 온도를 처리하는 뇌의 부분이 신뢰의 감정 또한 처리해서 따뜻한 물건을 만지는 것이 사람들을 더 긍정적으로 생각하게 만든다고 했다.
온도와 감정이 우리 뇌의 동일한 부분에서 처리되기 때문에 신체의 온기는 우리가 다른 사람들에 대해 어떻게 생각하는지에 대해 영향을 미친다.

본문 해석 예일대학교의 한 연구팀은 사람들의 손의 온도가 다른 이들의 감정에 어떤 영향을 끼치는지 알고 싶었다. 그들은 알아내는 데 도움을 줄 41명의 대학생들을 선발했다. 그 연구에서, 낯선 여성이 엘리베이터 안에 있었다. 한 학생이 엘리베이터에 들어가면, 그 여성은 그녀가 무언가를 적을 수 있도록 그 학생에게 그녀의 커피 컵을 들어 줄 것을 부탁했다. 어떤 때는 컵이 뜨거웠고, 어떤 때는 컵이 차가웠다.
이후에, 참가자들에게 그 낯선 이에 대해 어떻게 생각하는지 물었다. 흥미롭게도, 명백한 차이가 있었다. 자신의 손에 뜨거운 커피 컵을 들고 있던 사람들은 그 낯선 이가 따뜻한 성격을 가진 것으로 평가했다. 차가운 컵을 들고 있던 사람들은 그 여성이 덜 따뜻하다고 평가했다.
연구자들은 신체의 온기는 우리가 다른 사람들을 더 호의적으로 보게 만들고, 심지어 우리를 더 너그럽게 만들지도 모른다고 결론을 내렸다. 이것은 왜 그럴까? 심리학자들에 따르면, 온도를 처리하는 동일한 뇌의 부분이 신뢰의 감정 또한 처리한다. 그러므로 따뜻한 물건을 만지는 것은 사람들을 더 긍정적이고 다른 사람을 신뢰하게끔 만든다.

지문 풀이

A team of Yale University researchers wanted to know / ❶ **how people's hand temperature affects others'**
예일대학교의 한 연구팀은 알고 싶었다 /   사람들의 손의 온도가 다른 이들의 감정에 어떤 영향을 끼치는지 /

emotions. / They chose 41 college students / to help them find out. / In the study, / a female stranger was
그들은 41명의 대학생들을 선발했다 /   그들이 알아내는 데 도움을 줄 /   그 연구에서 /   낯선 여성이 엘리베이터 안에 있었다 /

in the elevator. / When a student entered the elevator, / she asked them to hold her coffee cup / ❷ so
한 학생이 엘리베이터에 들어가면 / 그녀는 그 사람에게 그녀의 커피 컵을 들어 줄 것을 부탁했다 /

that she **could** write something down. / Sometimes the cup was hot, / sometimes it was cold. /
그녀가 무언가를 적을 수 있도록 / 어떤 때는 컵이 뜨거웠고 / 어떤 때는 그것이 차가웠다 /

Later, / the participants were asked / what they thought of the stranger. / Interestingly, / there was a clear
이후에 / 참가자들에게 물었다 / 그들이 그 낯선 이에 대해 어떻게 생각하는지 / 흥미롭게도 / 명백한 차이가 있었다 /

difference. / ❸ Those who held a hot cup of coffee in their hands / rated the stranger / as having a warm
그들의 손에 뜨거운 커피 컵을 들고 있던 사람들은 / 그 낯선 이를 평가했다 / 따뜻한 성격을 가졌다고 /

personality. / Those who held a cold cup / rated her / as less warm. /
차가운 컵을 들고 있던 사람들은 / 그녀를 평가했다 / 덜 따뜻하다고 /

The researchers concluded / that physical warmth makes us view others more favorably, / and may even
연구자들은 결론을 내렸다 / 신체의 온기는 우리가 다른 사람들을 더 호의적으로 보게 만들고 / 그리고 심지어 우리를

make us more generous. / Why is this so? / According to the psychologists, / ❹ the same part of our
더 너그럽게 만들지도 모른다고 / 이것은 왜 그럴까? / 심리학자들에 따르면 / 온도를 처리하는 동일한 뇌의 부분이 /

brain that processes temperature / also **processes** feelings of trust. / Therefore, / touching warm
신뢰의 감정 또한 처리한다 / 그러므로 / 따뜻한 물건을 만지는 것은 /

objects / makes people more positive and trusting of others. /
사람들을 더 긍정적이고 다른 사람을 신뢰하게끔 만든다 /

❶ how people's hand temperature affects others' emotions (간접의문문)
　　의문사　　　　　　주어　　　　　　동사

❷ so that + 주어 + can[could]: '~할 수 있도록'이라는 목적의 의미를 나타내고, 「in order that + 주어 + can[could]」로 바꿔
쓸 수 있다. (= she asked them to hold her coffee cup **in order that** she **could** write something down)

❸ Those who held a hot cup of coffee in their hands rated the stranger
　주어 ↑_____↓ 주격 관계대명사절　　　　　　　　동사

❹ the same part of our brain that processes temperature also processes feelings of trust
　　　　주어　　↑_____↓ 주격 관계대명사절　　　　동사

REVIEW TEST p. 116

문제 정답　**1** ①　**2** ②　**3** ④　**4** ③　**5** ②　**6** ①　**7** one　**8** not only brought me to the
city but also found a good job

문제 해설　**1** rate: 평가하다
그녀는 매우 열심히 일해서 그 회사는 그녀를 높게 평가하는 것 같다.
② 처리하다　③ ~의 흥미를 끌다　④ 측정하다

2 career: 직업
Kathy는 영어 선생님으로서 그녀의 직업을 시작하기로 결심했다.
① 장소　③ 목표　④ 전문가

3 extremely: 극도로, 극히
나는 그 책에 매우 감동 받았다. 나는 그것을 읽은 후에 많이 울었다.
① 몹시　② 정말로　③ 정말로, 진심으로　④ 드물게

4 it's up to you: 그것은 당신에게 달려 있다

5 take action: 조치를 취하다, take over: 점거하다, 지배하다
- 일단 당신이 결심하면, 빨리 조치를 <u>취해라</u>.
- 작은 문제가 당신의 삶을 <u>지배하게</u> 하지 마라.

① 얻다　　③ 고려하다　　④ 모니터하다

6 expert: 전문가
어떤 것에 특별한 지식, 기술 또는 훈련을 가지고 있는 사람

② 연구원　　③ 심리학자　　④ 참가자

7 명사 umbrella의 반복을 피하기 위해 부정대명사 one으로 받는다.
나는 우산을 잃어버려서 새 <u>것</u>을 사야 한다.

8 not only A but also B: A뿐만 아니라 B도

WORKBOOK

UNIT 01

Word Practice

p. 02

A | 1 지시[명령]하다 2 지우다, 없애다 3 감명[감동]을 받은
4 실제의 5 풍경; 풍경화 6 ~을 다 써버리다
7 이상적인 8 보호하다 9 무한한
10 베끼다, 모방하다 11 저장 12 품사
13 경연 대회 14 영향 15 더 크게 말하다
16 발생시키다 17 다시 만들어 내다 18 동굴
19 ~에 반대하다 20 무한한, 무제한의

B | 1 explode 2 risk 3 expression
4 burn 5 source 6 environment
7 water 8 artwork 9 hydrogen
10 recycle 11 reflect 12 fossil fuel
13 on one's own 14 alternative 15 enrich
16 tool 17 at a low cost 18 come up with
19 take part in 20 break the rules

01 로봇 화가들의 미술 대회

p. 03

1 2018년에 미국에서 특이한 미술 대회가 개최됐다.
2 참가한 화가들은 로봇들이었!
3 아이디어를 내놓고 로봇을 지시한 것은 바로 사람이었다.
4 어떤 로봇들은 창의적인 풍경을 그렸다. 다른 로봇들은 과거의 미술품들을 모방했다.
5 1위를 차지한 로봇은 세잔의 그림을 모방했다.
6 그 로봇은 스스로 그 그림의 패턴을 다시 만들어 냈다.
7 어떤 화가들은 인간의 창의성을 반영하지 못한다는 이유로 미술에 로봇을 사용하는 것에 반대한다.
8 로봇들은 카메라가 그런 것과 마찬가지로 창의적인 표현을 위한 도구들이다.

02 미래 에너지는 수소가 답이다

p. 04

1 세계는 석탄과 석유와 같은 화석 연료들이 고갈되고 있다.
2 우리는 그것을 다 써버리는 것에 대해 걱정할 필요가 없다.
3 수소는 물로 만들어지고 사용 후에는 다시 물로 재활용된다.
4 수소는 연소될 때 수증기를 발생시킨다.
5 수소는 환경을 보호할 수 있는 '깨끗한 에너지'로 여겨진다.
6 우리는 아직 적은 비용으로 수소를 생산하는 방법을 찾지 못했다.
7 수소는 폭발할 수 있어서 우리는 그것을 저장할 때 주의해야 할 필요가 있다.
8 이러한 문제들이 해결된다면, 수소는 최고의 에너지원이 될지도 모른다.

03 언어의 마술사, 셰익스피어

p. 05

1 그는 내가 더 크게 말하도록 용기를 북돋아 주었다.
2 그의 이름은 16세기의 극작가 윌리엄 셰익스피어였다.
3 셰익스피어는 명사를 오직 명사로서만 사용함으로써 자신을 완전히 표현할 수 없었다.
4 셰익스피어는 문법 규칙을 깨뜨려보았다.
5 셰익스피어는 단어를 변화시키지 않고 명사를 동사로 사용했다.
6 사람들이 셰익스피어가 이렇게 하는 것을 보았을 때, 그들은 감명을 받았다.
7 우리는 모든 품사 간의 경계선을 없애려고 한다.
8 다음에 당신이 동사로 쓰인 명사를 본다면, 셰익스피어의 지혜를 생각해 보라!

UNIT 02

Word Practice

p. 06

A | 1 끌어들이다 2 온천 3 모욕, 무례
4 ~을 알다 5 청량음료 6 (향기를) 방출하다
7 역겨운 8 화학 물질; 화학의 9 ~에서 쫓겨나다
10 탐험가 11 경고 12 침입하다
13 먹다; 마시다 14 용케 ~하다 15 이름을 지어주다, 명명하다; 이름 16 ~을 쫓아내다
17 오해의 소지가 있는

B | 1 liver 2 nutrient 3 affect
4 trick 5 sail 6 fellow
7 defense 8 means 9 harmful
10 discover 11 work 12 catch
13 provide A with B 14 store
15 nutritious 16 be located 17 take in

04 나무들의 신기한 의사소통 방법

p. 07

1 어떤 나무도 입술이 있거나 말을 할 수는 없다.
2 좀 이상하게 들리겠지만, 어떤 나무들은 정말 의사소통을 용케 한다.
3 버드나무는 곤충들에게 공격을 받을 때 특별한 냄새를 내뿜는다.
4 해로운 곤충들이 근처에 있다는 것을 알게 되면, 그 나무들은 어떤 화학물질을 만들어 낸다.
5 이 화학 물질은 버드나무들에서 곤충들을 쫓아낸다.
6 포플러나무들은 그들이 애벌레들에게 침입을 받을 때 경고의 냄새를 보낸다.
7 이 신호를 받은 나무들은 역겨운 화학 물질을 발산한다.
8 그들의 냄새는 적들에 대한 방어뿐만 아니라 훌륭한 의사소통의 수단으로서 역할을 한다.

05 아이슬란드와 그린란드 이름의 유래

p. 08

1 당신은 아마 얼음으로 뒤덮인 아주 추운 곳을 상상할 것이다.
2 Erik the Red는 그곳을 그린란드라고 이름 지었다!
3 그의 속임수는 효과가 있었고, 많은 바이킹들이 그린란드로 이주했다.

4 그린란드는 당신에게 초목으로 덮인 땅을 생각하게 한다.
5 Erik the Red가 아이슬란드에서 사람을 죽인 후, 그는 그 섬에서 쫓겨났다.
6 비록 아이슬란드는 아주 먼 북쪽에 위치해 있지만, 그것은 멕시코 만류 때문에 따뜻하다.
7 아이슬란드의 단지 11%만이 얼음으로 뒤덮여 있다.
8 그 섬을 싫어했던 한 탐험가가 그 곳에 대한 모욕의 의미로 그 섬을 아이슬란드라고 불렀다.

06 좋은 칼로리, 나쁜 칼로리
p. 09

1 칼로리 수가 동일한 두 가지 음식은 영양가도 똑같은가?
2 100 칼로리의 고구마와 100 칼로리의 콜라 사이의 차이점은 무엇일까?
3 고구마는 우리에게 비타민뿐만 아니라 탄수화물과 단백질을 제공한다.
4 당신의 몸이 영양분을 얻음으로써 고구마는 대부분 연소될 것이다.
5 당신의 몸은 대부분의 당을 간에 지방으로 저장하기 쉽다.
6 칼로리 수만을 근거로 무엇을 먹을 것인가를 결정하지 마라.
7 당신이 얼마나 많은 칼로리를 섭취하느냐뿐만 아니라 그것들이 당신의 몸에 어떤 영향을 미치는지를 알아라.
8 당신의 음식이 가지는 영양상의 가치를 아는 것은 당신이 좀 더 현명한 음식 선택을 하도록 도와줄 것이다.

UNIT 03

Word Practice
p. 10

A | **1** 부딪히다; 치다 **2** 요인 **3** 인지[인식]하다
4 화학 물질; 화학의 **5** 특징 **6** 지나치게, 몹시
7 결과 **8** (해발) 고도, 높이 **9** 이로운
10 물체, 물건 **11** 녹다, 녹이다 **12** 특정한, 특별한
13 신경 **14** 흡수하다 **15** 감소하다
16 보통의, 평범한 **17** 장마철, 우기 **18** 증가하고 있다

B | **1** contribution **2** revolutionary **3** humid
4 affect **5** density **6** per
7 travel **8** organ **9** atmosphere
10 constantly **11** movement **12** thick
13 average **14** approach **15** advise
16 get damaged **17** wash away **18** depending on

07 너무 깨끗해도 문제다?
p. 11

1 그는 뜨거운 물이 우리 피부에서 어떻게 천연 기름기를 없애는지 설명해준다.
2 뜨거운 물은 당신의 몸이 분비하는 천연 기름기를 씻어낸다.
3 당신의 피부가 아주 건조해지고, 심지어 손상될 수 있다.
4 우리는 목욕을 너무 자주해서 비누가 꼭 필요하지 않다.
5 피부과 의사들은 다른 이유로 사람들에게 비누를 너무 많이 사용하지 말라고 충고한다.
6 해로운 화학 물질들이 우리 피부를 통해 흡수될 수 있다.
7 지나치게 사용되면, 비누는 당신의 피부에 살고 있는 이로운 박테리아를 제거할 수도 있다.
8 의사들은 당신이 비누 없이 따뜻한 물로 샤워할 것을 제안한다.

08 홈런의 숨은 비결
p. 12

1 어떤 요인들이 야구 경기의 결과에 영향을 미치는가?
2 날씨는 경기 결과에 영향을 미치는 가장 중요한 요인들 중에 하나이다.
3 이것은 날씨가 공기의 밀도에 영향을 미치기 때문이다.
4 이것은 야구공이 이동할 때 그것(공)이 부딪힐 공기가 더 적다는 것을 의미한다.
5 (날씨가) 따뜻할 때는 야구공이 더 멀리 이동한다.
6 경기당 평균 홈런수가 4월에는 2개였지만, 7월에는 3개였다.
7 홈런은 산 위 높은 곳에서 더 흔하다.
8 이것이 메이저리그에서 가장 많은 홈런이 쿠어스 필드 구장에서 나오는 이유이다.

09 인상주의가 불러온 변화들
p. 13

1 인상주의 이전에 대부분의 화가들은 전통적인 주제들에 집중했다.
2 인상파 화가들은 보통 사람들의 일상생활에 관심을 가졌다.
3 모네와 르누아르는 종종 공원에서 소풍을 즐기는 사람들을 그렸다.
4 화가들이 모든 것은 그 자체의 독특한 색깔을 가지고 있다고 믿었다.
5 물체의 색깔이 빛의 양에 따라 끊임없이 변한다.
6 인상파 화가들은 그들이 특정한 장소에서 그것들(물체들)을 어떻게 보았느냐에 따라서 물체들을 그렸다.
7 그들은 우리가 인식하라고 들은 대로가 아니라 우리가 실제로 보는 대로 사물을 인식하는 즐거움을 소개했다.
8 인상주의는 미술사에서 가장 인기 있는 운동 중 하나가 되었다.

UNIT 04

Word Practice
p. 14

A | **1** 흡수하다 **2** 조사하다, 검토하다 **3** 속도
4 행하다, 수행하다 **5** 소실, 소멸 **6** 인종
7 수출하다 **8** 대략, 거의 **9** 지나간 자국, 흔적
10 삼림 파괴[벌채] **11** 포유동물 **12** (가축을) 사육하다
13 작은 길 **14** 알려 주다 **15** 성격
16 산만해지다 **17** 힘든, 어려운 **18** 탐지하다, 포착하다
19 태워버리다 **20** 수십의, 많은

B | **1** ancient **2** analyze **3** current
4 destroy **5** pursue **6** notice
7 head **8** species **9** insight
10 cross **11** remain **12** comparison
13 sniff **14** tropical forest **15** be shocked
16 catch up with **17** rot away **18** stick to
19 wipe out **20** set a goal

10 하나의 목표에 집중하라!
p. 15

1 그 사냥꾼은 그 개가 어느 정도 재주가 있는지 보고 싶어 안달이 났다.
2 그들이 숲에 들어서자마자, 그 개는 곰의 흔적을 포착했다.
3 그 개는 멈춰 서서 땅 냄새를 맡더니 새로운 방향으로 향했다.
4 그 개는 첫 번째 흔적을 가로질러 간 사슴의 흔적을 찾았던 것이다.

5 그 개는 다시 멈춰 서서 사슴이 지나간 길을 가로질러 간 토끼 냄새를 맡았다.

6 그 사냥꾼은 그의 개를 따라잡았지만, 개가 구멍 아래를 향해 의기양양하게 짖어 대는 것을 발견했다.

7 우리는 목표를 추구하는 동안 쉽게 산만해져서 실패할 수 있다.

8 그것이 당신이 일단 목표를 세우면, 당신이 끝까지 그것을 고수해야 하는 이유이다.

11 열대 우림을 삼키는 햄버거
p. 16

1 열대 우림은 당신의 햄버거를 만들기 위해 태워진다.
2 햄버거와 숲의 소실을 연관시키는 것은 쉽지 않다.
3 당신은 교실만큼 큰 구역의 열대 우림을 태워버려야 한다.
4 당신은 20~30여 종의 식물들의 서식지를 파괴해야 한다.
5 대략적으로 전세계 열대 우림의 반이 완전히 파괴되었다.
6 열대 우림에서 사육된 약 80%의 소들은 전세계적으로 소비자들에게 수출된다.
7 육류에 대한 수요가 늘어남에 따라, 점점 더 많은 숲들이 파괴될 것이다.
8 산림 파괴가 지금의 속도로 계속된다면, 남아 있는 열대 우림도 완전히 사라질 수 있다.

12 뼈는 당신의 모든 것을 알고 있다
p. 17

1 옛날 사람들에 대해서 배운다는 것은 꽤 어렵다.
2 당신이 살아 있는 동안에는 당신의 뼈들도 살아 있다.
3 죽은 뒤에, 단단한 뼈들은 정보의 출처로 남아 있게 된다.
4 인간의 뼈를 분석함으로써, 연구원들은 죽은 사람의 나이, 성별, 인종, 그리고 신장을 알아낼 수 있다.
5 연구원들은 심지어 한 여성이 얼마나 많은 자녀를 낳았는지도 알 수 있다.
6 뼈와 치아는 또한 사람들이 어떤 종류의 음식을 먹곤 했는지 알려 준다.
7 연구원들은 어느 근육이 자주 사용되었는지 알아낼 수 있다.
8 이것은 우리에게 그 사람이 어떤 종류의 일을 했을지에 관해서 아이디어를 제공할 수 있다.

UNIT 05

Word Practice
p. 18

A | 1 일어나다   2 즉시   3 높이다, 올리다
4 접근법; 다가가다   5 (활동을) 하다   6 겁먹은, 무서워하는
7 섭취(량)   8 간   9 살을 빼다
10 낮추다, 내리다   11 줄이다   12 (특정한) 때, 경우
13 영양학자, 영양사   14 ~을 줄이다   15 ~로 분해되다
16 답례로, 대신에   17 빼앗다; 없애다   18 우연히 생각해내다

B | 1 adjust   2 crew   3 native
4 effective   5 eventually   6 fuel
7 store   8 consume   9 order
10 visible   11 warn   12 deceive

13 starve   14 crisis   15 get over
16 be unaware of 17 end up -ing   18 land on

13 지혜로 위기를 모면한 콜럼버스
p. 19

1 크리스토퍼 콜럼버스는 자메이카 섬에 상륙했다.
2 원주민들은 계속해서 콜럼버스에게 음식을 줄 수 없었다.
3 콜럼버스는 이 위기를 극복할 좋은 아이디어를 생각해 냈다.
4 콜럼버스의 신이 분노해 달을 빼앗아버릴 것이다.
5 콜럼버스는 월식이 일어날 것이라는 것을 알고 있었다.
6 월식은 지구가 태양과 달 사이에 있는 때이다.
7 달은 지구의 그림자에 있기 때문에 보이지 않는다.
8 원주민들은 대신 그들에게 달을 되돌려 달라고 콜럼버스에게 애원했다.

14 적게 먹어도 살이 빠지지 않는 이유
p. 20

1 살을 빼는 가장 좋은 방법은 무엇일까?
2 대부분의 사람들은 살을 빼는 가장 좋은 방법은 적게 먹는 것이라고 믿는다.
3 몇몇 영양학자들은 이것은 단지 근거 없는 믿음이라고 말한다.
4 적게 먹은 사람들의 단지 0.6%만이 살이 빠지는 데 성공했다.
5 정말로 살이 빠진 사람들의 80%는 다시 자신의 체중으로 돌아왔다.
6 칼로리 섭취량이 감소할 때 당신의 몸은 신진대사율을 늦춘다.
7 당신의 몸이 500 칼로리를 덜 섭취하면, 당신의 몸은 500 칼로리를 덜 쓴다.
8 당신이 적게 먹더라도 당신은 장기적으로 살이 빠지지 않을 것이다.

15 단식이 우리 몸에 미치는 영향
p. 21

1 살을 빼는 좋은 방법은 일정 기간 동안 전혀 먹지 않는 것이다.
2 당신이 먹는 음식은 포도당 즉, 당으로 분해된다.
3 당신의 몸이 당을 저장하고 쓰는 방법은 매우 독특하다.
4 당신의 몸은 당을 지방으로 변형시켜서 근육에 저장한다.
5 당이 간에 남아있는 한, 당신의 몸은 근육에 있는 지방을 쓰지 않을 것이다.
6 이것이 당신이 단지 적게 먹음으로써 지방을 줄일 수 없는 이유이다.
7 당신이 하루 또는 이틀 동안 단식을 하면, 당신의 몸은 간에 있는 모든 당을 써버릴 것이다.
8 더 좋은 것은 지방을 쓰는 것이 신진대사율을 낮추지 않는다는 것이다.

UNIT 06

Word Practice
p. 22

A | 1 모방, 흉내내기   2 현상   3 이동하다
4 면역력   5 조끼   6 유명 인사
7 콩, 열매   8 신맛이 나는   9 상록식물
10 생산하다   11 자살, 자살 행위   12 주장하다
13 달빛   14 달게 하다   15 장마철, 우기
16 (옷을) 갖춰 입다 17 ~에 달라붙다   18 숙면

19 A와 B를 구별하다 20 ~와 충돌하다

B | 1 contain 2 crop 3 confuse
4 last 5 encourage 6 affect
7 sorrow 8 blame 9 poison
10 flavor 11 crawl 12 normally
13 glorify 14 block 15 endangered
16 reproduce 17 mistake A for B 18 lead to
19 be exposed to 20 have difficulty -ing

---

16 신 것을 달콤하게 만드는 신비한 과일 p. 23

1 레몬은 사탕과 같이 단맛이 날 수 있다.
2 이 과실의 관목은 6m 높이까지 자란다.
3 그것은 하얀 꽃과 단맛이 나는 자그마한 빨간 과실을 생산한다.
4 관목은 우기가 끝난 뒤 매년 두 번 작물을 생산한다.
5 그 열매는 미라쿨린이라고 불리는 특별한 단백질을 함유한다.
6 당신이 기적의 열매를 먹으면, 이 단백질이 당신 혀의 맛봉오리에 달라붙는다.
7 당신의 뇌는 잠시 동안 산을 당으로 착각한다.
8 이 단맛이 나는 효과는 단지 15분에서 60분까지만 지속된다.

---

17 생태계의 새로운 적, 빛공해 p. 24

1 매년 수백만 마리의 새들이 도시의 빛 때문에 목숨을 잃는다.
2 밤에 이동하거나 사냥하는 새들은 달빛과 별빛으로 길을 찾아간다.
3 새들은 밝은 빛으로 인해 혼란에 빠지기 때문에 건물들에 부딪친다.
4 새끼 바다거북들은 종종 가로등 쪽으로 기어간다.
5 그 거북들은 밝은 빛을 물에 비치는 달빛으로 여긴다.
6 일부 동물들은 심지어 새끼를 갖는 데 어려움을 겪는다.
7 사람들과 주행성 동물들 모두 수면 중에 멜라토닌을 생산한다.
8 멜라토닌은 주로 어두울 때 만들어지는 호르몬이다.

---

18 베르테르 효과란? p. 25

1 어느 날, Werther는 그의 삶을 끝마치기로 결심한다.
2 그는 책을 펼쳐 놓은 채 책상에 앉아 총을 쏘아 자살한다.
3 유럽 전역의 많은 남성들이 Werther와 똑같이 했다.
4 Werther의 자살은 그 소설의 독자들에 의한 2,000건이 넘는 자살을 초래했다.
5 이러한 모방 자살 현상은 '베르테르 효과'라고 불리기 시작했다.
6 미국의 유명 여배우 마릴린 먼로가 수면제를 복용하여 자살했다.
7 마이클 잭슨이 자살한 것은 아니었지만, 몇몇 팬들이 자살했다.
8 몇몇 사람들은 이러한 현상을 불러일으킨 것에 대해 대중매체를 비난한다.

UNIT 07

Word Practice p. 26

A | 1 나타나다 2 짝짓기 3 충실한
4 조약돌 5 매끈한 6 재앙, 참사

---

7 의식 8 비통해 하는 9 유전자
10 유기체, 생물(체) 11 ~너머 12 망치다, 파괴하다
13 사망하다 14 장례식 15 업로드하다
16 판, 형태 17 중요한 18 수정하다, 바꾸다
19 ~의 표시로 20 ~에서 역할을 하다

B | 1 steal 2 defect 3 practice
4 alien 5 face 6 offer
7 text 8 respond 9 insert
10 combine 11 male 12 search
13 type 14 benefit 15 maintain
16 unrelated 17 side effect 18 take action
19 be limited to 20 attempt to

---

19 펭귄의 구애에는 특별함이 있다 p. 27

1 수컷 펭귄은 사랑의 징표로 암컷에게 조약돌을 선사한다.
2 펭귄들은 돌 둥지를 만들기 위해 조약돌을 사용한다.
3 그것은 암컷이 구애를 받아들였다는 것을 의미한다.
4 두 파트너는 나란히 서서 짝짓기 노래를 부른다.
5 그 커플은 평생 동안 서로에게 충실히 한다.
6 조약돌은 펭귄이 짝을 선택하는 데 있어 매우 중요한 역할을 한다.
7 수컷 펭귄은 가장 매끈한 조약돌을 찾기 위해 해변가 전체를 뒤질 것이다.
8 수컷은 이웃 둥지에서 가장 멋져 보이는 조약돌을 훔치려 할지도 모른다.

---

20 유전자 조작 식품의 습격 p. 28

1 이것은 유전자 조작 즉, GM이라고 불린다.
2 새로운 종류의 농작물을 개발하기 위해서 유전자를 변경한다는 생각은 새로운 것은 아니다.
3 과학자들은 이 방법을 실행해 왔다.
4 전통 육종은 비슷한 식물 간에 유전자들을 결합시킴으로써 자연의 방식을 따른다.
5 병충해를 막기 위해 박테리아 유전자가 옥수수에 삽입될 수 있다.
6 부작용들은 동물들에게만 국한되지 않는다.
7 사람들이 유전자 조작 식품들을 먹기 시작한 이래로 알레르기가 급속히 증가했다.
8 우리는 가까운 미래에 끔찍한 재앙에 직면해야 할지도 모른다.

---

21 디지털 아바타로 영원히 산다? p. 29

1 미래에는 이것이 그렇지 않을 수 있다.
2 당신은 죽음을 너머 당신의 관계를 유지할 수 있을 것이다.
3 당신은 예전처럼 휴대폰에서 당신의 여자친구에게 문자를 보낼 수 있을 것이다.
4 당신의 여자친구를 아바타로 갖는 것은 그녀가 떠나지 않은 것과 같을 것이다.
5 인공지능이 이것을 어떻게 가능하게 할까?
6 당신은 자신의 디지털 형태인 아바타를 만들어낼 수 있다.
7 당신의 가족은 심지어 당신이 떠난 뒤에도 당신의 아바타와 의사소통을 할 수 있을 것이다.
8 우리가 아는 죽음의 개념은 변할지도 모른다.

UNIT 08

Word Practice
p. 30

A | 1 (눈에) 보이는 2 빛나다 3 먼, 떨어져 있는
4 위치한 5 단축하다 6 아주 멋진
7 (유혹을) 물리치다 8 어떤; 확실한 9 반짝거리다
10 (밤에) 찾아오다 11 은하계 12 우주
13 성장호르몬 14 숨기다 15 광년
16 육안, 맨눈 17 자극하다

B | 1 prove 2 reach 3 measure
4 distant 5 exist 6 realize
7 risk 8 earn 9 advantage
10 expose 11 peak 12 distract
13 expectancy 14 height 15 go out
16 pay attention to 17 defense mechanism

---

22 별들이 우주에 남긴 흔적
p. 31

1 우리가 밤하늘에서 보는 많은 별들은 사실 거기에 있는 것이 아니다.
2 별빛은 그 별이 존재하지 않은지 오래된 후에 우리에게 올지도 모른다.
3 프록시마성의 빛은 우리에게 오는 데 4광년 이상이 걸린다.
4 그 빛이 오늘 꺼지면, 우리는 4년이 지난 후에야 그것을 알게 될 것이다.
5 어떤 별들은 한국 전쟁 전에 소멸했는지도 모른다.
6 육안으로 볼 수 있는 가장 먼 거리에 있는 별들은 260만 광년 떨어져 있다.
7 오늘날 우리가 보고 있는 별빛을 내는 별들 중 일부는 이미 사라졌는지도 모른다.
8 우리가 멀리 떨어져 있는 별빛을 본다는 사실은 우주가 거대하다는 것을 증명한다.

---

23 키가 작아서 좋은 점이 있다!
p. 32

1 대부분의 사람들은 키가 큰 것이 키가 작은 것보다 장점이 더 많다고 생각한다.
2 키가 작은 사람들이 키가 큰 사람들에 비해 가지는 한 가지 장점이 있다.
3 연구원들은 키가 작은 사람들이 더 긴 기대 수명을 가진다는 것을 밝혀냈다.
4 몸에는 IGF-1이라고 불리는 어떤 성장호르몬이 있다.
5 이 동일한 호르몬들은 또한 몸을 더 빨리 노화되게 한다.
6 연구원들은 작은 쥐들이 훨씬 낮은 수치의 IGF-1을 가지고 있다는 것을 밝혀냈다.
7 의사들은 이 결과들에 특히 주목해야 한다.
8 의사들은 키가 작은 아이들이 더 클 수 있도록 도와주기 위해 이 성장호르몬을 준다.

---

24 몰디브 섬 해안가를 수놓은 별들의 정체
p. 33

1 몰디브는 유명한 빛나는 해변들로 독특하다.
2 그 해변이 아름다움에 이르는 때는 바로 낮 동안이 아니고 밤이다.
3 당신은 은하수의 별들처럼 반짝이는 수백만의 파란 네온 점들을 볼 수 있다.
4 파도가 해변에 부딪칠 때 플랑크톤이 자극을 받는다.
5 이것은 플랑크톤이 외부의 압력에 노출되면 빛나기 때문이다.
6 플랑크톤은 그들이 생각하기에 그들을 공격하고 있는 다른 동물들의 주의를 딴 데로 돌리려고 한다.
7 당신의 다음 여행 계획에는 몰디브를 포함시키는 것을 잊지 마라.
8 몰디브는 당신이 정말로 방문하고 싶어 못 견딜 정도의 장소들 중에 하나이다.

UNIT 09

Word Practice
p. 34

A | 1 투쟁, 싸움 2 장기, 기관 3 진화
4 지속하다; 마지막의 5 하인, 종 6 경사지
7 안정감 있는 8 포유동물 9 가리키다, 향하다
10 속이다 11 위 12 내리막길; 내리막의
13 삼키다 14 주위의; 환경 15 땀에 젖은, 축축한
16 거래를 제안하다 17 유령, 귀신 18 저절로
19 ~와 경쟁하다 20 ~을 구걸하다, 간청하다

B | 1 legend 2 chemical 3 candlelit
4 battle 5 analyze 6 refuse
7 occur 8 volunteer 9 park
10 landscape 11 internal 12 local
13 roll 14 fade 15 nervous
16 digest 17 evolve into 18 be known as
19 cooperate with 20 compare A with B

---

25 사랑과 호르몬의 관계
p. 35

1 우리는 사랑에 빠졌을 때 행복한 감정을 느낀다.
2 당신은 왜 그런 감정들이 영원히 지속되지 않는지 궁금했던 적이 있는가?
3 해답은 우리 뇌 안에 있는 신경 성장 인자라고 불리는 화학 물질에 있다.
4 이 화학 물질은 초기에는 우리가 사랑의 감정을 느끼도록 만든다.
5 우리가 처음 사랑에 빠졌을 때, NGF 수치는 증가하지만, 그 화학 물질은 시간이 지날수록 점점 사라진다.
6 연구자들은 최근에 사랑에 빠진 지원자들을 분석했다.
7 연구자들은 그들의 NGF 수치와 독신인 사람들의 것들을 비교해 보았다.
8 남자들이 그들의 여자 친구에게 빨간 장미를 사주게 만드는 것도 바로 이 화학 물질인 것 같다!

31 빵 틀에서 얻은 기발한 아이디어

p. 43

1 Bill Bowerman은 세계적으로 유명한 신발 회사인 나이키를 설립했다.
2 Bill은 당시 널리 쓰이던 금속 스파이크가 박힌 신발을 싫어했다.
3 Bill은 그의 운동선수들을 위해 더 가볍고 더 편한 운동화를 찾으려고 했다.
4 그가 구할 수 있는 신발들은 만족스럽지 못했다.
5 Bill은 아침 식사로 그의 아내가 와플 만드는 것을 지켜보고 있었다.
6 Bill은 다른 사람들에게는 바보 같아 보일지 모르는 질문을 스스로에게 해 보았다.
7 Bill은 그가 와플 굽는 틀에 고무를 부으면 어떻게 될지 궁금했다.
8 그 바보 같은 질문은 와플 밑창으로 이어졌고, 그것은 획기적인 발전이었다.

32 깨진 유리창과 범죄율의 관계

p. 44

1 갱 영화에서 우리는 흔히 뒷골목에서 범죄가 일어나는 것을 목격한다.
2 벽은 지저분한 글씨와 그림으로 덮여 있다.
3 한 건물의 유리창이 수리되지 않은 채 있으면, 사람들은 그것에 대해 아무도 신경 쓰지 않는다고 생각한다.
4 사람들은 더 쉽게 범죄를 저지르고 싶어진다.
5 우리가 무질서의 징후를 제거하면, 범죄율은 아마 감소할 것이다.
6 경찰관들은 지하철에서 낙서를 없앴다.
7 이러한 조치들은 그 도시가 지하철에 대한 통제력을 회복했음을 알리는 것이었다.
8 범죄율은 이 정책을 시행한 1년 후에 30~40%까지 떨어졌다.

33 파스퇴르가 최후에 남긴 말은?

p. 45

1 당신은 무엇이 실제로 병을 일으킨다고 생각하는가?
2 파스퇴르는 병이 박테리아나 바이러스와 같은 세균에 의해 발생한다고 말했다.
3 그들은 박테리아가 (병의) 원인이 아니라 단지 병의 결과일 뿐이라고 믿었다.
4 파스퇴르에 반대하는 사람들은 박테리아를 파리에 비유했다.
5 파리들은 대게 상한 음식을 찾아간다.
6 의사들은 부당하게 병을 일으키는 것을 박테리아의 탓으로 돌린다.
7 환자들은 단지 박테리아가 죽는다고 해서 나아지지 않는다.
8 그의 임종의 자리에서, 루이 파스퇴르는 사실상 자신의 이론을 부정했다.

UNIT 12

Word Practice

p. 46

A | 1 극도로, 극히　　2 직업　　3 관대한, 너그러운
4 전문가　　5 참가자　　6 추천하다
7 호의적으로　　8 온도계　　9 육체의, 신체의
10 분석하다　　11 자동 온도조절기　　12 성격
13 행동 패턴　　14 ~을 살펴보다　　15 ~을 기록하다
16 ~에 접속하다　　17 ~을 고르다

B | 1 consider　　2 predict　　3 temperature
4 view　　5 frequently　　6 measure
7 conclude　　8 rate　　9 monitor
10 process　　11 demand　　12 interest
13 respond to　　14 figure out　　15 take over
16 take one's time　17 be compared to

34 온도조절기 같은 사람이 되세요!

p. 47

1 사람들은 온도계와 자동 온도조절기 둘 다에 비유될 수 있다.
2 자동 온도조절기는 온도를 측정할 뿐만 아니라 그것에 반응도 한다.
3 온도가 내려가면, 자동 온도조절기는 히터를 작동시킨다.
4 온도가 올라가면 자동 온도조절기는 히터를 끈다.
5 사람들이 문제가 생기면, 그들은 그냥 그것이 그들의 삶을 지배하도록 내버려 둔다.
6 다른 사람들은 문제에 대해 무언가 할 수 있다고 믿는다.
7 그들은 결정을 하고 빨리 행동을 취한다.
8 당신은 어떤 사람이 되고 싶은가?

35 빅 데이터 전문가는 누구?

p. 48

1 빅 데이터는 컴퓨터에 의해서 분석되는 엄청나게 큰 사용자 데이터 집합을 나타낸다.
2 빅 데이터 전문가는 오직 가장 중요한 정보만을 선택한다.
3 유튜브는 빅 데이터 전문가가 어떤 일을 하느냐에 대한 좋은 예이다.
4 당신이 유튜브에 접속하면, 그것은 당신이 본 것과 비슷한 동영상들을 보여준다.
5 그들은 먼저 당신의 사용자 데이터를 살펴보고 당신이 어떤 사이트를 자주 방문했는지 본다.
6 그들은 당신의 관심을 끄는 것을 알아내고, 당신이 좋아할 만한 것을 추천한다.
7 그들은 당신의 구매와 행동 패턴을 파악하기 위해서 당신의 활동을 모니터한다.
8 당신이 빅 데이터 전문가가 되는 것을 고려해보는 것은 어떨까?

36 따뜻한 손이 상대의 마음을 움직인다

p.49

1 연구자들은 사람들의 손의 온도가 다른 이들의 감정에 어떤 영향을 끼치는지 알고 싶었다.
2 그 연구자들은 그들이 알아내는 데 도움을 줄 41명의 대학생들을 선발했다.
3 한 낯선 사람은 그녀가 무언가를 적을 수 있도록 학생에게 그녀의 커피 컵을 들어 줄 것을 부탁했다.
4 참가자들은 그들이 그 낯선 이에 대해 어떻게 생각하는지 질문을 받았다.
5 뜨거운 컵을 들고 있던 사람들은 그 낯선 사람이 따뜻한 성격을 가진 것으로 평가했다.
6 그들은 신체의 온기는 우리가 다른 사람들을 더 호의적으로 보게 만든다고 결론지었다.
7 온도를 처리하는 뇌의 부분이 신뢰의 감정 또한 처리한다.
8 따뜻한 물건을 만지는 것은 사람들을 더 긍정적이고 다른 사람을 신뢰하게끔 만든다.

MEMO

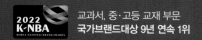
TAPA시리즈로
중학 영어 감각을 깨우다

어려운 **문법**도 쉽게 익히는
GRAMMAR TAPA

단어에 눈을 뜨게 하는
워드타파

막힌 **귀**를 뚫어주는
LISTENING TAPA

지문이 술술 읽히는
READING TAPA

TAPA

완벽한 라인업! 영역별 중학 영어 전문시리즈

- 그래머 타파 Level 1, 2, 3   다양한 유형의 문제를 풀면서 자연스럽게 영문법을 익히는 **문법 교재**
- 리딩 타파 Level 1, 2, 3   핵심 구문을 바탕으로 한 다양한 소재의 지문이 있는 **독해 교재**
- 리스닝 타파 Level 1, 2, 3   핵심 유형으로 내신 대비와 듣기 평가를 동시에 공략하는 **듣기 교재**
- 워드 타파 Level 1, 2, 3   반복적인 어휘 학습을 통해 40일에 완성하는 중학 **영단어 교재**

예비 중등 / 중등 1~3학년

리·더·스·뱅·크 흥미롭고 유익한 지문으로 독해의 자신감을 키워줍니다.

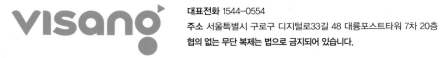

대표전화 1544-0554
주소 서울특별시 구로구 디지털로33길 48 대룡포스트타워 7차 20층
협의 없는 무단 복제는 법으로 금지되어 있습니다.

Level 7

READER'S
BANK

단어장

visang

Unit

☐ **take part (in)**	(~에) 참여하다 (= participate (in))
☐ **competition** [kàmpətíʃən] 캄퍼티션	몡 경연 대회, 시합 (= contest)
☐ **actual** [ǽktʃuəl] 액츄얼	혱 실제의
☐ **come up with**	~을 내놓다, 제시하다
☐ **direct** [dirékt] 디뤡트	图 지시[명령]하다 몡 director 책임자, 감독
☐ **landscape** [lǽndskèip] 랜드스께잎	몡 풍경; 풍경화
☐ **copy** [kápi] 카피	图 모방하다, 베끼다
☐ **artwork** [á:rtwə̀:rk] 아:ㄹ트워:ㄹ크	몡 미술품
☐ **take first place**	1위를 차지하다
☐ **identify** [aidéntəfài] 아이덴터파이	图 찾다, 발견하다, 식별하다 몡 identification 식별; 신원 확인
☐ **reproduce** [rì:prədjú:s] 뤼:프뤄듀:쓰	图 다시 만들어 내다, 재현하다
☐ **on one's own**	혼자, 혼자 힘으로
☐ **object to**	~에 반대하다
☐ **on the grounds that**	~라는 근거[이유]로
☐ **reflect** [riflékt] 뤼플렉트	图 나타내다, 반영하다
☐ **reasoning** [rí:zəniŋ] 뤼:즈닝	몡 추론, 추리
☐ **genre** [ʒá:nrə] 잔:뤄	몡 장르, 유형 (= type)
☐ **tool** [tu:l] 투울	몡 (목적을 이루기 위한) 도구[수단]
☐ **expression** [ikspréʃən] 익스프뤠션	몡 표현 图 express 표현하다
☐ **influence** [ínfluəns] 인플루언쓰	몡 영향 图 영향을 미치다
☐ **version** [vɔ́:rʒən] 버:ㄹ전	몡 판, 형태
☐ **for** [fər] 풔r	젠 ~에 찬성하는 (↔ against ~에 반대하는)

02 미래 에너지는 수소가 답이다 pp. 14~15

☐ **run out of** ～을 다 써버리다, ～이 없어지다

☐ **fossil** [fásəl] 파썰
® 화석
▶ fossil fuel 화석 연료

☐ **coal** [koul] 코울
® 석탄

☐ **source** [sɔːrs] 쏘ːr쓰
® 근원, 원천

☐ **alternative** [ɔːltɚːrnətiv] 얼:터:r너티ㅂ
® 대안, 선택 가능한 것 ® 대체 가능한

☐ **hydrogen** [háidrədʒən] 하이드뤄전
® 수소

☐ **ideal** [aidíːəl] 아이디:얼
® 이상적인, 가장 알맞은

☐ **infinite** [ínfənət] 인퍼너ㅌ
® 무한한 (↔ finite 유한한)

☐ **use up** ～을 다 쓰다, 다 써버리다

☐ **recycle** [riːsáikl] 뤼:싸이클
® (폐품을) 재활용하다

☐ **generate** [dʒénərèit] 줴너뤠이ㅌ
® 발생시키다, 만들어 내다

☐ **vapor** [véipər] 붸이퍼r
® 증기 ® 증발하다
▶ water vapor 수증기

☐ **burn** [bəːrn] 버:r언
® (연료를) 태우다

☐ **emit** [imít] 이미ㅌ
® (빛·열·가스 등을) 내다[내뿜다]

☐ **protect** [prətékt] 프뤄텍ㅌ
® 보호하다 ® protection 보호

☐ **environment** [inváiərənmənt] 인바이어뤈먼ㅌ
® 환경

☐ **cost** [kɔːst] 커:스ㅌ
® 비용, 가격 ® (값·비용이) 들다
▶ at a low cost 적은 비용으로

☐ **explode** [iksplóud] 익스플로우ㄷ
® 터지다, 폭발하다 ® explosion 폭발

☐ **store** [stɔːr] 스떠:r
® 저장하다, 보관하다 ® storage 저장

☐ **unlimited** [ʌnlímitid] 언리미티ㄷ
® 무한한, 무제한의
(↔ limited 제한된, 한정된)

☐ **pollution** [pəlúːʃən] 펄루:션
® 오염, 공해 ® pollute 오염시키다

☐ **risk** [risk] 뤼스ㅋ
® 위험 ® risky 위험한

☐ **structure** [stráktʃər] 스뜨**뤅**쳐r   몡 구조; 조직 ⑧ 구성하다

☐ **water** [wɔ́:tər] **워**:러r   몡 물 ⑧ (화초 등에) 물을 주다

☐ **courage** [kɔ́:ridʒ] **커**:뤼쥐   몡 용기
    ⑧ encourage 용기를 북돋우다, 격려하다

☐ **speak up**   더 크게 말하다, 털어놓고 말하다

☐ **noun** [naun] **나**운   몡 명사

☐ **verb** [vəːrb] **버**:r브   몡 동사

☐ **playwright** [pléiràit] 플레이**롸**이트   몡 극작가, 각본가

☐ **break the rules**   규칙을 위반하다[깨뜨리다]

☐ **grammar** [grǽmər] 그**래**머r   몡 문법 휑 grammatical 문법의

☐ **prefix** [prí:fiks] 프**뤼**:픽쓰   몡 접두사 cf. suffix 접미사

☐ **cave** [keiv] **케**이브   몡 동굴

☐ **impressed** [imprést] 임프**뤠**쓰트   휑 감명[감동]을 받은
    몡 impression 인상, 느낌

☐ **erase** [iréiz] 이**뤠**이즈   ⑧ 지우다, 없애다

☐ **line** [lain] **라**인   몡 선, 경계(선)

☐ **part of speech**   품사

☐ **adjective** [ǽdʒiktiv] 애**쥑**티브   몡 형용사

☐ **adverb** [ǽdvəːrb] **애**드버:r브   몡 부사

☐ **development** [divéləpmənt] 디**벨**럽먼트   몡 발전

☐ **enrich** [inrítʃ] 인**뤼**치   ⑧ 질을 높이다, 풍요롭게 하다
    휑 rich 풍요로운, 부유한

☐ **freedom** [frí:dəm] 프**뤼**:덤   몡 자유

☐ **wisdom** [wízdəm] **위**즈덤   몡 지혜

☐ **divide** [diváid] 디**바**이드   ⑧ 나누다 몡 division 분할, 분배; 나눗셈

04 나무들의 신기한 의사소통 방법 pp. 20~21

☐ **manage to**   용케 ~하다

☐ **send out**   (빛·향기 등을) 방출하다 (= give out)

☐ **attack**[ətǽk] 어택   동 공격하다 명 공격

☐ **catch**[kætʃ] 캐취   동 알아채다, 포착하다

☐ **harmful**[háːrmfəl] 하r암펄   형 유해한 cf. harm 동 해를 끼치다 명 손해

☐ **nearby**[nìərbái] 니어r바이   부 인근에, 가까운 곳에

☐ **chemical**[kémikəl] 케미컬   명 화학 물질 형 화학의

☐ **drive away**   ~을 쫓아내다

☐ **fellow**[félou] 펠로우   형 동료의, 같은 처지에 있는

☐ **invade**[invéid] 인베이드   동 침입하다 명 invasion 침입

☐ **caterpillar**[kǽtərpìlər] 캐러r필러r   명 애벌레

☐ **signal**[sígnəl] 씨그널   명 신호 동 알리다, 신호를 보내다

☐ **disgusting**[disgʌ́stiŋ] 디스거스팅   형 역겨운

☐ **means**[miːnz] 미인즈   명 수단 cf. mean 동 의미하다 형 못된

☐ **communication**[kəmjùːnəkéiʃən] 커뮤:너케이션   명 의사소통 동 communicate 의사소통하다

☐ **defense**[diféns] 디펜쓰   명 방어, 수비 동 defend 방어하다, 수비하다

☐ **warning**[wɔ́ːrniŋ] 워:r닝   명 경고

☐ **thorn**[θɔːrn] 쏘:r은   명 가시

□ **imagine**[imǽdʒin] 이**매**진   동 상상하다 명 imagination 상상력

□ **sail**[seil] **쎄**일   동 항해하다 cf. sailor 선원

□ **discover**[diskʌ́vər] 디스**꺼**버r   동 발견하다 명 discovery 발견

□ **attract**[ətrǽkt] 어츄**뢕**트   동 끌어들이다 형 attractive 매혹적인

□ **name**[neim] **네**임   동 이름을 지어주다, 명명하다 명 이름

□ **trick**[trik] 츄**뤽**   명 교묘한 방법, 속임수

□ **work**[wə:rk] **워**:r크   동 (원하는) 효과가 나다; 일하다 명 일

□ **be kicked off**   ~에서 쫓겨나다 cf. kick off 쫓아내다

□ **locate**[lóukeit] **로**우케이트   동 (장소에) 배치하다, 두다 ▶ be located 위치하다, ~에 있다

□ **warm**[wɔ:rm] **워**:r엄   동 따뜻하게 하다 형 따뜻한

□ **spring**[spriŋ] 스프**륑**   명 (물이 나오는) 샘 ▶ hot spring 온천

□ **explorer**[iksplɔ́:rər] 익스플**로**:뤄r   명 탐험가 동 explore 탐험하다

□ **insult**[ínsʌlt] **인**썰트 [insʌ́lt] 인**썰**트   명 모욕, 무례 동 모욕하다

□ **misleading**[mislí:diŋ] 미스**리**:딩   형 오해의 소지가 있는 동 mislead 잘못 인도하다

□ **legend**[lédʒənd] **레**전드   명 전설

□ **environment**[inváiərənmənt] 인**바**이어뤈먼트   명 환경

□ **tough**[tʌf] **터**프   형 힘든, 거친

06　좋은 칼로리, 나쁜 칼로리

☐ **calorie**[kǽləri] 캘러뤼	몡 칼로리, 열량
☐ **nutritious**[njuːtríʃəs] 뉴ː트리셔ㅆ	톙 영양가가 높은, 영양분이 많은 *cf*. nutritional 영양상의
☐ **consider**[kənsídər] 컨씨더*r*	통 생각하다, 고려하다
☐ **soft drink**	청량음료
☐ **provide A with B**	A에게 B를 공급하다
☐ **valuable**[vǽljuəbl] 밸류어블	톙 소중한, 귀중한, 가치가 큰 몡 value 가치
☐ **nutrient**[njúːtriənt] 뉴ː트리언트	몡 영양소, 영양분
☐ **carbohydrate**[kàːrbouháidreit] 카ː*r*버우하이드뤠이트	몡 탄수화물
☐ **protein**[próutiːn] 프로우티인	몡 단백질
☐ **consume**[kənsúːm] 컨쑤움	통 먹다; 마시다 몡 consumption 소비, 소모
☐ **take in**	(몸속으로) ~을 섭취[흡수]하다
☐ **at once**	한번에, 동시에
☐ **process**[práses] 프롸쎄ㅅ	통 처리하다 몡 과정, 절차
☐ **be likely to**	~할 가능성이 있다
☐ **store**[stɔːr] 스떠ː*r*	통 저장하다
☐ **liver**[lívər] 리버*r*	몡 간 (신체 기관)
☐ **fat**[fæt] 패트	몡 지방 톙 뚱뚱한 (↔ thin 마른)
☐ **the bottom line**	결론, 요점
☐ **based on**	~에 근거하여
☐ **be aware of**	~을 알다
☐ **affect**[əfékt] 어펙트	통 영향을 미치다

07 너무 깨끗해도 문제다? pp. 30~31

☐ **professor** [prəfésər] 프뤄**페**써r	몡 교수
☐ **common** [kámən] **카**먼	혱 흔한, 일반적인 (↔ uncommon, rare 드문)
☐ **remove A from B**	B로부터 A를 없애다, 제거하다
☐ **buttery** [bʌ́təri] **버**러뤼	혱 버터가 묻은; 버터가 든
☐ **melt** [melt] **멜**트	통 녹다, 녹이다 (↔ freeze 얼다, 얼리다)
☐ **wash away**	~을 씻어내다
☐ **damage** [dǽmidʒ] **대**미쥐	통 손상을 주다, 피해를 입히다 몡 손상, 피해 ▶ get damaged 손상되다
☐ **bathe** [beið] **베**이드	통 목욕하다 (= take a bath)
☐ **necessary** [nésəsèri] **네**써쎄뤼	혱 필요한, 불가피한 몡 necessity 필요(성)
☐ **advise** [ədváiz] 어드**바**이즈	통 조언하다, 충고하다 몡 advice 조언, 충고
☐ **contain** [kəntéin] 컨**테**인	통 포함하다, 함유하다
☐ **harmful** [háːrmfəl] **하**r암펄	혱 해로운 (↔ harmless 무해한)
☐ **chemical** [kémikəl] **케**미컬	몡 화학 물질 혱 화학의
☐ **absorb** [əbsɔ́ːrb] 업**쏘**ːr브	통 흡수하다 (= take in)
☐ **nerve** [nəːrv] **너**ːr브	몡 신경
☐ **organ** [ɔ́ːrgən] **오**ːr건	몡 (인체 내의) 장기, 기관
☐ **overly** [óuvərli] **오**우버r리	倀 지나치게, 몹시
☐ **beneficial** [bènəfíʃəl] 베너**피**셜	혱 이로운 몡 benefit 혜택, 이득
☐ **shower** [ʃáuər] **샤**워r	통 샤워를 하다 (= take a shower) 몡 샤워
☐ **dry out**	~을 건조하게 하다

08 홈런의 숨은 비결

pp. 32~33

☐ **factor** [fǽktər] 팩터r — 뗑 요인

☐ **affect** [əfékt] 어펙트 — 뙹 영향을 미치다 (= influence)

☐ **outcome** [áutkʌ̀m] 아웃컴 — 뗑 결과

☐ **baseball** [béisbɔ̀:l] 베이쓰벌 — 뗑 야구; 야구공

☐ **density** [dénsəti] 덴서티 — 뗑 밀도 뎅 dense 빽빽한, 밀집한

☐ **dry** [drai] 드롸이 — 뎅 건조한

☐ **thick** [θik] 씩 — 뎅 (밀도가) 짙은 (↔ thin 희박한); 두꺼운

☐ **humid** [hjú:mid] 휴:미드 — 뎅 (날씨가) 습한 뗑 humidity 습도

☐ **travel** [trǽvəl] 츄뢔블 — 뙹 이동하다; 여행하다

☐ **hit** [hit] 히트 — 뙹 (저항하며) 부딪히다; 치다 (-hit-hit)

☐ **farther** [fá:rðər] 파:r더r — 뛲 더 멀리 (far의 비교급)

☐ **explain** [ikspléin] 익스플레인 — 뙹 설명하다 뗑 explanation 설명

☐ **batter** [bǽtər] 배러r — 뗑 타자 뙹 bat 공을 치다

☐ **season** [síːzən] 씨:즌 — 뗑 시즌, 시기; 계절
▶ rainy season 장마철, 우기

☐ **average** [ǽvəridʒ] 에버뤼쥐 — 뎅 평균의; 평범한, 보통의

☐ **per** [pər] 퍼:r — 뙵 ~당, ~마다

☐ **temperature** [témpərətʃər] 템퍼뤄처r — 뗑 온도

☐ **be on the rise** — 증가하고 있다

☐ **altitude** [ǽltətjùːd] 앨터튜:드 — 뗑 (해발) 고도, 높이

☐ **decrease** [diːkríːs] 디크뤼:스 — 뙹 감소하다 뗑 감소

☐ **movement** [múːvmənt] 무:브먼ㅌ	몡 (조직적으로 벌이는) 운동; (몸의) 움직임
☐ **focus on**	~에 집중하다, 초점을 맞추다
☐ **subject matter**	주제, 소재
☐ **motionless** [móuʃənlis] 모우션리ㅅ	톙 움직이지 않는, 가만히 있는
☐ **object** [ábdʒikt] 아브직ㅌ	몡 물체, 물건
☐ **biblical** [bíblikəl] 비블리컬	톙 성서의, 성서 속의 몡 bible 성서
☐ **Impressionist** [impréʃənist] 임프뤠셔니스ㅌ	몡 인상파 화가 *cf*. impression 인상, 느낌
☐ **take an interest in**	~에 관심을 갖다
☐ **ordinary** [ɔ́ːrdənèri] 오:r더네뤼	톙 보통의, 평범한 (= common)
☐ **constantly** [kánstəntli] 칸스턴틀리	톛 끊임없이
☐ **depending on**	~에 따라 *cf*. depend on ~에 의존하다
☐ **atmosphere** [ǽtməsfiər] 앹머스피어r	몡 분위기, 대기(지구를 둘러싼 공기층)
☐ **particular** [pərtíkjulər] 퍼r티큘러r	톙 특정한, 특별한
☐ **moment** [móumənt] 모우먼ㅌ	몡 순간, 때
☐ **contribution** [kàntrəbjúːʃən] 칸츄뤄뷰:션	몡 기여, 이바지
☐ **perceive** [pərsíːv] 퍼r씨:ㅂ	통 인지[인식]하다
☐ **revolutionary** [rèvəlúːʃəneri] 뤠벌루:셔네뤼	톙 혁명적인, 획기적인 몡 revolution 혁명
☐ **approach** [əpróutʃ] 어프로우춰	몡 접근법 통 다가오다
☐ **fine arts**	미술
☐ **feature** [fíːtʃər] 피:처r	몡 특징
☐ **fixed** [fikst] 픽쓰ㅌ	톙 고정된, 변치 않는
☐ **work overtime**	초과 근무를 하다

10 하나의 목표에 집중하라!

pp. 38~39

☐ **impatient** [impéiʃənt] 임페이션ㅌ
> 톙 참을성 없는, 조급한
> ▶ be impatient to ~하고 싶어 안달하다
> (= can't wait to)

☐ **perform** [pərfɔ́ːrm] 퍼r포ːr엄
> 통 행하다, 수행하다 톙 performance 수행

☐ **woods** [wudz] 우즈
> 톙 숲 (forest보다는 작은 규모)
> cf. wood 나무, 목재

☐ **pick up**
> 탐지하다, 포착하다

☐ **trail** [treil] 츄뤠일
> 톙 지나간 자국, 흔적

☐ **sniff** [snif] 스니ㅍ
> 통 (킁킁거리며) ~의 냄새를 맡다

☐ **head** [hed] 헤드
> 통 (특정 방향으로) 향하다 톙 머리

☐ **notice** [nóutis] 노우티ㅆ
> 통 알아채다, 인지하다

☐ **cross** [krɔːs] 크뤄ːㅆ
> 통 가로지르다 톙 ×표; 십자가

☐ **path** [pæθ] 패ㅆ
> 톙 작은 길

☐ **catch up with**
> ~을 따라잡다

☐ **bark** [baːrk] 바ːrㅋ
> 통 짖다

☐ **proudly** [práudli] 프롸우들리
> 튀 자랑스럽게 톙 proud 자랑스러운

☐ **field** [fiːld] 피일ㄷ
> 톙 들판
> ▶ field mouse 들쥐

☐ **distract** [distrǽkt] 디스츄뢕ㅌ
> 통 주의를 흐트러뜨리다
> ▶ get distracted 산만해지다

☐ **pursue** [pərsúː] 퍼r쑤ː
> 통 추구하다

☐ **set a goal**
> 목표를 세우다

☐ **stick to**
> ~에 집착하다, 고수하다

☐ **hard on**
> ~에게 가혹한

☐ **be shocked**	충격을 받다
☐ **tropical** [trάpikəl] 츄**롸**피컬	혱 열대의 ▶ tropical forest 열대 우림
☐ **burn down**	태워버리다 (-burnt-burnt)
☐ **disappearance** [dìsəpí:ərəns] 디쓰어**피**:어뤈씨	명 소실, 소멸 동 disappear 사라지다
☐ **section** [sékʃən] **쎅**션	명 (토지, 도시 등의) 구역
☐ **destroy** [distrɔ́i] 디스츄**뤄**이	동 파괴하다
☐ **habitat** [hǽbitæt] **해**비태트	명 (동·식물의) 서식지
☐ **species** [spí:ʃi:z] 스**삐**:쉬:ㅈ	명 (생물의) 종
☐ **dozen** [dʌ́zn] **더**즌	명 12개 짜리 한 묶음, 십여 개 ▶ dozens of 수십의, 많은
☐ **mammal** [mǽməl] **매**믈	명 포유동물
☐ **reptile** [réptail] **뤱**타일	명 파충류
☐ **roughly** [rʌ́fli] **뤄**플리	부 대략, 거의
☐ **wipe out**	~을 완전히 파괴하다, 없애 버리다
☐ **raise** [reiz] **뤠**이ㅈ	동 (가축을) 사육하다
☐ **cattle** [kǽtl] **캐**틀	명 (집합적으로) 소
☐ **export** [ekspɔ́ːrt] 엑스**포**:r트	동 수출하다 (↔ import 수입하다)
☐ **deforestation** [diːfɔ̀ːristéiʃən] 디:**퍼**:뤼스테이션	명 삼림 파괴[벌채]
☐ **current** [kɔ́ːrənt] **커**:뤈트	혱 현재의, 지금의
☐ **rate** [reit] **뤠**이트	명 속도
☐ **remaining** [riméiniŋ] 뤼**메**이닝	혱 남아 있는, 남은
☐ **altogether** [ɔ̀ːltəgéðər] **얼**:터게더r	부 완전히

12 뼈는 당신의 모든 것을 알고 있다 pp. 42~43

☐ **ancient** [éinʃənt] 에인션트 · 혱 고대의 (↔ modern 현대의)

☐ **challenging** [tʃǽlindʒiŋ] 챌린징 · 혱 힘든, 어려운

☐ **bone** [boun] 보운 · 몡 뼈

☐ **clue** [kluː] 클루: · 몡 단서, 실마리

☐ **insight** [ínsait] 인싸이트 · 몡 이해, 식견, 통찰력

☐ **run through** · ~속으로 흐르다

☐ **nerve** [nəːrv] 너:ㄹ브 · 몡 신경

☐ **absorb** [əbsɔ́ːrb] 업쏘:ㄹ브 · 동 흡수하다

☐ **rest** [rest] 뤠스트 · 몡 나머지; 휴식 · 동 쉬다

☐ **flesh** [fleʃ] 플레쉬 · 몡 (사람·동물의) 살

☐ **rot away** · 썩어 없어지다

☐ **remain** [riméin] 뤼메인 · 동 ~상태로 (남아) 있다

☐ **source** [sɔːrs] 쏘:ㄹ쓰 · 몡 출처, 원천; 근원

☐ **analyze** [ǽnəlàiz] 애널라이즈 · 동 분석하다 · 몡 analysis 분석

☐ **race** [reis] 뤠이쓰 · 몡 인종

☐ **height** [hait] 하이트 · 몡 신장, 키

☐ **tell** [tel] 텔 · 동 알려 주다

☐ **examine** [igzǽmin] 이그재민 · 동 조사하다, 검토하다

☐ **comparison** [kəmpǽrisn] 컴페뤼슨 · 몡 비교 · 동 compare 비교하다

☐ **personality** [pə̀ːrsənǽləti] 퍼:ㄹ스낼러티 · 몡 성격

13 지혜로 위기를 모면한 콜럼버스   pp. 48~49

☐ **back**[bæk] 백   🕮 과거로 거슬러

☐ **land on**   ~에 상륙하다

☐ **native**[néitiv] 네이티브   🕮 원주민 🕮 토박이의

☐ **crew**[kru:] 크루: 🕮 선원, 승무원

☐ **provide A with B**   A에게 B를 주다, 공급하다

☐ **starve**[stɑːrv] 스따:r브   🕮 굶주리다, 굶어 죽다
                                     🕮 starvation 굶주림, 기아

☐ **hit upon**   우연히 생각해내다 (= discover);
                                우연히 만나다

☐ **get over**   극복하다

☐ **crisis**[kráisis] 크롸이씨ㅅ   🕮 위기, 최악의 고비

☐ **warn**[wɔːrn] 워:r언   🕮 경고하다 🕮 warning 경고

☐ **take away**   빼앗다; 없애다

☐ **occasion**[əkéiʒən] 어케이전   🕮 (특정한) 때, 경우

☐ **visible**[vízəbl] 비저블   🕮 (눈에) 보이는 (↔ invisible)

☐ **unaware**[ʌnəwɛ́ər] 언어웨어r   🕮 ~을 알지 못하는
                                  ▶ be unaware of ~을 모르다

☐ **occur**[əkə́ːr] 어커:r   🕮 일어나다 🕮 occurrence 발생; 사건

☐ **frightened**[fráitnd] 프롸이튼ㄷ   🕮 겁먹은, 무서워하는
                                  🕮 frighten 겁먹게 하다

☐ **beg**[beg] 벡   🕮 간청하다

☐ **in return**   답례로, 대신에

☐ **trade A with B**   A를 B와 교환[거래]하다

☐ **immediately**[imíːdiətli] 이미:디엇틀리   🕮 즉시

14 적게 먹어도 살이 빠지지 않는 이유 pp. 50~51

☐ **lose weight**	살이 빠지다, 살을 빼다 (↔ gain weight)
☐ **nutritionist**[nju:tríʃənist] 뉴·트뤼셔니스트	명 영양학자, 영양사 형 nutritious 영양가가 높은, 영양분이 많은
☐ **myth**[miθ] 미쓰	명 근거 없는 믿음
☐ **conduct**[kəndʌ́kt] 컨덕트	동 (특정한 활동을) 하다 ▶ conduct a study 연구를 하다
☐ **approach**[əpróutʃ] 어프로우취	명 접근법 동 다가가다
☐ **effective**[iféktiv] 이펙티브	형 효과적인 명 effect 효과
☐ **succeed**[səksíːd] 썩씨:드	동 성공하다 명 success 성공
☐ **end up -ing**	결국 ~하게 되다
☐ **work**[wəːrk] 워:r크	동 효과가 있다; 일하다
☐ **slow down**	(속도, 진행을) 늦추다
☐ **intake**[ínteik] 인테이크	명 섭취(량) ▶ calorie intake 칼로리 섭취량
☐ **reduce**[ridʒúːs] 뤼듀:쓰	동 줄이다 명 reduction 감소, 삭감
☐ **take in calories**	칼로리를 섭취하다, 흡수하다
☐ **burn**[bəːrn] 버:r언	동 태우다, 연소시키다 ▶ burn calories 칼로리를 태우다, 소모하다
☐ **term**[təːrm] 터:r엄	명 기간; 용어, 말 ▶ in the long term 장기적으로
☐ **adjust**[ədʒʌ́st] 어줘스트	동 적응하다 명 adjustment 적응, 조정
☐ **common**[kámən] 카먼	형 흔한, 일반적인

15 단식이 우리 몸에 미치는 영향

pp. 52~53

☐ **fast**[fæst] 패스트	图 단식하다, 금식하다 图 빠른
☐ **eventually**[ivéntʃuəli] 이벤츄얼리	图 결국
☐ **break down into**	~로 분해되다
☐ **fuel**[fjúːəl] 퓨:얼	图 연료
☐ **cell**[sel] 쎄을	图 세포
☐ **unique**[juːníːk] 유:니:크	图 독특한, 특별한
☐ **store**[stɔːr] 스떠:r	图 저장하다 图 stored 축적된
☐ **liver**[lívər] 리버r	图 간
☐ **transform A into B**	A를 B로 바꾸다, 변형시키다
☐ **muscle**[mʌ́sl] 머쓸	图 근육
☐ **order**[ɔ́ːrdər] 오:r더r	图 순서; 주문 图 명령하다; 주문하다
☐ **consume**[kənsúːm] 컨쑤움	图 먹다, 마시다; (에너지를) 소모하다
☐ **use up**	~을 다 쓰다
☐ **raise**[reiz] 뤠이ㅈ	图 높이다, 올리다
☐ **lower**[lóuər] 로우어r	图 낮추다, 내리다
☐ **in the long run**	결국에는
☐ **cut down on**	~을 줄이다
☐ **follow**[fálou] 팔로우	图 따르다

16 신 것을 달콤하게 만드는 신비한 과일 　pp. 56~57

☐ **miracle**[mírəkl] 미뤄끌	몡 기적 혱 miraculous 기적적인
☐ **sour**[sauər] 싸우어r	혱 신맛이 나는
☐ **taste**[teist] 테이스트	동 ~한 맛이 나다 몡 맛 혱 tasty 맛있는
☐ **bush**[buʃ] 부쉬	몡 관목, 덤불
☐ **evergreen**[évərgrìːn] 에버r그륀:	혱 상록의 몡 상록수 ▶ evergreen plant 상록식물
☐ **up to**	~까지
☐ **flavor**[fléivər] 플레이버r	몡 맛, 풍미
☐ **yield**[jiːld] 이을드	동 (농작물을) 생산하다
☐ **crop**[krɑp] 크뢒	몡 농작물; 수확량
☐ **rainy season**	장마철, 우기
☐ **seed**[siːd] 씨:드	몡 씨앗
☐ **bean**[biːn] 비인	몡 콩, 열매
☐ **contain**[kəntéin] 컨테인	동 포함하다, 함유하다
☐ **protein**[próutiːn] 프로우티인	몡 단백질
☐ **stick to**	~에 달라붙다
☐ **bud**[bʌd] 버드	몡 (꽃) 봉오리, 싹 ▶ taste bud (혀의) 맛봉오리, 미뢰
☐ **mistake A for B**	A를 B로 오인하다
☐ **acid**[ǽsid] 애씨드	몡 (화학) 산 (↔ alkali 알칼리)
☐ **sweeten**[swíːtn] 스윗:튼	동 달게 하다 몡 sweetening 감미료
☐ **last**[læst] 래스트	동 지속하다, 계속하다 혱 최후의, 맨 마지막의 훸 맨 마지막으로

☐ **normally**[nɔ́ːrməli] 노ː*r*멀리
    (부) 보통(은), 보통 때는
    (형) normal 보통의, 정상적인

☐ **migrate**[máigreit] 마이그뤠이트
    (동) 이동하다, 이주하다
    (명) migration 이주, 이동

☐ **find one's way**
    길을 찾다

☐ **by moonlight**
    달빛으로 *cf.* starlight 별빛

☐ **crash into**
    ~와 충돌하다

☐ **confuse**[kənfjúːz] 컨퓨ː즈
    (동) 혼란시키다

☐ **crawl**[krɔːl] 크롤ː
    (동) 기어가다

☐ **streetlight**[stríːtlàit] 스츄륏ː라이트
    (명) 가로등

☐ **shine**[ʃain] 샤인
    (동) 빛나다

☐ **have difficulty -ing**
    ~하는 데 어려움이 있다

☐ **exposed**[ikspóuzd] 익스포우즈드
    (형) 노출된
    ▶ be exposed to ~에 노출되다

☐ **affect**[əfékt] 어펙트
    (동) 영향을 미치다

☐ **immunity**[imjúːnəti] 이뮤ː너티
    (명) 면역력

☐ **block**[blɑk] 블락
    (동) 막다, 방해하다

☐ **production**[prədʌ́kʃən] 프러덕션
    (명) 생산(량)
    (동) produce 생산하다; 만들어 내다

☐ **drop**[drɑp] 드랍
    (동) 떨어지다; 떨어뜨리다 (명) 하락

☐ **protect**[prətékt] 프러텍트
    (동) 보호하다 (명) protection 보호

☐ **endangered**[indéindʒərd] 인데인줘*r*드
    (형) 멸종 위기에 처한
    (동) endanger ~을 위험에 빠뜨리다

☐ **sense of direction**
    방향 감각

☐ **tell A from B**
    A와 B를 구별하다

18 베르테르 효과란? pp. 60~61

☐ **sorrow** [sárou] 싸로우 · 명 슬픔, 비애

☐ **century** [séntʃəri] 센춰뤼 · 명 세기, 100년

☐ **novel** [návəl] 나벌 · 명 소설

☐ **hero** [híərou] 히어로우 · 명 주인공, 영웅

☐ **hopeless** [hóuplis] 호울리ㅆ · 형 절망적인 (↔ hopeful 희망적인)

☐ **end one's life** · 생을 마감하다

☐ **dress up** · (옷을) 갖춰 입다

☐ **vest** [vest] 베스트 · 명 조끼

☐ **shoot** [ʃuːt] 슈ː트 · 동 (총 등을) 쏘다, ~을 총살하다

☐ **bestseller** [bèstsélər] 베스트쎌러r · 명 (보통 책의) 베스트셀러, 잘 팔리는 것

☐ **claim** [kleim] 클레임 · 동 주장하다

☐ **suicide** [súːəsàid] 쑤ː어싸이드 · 명 자살, 자살 행위
▶ commit suicide 자살하다

☐ **lead to** · ~을 야기하다, 초래하다

☐ **phenomenon** [finámənàn] 피나머난 · 명 현상

☐ **imitation** [ìmətéiʃən] 이머테이션 · 명 모방, 흉내내기
▶ imitation suicide 모방 자살

☐ **sleeping pill** · 수면제

☐ **blame** [bleim] 블레임 · 동 ~을 탓하다 형 blameful 비난받을 만한

☐ **glorify** [glɔ́ːrəfài] 글로ː뤄파이 · 동 미화하다 명 glorification 미화, 찬송

☐ **celebrity** [səlébrəti] 썰레브뤄리 · 명 유명 인사

☐ **encourage** [inkə́ːridʒ] 인커ː뤼쥐 · 동 부추기다, 조장하다
명 encouragement 격려, 장려

☐ **poison** [pɔ́izən] 포이즌 · 명 독, 독약

Unit 07

19 펭귄의 구애에는 특별함이 있다 pp. 66~67

☐ **female** [fíːmeil] 피:메이을
   영 암컷의, 여성의 영 암컷, 여성
   (↔ male 영 수컷의, 남성의 영 수컷, 남성)

☐ **offer** [ɔ́ːfər] 어:퍼r
   동 제공하다, 주다 명 제안

☐ **pebble** [pébl] 페블
   명 조약돌

☐ **place** [pleis] 플레이ㅆ
   동 ~을 놓다, 두다 명 장소

☐ **token** [tóukən] 토우큰
   명 표시, 징표; 토큰
   ▶ as a token of ~의 표시로

☐ **proposal** [prəpóuzəl] 프뤄포우절
   명 청혼; 제안 동 propose 청혼하다

☐ **mating** [méitiŋ] 메이링
   명 짝짓기
   cf. mate 동 짝짓기를 하다 명 짝

☐ **ceremony** [sérəmòuni] 쎄뤄모우니
   명 의식

☐ **faithful** [féiθfəl] 페이ㅆ펄
   형 충실한 (↔ unfaithful 충실하지 않은)
   명 faith 신뢰

☐ **significant** [signífikənt] 씨그니피컨ㅌ
   형 중요한
   명 significance 중대성, 중요성

☐ **role** [roul] 로울
   명 역할
   ▶ play a role in ~에서 역할을 하다

☐ **in the choice of**
   ~을 선택하는 데

☐ **search** [səːrtʃ] 써:r취
   동 찾아 보다, 뒤지다 명 찾기; 검색

☐ **entire** [intáiər] 인타이어r
   형 전체의

☐ **smooth** [smuːð] 스무:드
   형 매끈한, 매끄러운 (↔ rough 거친)

☐ **attempt to**
   ~하려고 시도하다

☐ **steal** [stiːl] 스띠을
   동 훔치다, 도둑질하다

☐ **win one's heart**
   ~의 마음을 얻다

20 유전자 조작 식품의 습격　　　　pp. 68~69

□ **modify** [mádəfài] 마더파이
　　⑧ 수정하다, 바꾸다
　　⑲ modification 수정, 변경

□ **gene** [dʒi:n] 쥔인
　　⑲ 유전자　⑲ genetic 유전의
　　▶ genetic modification 유전자 조작

□ **crop** [krɑp] 크뢉
　　⑲ 농작물, 수확물

□ **practice** [prǽktis] 프뢕티ㅆ
　　⑧ 행하다; 연습하다

□ **breeding** [brí:diŋ] 브뤼:딩
　　⑲ 품종 개량, 육종
　　▶ traditional breeding 전통 육종

□ **combine** [kəmbáin] 컴바인
　　⑧ 결합시키다
　　⑲ combination 결합, 조합

□ **unrelated** [ʌnriléitid] 언릴레이티ㄷ
　　⑲ 관련[관계] 없는
　　(↔ related 관련된)

□ **organism** [ɔ́:rgənìzəm] 오:r거니즘
　　⑲ 유기체, 생물(체)

□ **insert** [insə́:rt] 인써:rㅌ
　　⑧ 삽입하다　⑲ insertion 삽입; 삽입물

□ **bacterial** [bæktíəriəl] 백티어뤼얼
　　⑲ 박테리아(세균)의

□ **alien** [éiljən] 에일리언
　　⑲ 외계인, 우주인

□ **side effect**
　　부작용

□ **be limited to**
　　~에 제한되다

□ **defect** [dí:fekt] 디:펙ㅌ
　　⑲ 결함, 장애

□ **take action**
　　조치를 취하다, 행동에 옮기다

□ **face** [feis] 페이ㅆ
　　⑧ 직면하다

□ **disaster** [dizǽstər] 디재스터r
　　⑲ 재앙, 참사

□ **benefit** [bénəfit] 베너피ㅌ
　　⑲ 혜택, 이득　⑲ beneficial 이로운

□ **productive** [prədʌ́ktiv] 프뤄덕티ㅂ
　　⑲ 생산적인　⑲ production 생산

☐ **accident** [ǽksidənt] 액씨던ㅌ
⠀⠀⠀⠀명 사고; 우연
⠀⠀⠀⠀형 accidental 우연한, 돌발적인

☐ **heartbroken** [hɑ́rtbròukən] 하ᵣ트브로우큰
⠀⠀⠀⠀형 비통해 하는

☐ **funeral** [fjú:nərəl] 퓨:너럴
⠀⠀⠀⠀명 장례식

☐ **relationship** [riléiʃənʃìp] 륄레이션쉽
⠀⠀⠀⠀명 관계

☐ **be the case**
⠀⠀⠀⠀사실이 그러하다

☐ **AI**
⠀⠀⠀⠀인공지능 (Artificial Intelligence)

☐ **maintain** [meintéin] 메인테인
⠀⠀⠀⠀동 유지하다, 지속하다
⠀⠀⠀⠀명 maintenance 유지

☐ **beyond** [biánd] 비얀ㄷ
⠀⠀⠀⠀전 ~너머

☐ **text** [tekst] 텍스ㅌ
⠀⠀⠀⠀동 ~에게 문자를 보내다

☐ **miss** [mis] 미쓰
⠀⠀⠀⠀동 그리워하다

☐ **type** [taip] 타잎
⠀⠀⠀⠀동 입력하다, 타자 치다 명 유형, 종류

☐ **avatar** [ǽvətɑːr] 애버타:ᵣ
⠀⠀⠀⠀명 아바타 (인터넷 채팅이나 게임 등에서 자신의
⠀⠀⠀⠀역할을 대신하는 애니메이션 캐릭터)

☐ **appear** [əpíər] 어피어ᵣ
⠀⠀⠀⠀동 나타나다 (↔ disappear 사라지다)

☐ **reply** [riplái] 뤼플라이
⠀⠀⠀⠀동 대답하다 명 답장

☐ **upload** [ʌ́plòud] 업로우ㄷ
⠀⠀⠀⠀동 업로드하다 (↔ download 다운로드하다)

☐ **version** [və́ːrʒən] 버:ᵣ젼
⠀⠀⠀⠀명 판, 형태

☐ **respond** [rispánd] 뤼스빤ㄷ
⠀⠀⠀⠀동 대답하다, 반응하다

☐ **concept** [kánsept] 칸쎕ㅌ
⠀⠀⠀⠀명 개념, 콘셉트

☐ **copy** [kápi] 카피
⠀⠀⠀⠀명 복사[복제]본 동 모방하다, 베끼다

☐ **ruin** [rúːin] 루:인
⠀⠀⠀⠀동 망치다, 파괴하다

☐ **pass away**
⠀⠀⠀⠀사망하다

☐ **contact** [kántækt] 칸텍ㅌ
⠀⠀⠀⠀동 연락하다 명 접촉, 연락

22 별들이 우주에 남긴 흔적 pp. 74~75

☐ **reach** [riːtʃ] 뤼ː취 | 동 ~에 도달하다, 닿다

☐ **exist** [igzíst] 이그**지**스트 | 동 존재하다

☐ **light year** | 광년 (빛이 1년간 나아가는 거리)

☐ **besides** [bisáidz] 비**싸**이즈 | 전 ~외에

☐ **go out** | (불·전깃불 등이) 꺼지다

☐ **realize** [ríːəlàiz] 뤼ː얼라이즈 | 동 알아차리다, 깨닫다

☐ **invent** [invént] 인**벤**트 | 동 발명하다 명 invention 발명; 발명품

☐ **distant** [dístənt] **디**스턴트 | 형 먼, 떨어져 있는 (= remote)
　명 distance 거리

☐ **visible** [vízəbl] **비**저블 | 형 (눈에) 보이는
　명 visibility 눈에 보임, 가시성

☐ **naked** [néikid] **네**이키드 | 형 벌거벗은; 노골적인, 적나라한
　▶ naked eye (안경을 쓰지 않은) 육안, 맨눈

☐ **million** [míljən] **밀**리언 | 명 백만

☐ **hundreds of thousands of** | 수십만의
　cf. tens of thousands of 수만의

☐ **prove** [pruːv] 프**루**ː브 | 동 증명하다 명 proof 증명, 증거

☐ **galaxy** [ɡǽləksi] **갤**럭씨 | 명 은하계

☐ **impossible** [impάsəbl] 임**파**써블 | 형 불가능한 (↔ possible 가능한)

☐ **measure** [méʒər] **메**줘r | 동 측정하다
　명 measurement 측정, 치수

☐ **in a straight line** | 직선으로

☐ **universe** [júːnəvə̀ːrs] **유**ː너**버**ːrs | 명 우주

23 키가 작아서 좋은 점이 있다! pp. 76~77

□ **advantage** [ədvǽntidʒ] 어드**밴**티쥐
- 몡 이점, 장점 (↔ disadvantage 약점, 단점)
- ▶ advantage over ~보다 유리한 점

□ **researcher** [risə́:rtʃər] 뤼**써**:r춰r
- 몡 연구자 통 research 연구하다

□ **expectancy** [ikspéktənsi] 익스**펙**턴씨
- 몡 기대 통 expect 기대하다
- ▶ life expectancy 기대 수명

□ **explain** [ikspléin] 익스플**레**인
- 통 설명하다 몡 explanation 설명

□ **reason** [ríːzən] **뤼**:즌
- 몡 이유 휑 reasonable 합리적인, 논리적인

□ **certain** [sə́:rtən] **써**:r튼
- 휑 어떤; 확실한

□ **growth** [grouθ] 그**로**우ㅆ
- 몡 성장
- ▶ growth hormone 성장호르몬

□ **cause** [kɔːz] **커**:즈
- 통 (~가 …하도록) 만들다, 야기하다

□ **risk** [risk] **뤼**스ㅋ
- 몡 위험, 위험 요소

□ **attention** [əténʃən] 어**텐**션
- 몡 관심, 주의
- ▶ pay attention to ~에 주목하다

□ **result** [rizʌ́lt] 뤼**절**트
- 몡 결과

□ **unfortunately** [ʌnfɔ́ːrtʃənitli] 언**포**:r춰니틀리
- 튀 불행히도 (↔ fortunately 다행히도)
- 휑 unfortunate 불행한, 불운한

□ **shorten** [ʃɔ́ːrtn] **쇼**:r튼
- 통 짧게 하다, 단축하다
- ▶ shorten one's life ~의 수명을 단축시키다

□ **height** [hait] **하**이트
- 몡 (사람의) 키

24 몰디브 섬 해안가를 수놓은 별들의 정체 pp. 78~79

☐ **in the middle of**	~중앙에, 중간 무렵에; ~의 도중에
☐ **the Indian Ocean**	인도양 *cf.* the Atlantic Ocean 대서양 the Pacific Ocean 태평양
☐ **located** [lóukeitd] 로우케이티드	형 위치한 동 locate (장소에) 위치하다, 자리잡고 있다
☐ **unique** [ju:ní:k] 유:니:크	형 유일무이한, 특별한
☐ **glow** [glou] 글로우	동 빛나다
☐ **earn** [ə:rn] 어r언	동 (명성·지위 등을) 얻다, 얻게 하다
☐ **nickname** [níknèim] 닉네임	명 별명
☐ **peak** [pi:k] 피:크	명 절정, 정점
☐ **fall** [fɔ:l] 퍼얼	동 (밤·계절 등이) 다가오다, 찾아오다 (-fell-fallen)
☐ **neon** [ní:ɑn] 니:안	명 네온
☐ **dot** [dɑt] 다트	명 점
☐ **twinkle** [twíŋkl] 트윙클	동 반짝거리다, 반짝반짝 빛나다
☐ **the Milky Way**	은하수, 은하계
☐ **possibly** [pásəbli] 파써블리	부 과연; 아마 형 possible 가능한
☐ **gorgeous** [gɔ́:rdʒəs] 고:r줘쓰	형 아주 멋진, 아름다운
☐ **scene** [si:n] 씨인	명 장면, 광경
☐ **plankton** [plǽŋktən] 플랭크턴	명 플랑크톤, 부유 생물
☐ **wave** [weiv] 웨이브	명 파도, 물결
☐ **hit against**	~에 부딪치다
☐ **stir up**	자극하다
☐ **expose** [ikspóuz] 익스포우즈	동 노출시키다
☐ **conceal** [kənsí:l] 컨씨일	동 숨기다

□ **pressure** [préʃər] 프뤠셔r

(명) 압력
▶ outside pressure 외부 압력

□ **defense** [diféns] 디펜쓰

(명) 방어 (동) defend 방어하다, 지키다
▶ defense mechanism 방어기제

□ **distract** [distrǽkt] 디스츄랙트

(동) (주의를) 딴 데로 돌리다
(명) distraction 주의 산만, 혼란

□ **attach** [ətǽtʃ] 어태취

(동) ~을 붙이다, 달라붙게 하다

□ **attack** [ətǽk] 어택

(동) 공격하다 (명) 공격

□ **plan** [plæn] 플랜

(명) 계획 (동) 계획하다

□ **forget** [fərgét] 퍼r겟

(동) 잊다

□ **include** [inklú:d] 인클루:드

(동) 포함하다 (↔ exclude 제외하다)

□ **resist** [rizíst] 뤼지스트

(동) (유혹을) 물리치다
(형) resistant 저항력이 있는

□ **in the dark**

어둠 속에(서)

□ **clearly** [klíərli] 클리어r리

(부) 확실히, 명확히

□ **enemy** [énəmi] 에너미

(명) 적, 적군

25 사랑과 호르몬의 관계

pp. 84~85

☐ **fall in love** — 사랑에 빠지다

☐ **last**[læst] 래스트 — ⑧ 지속하다 ⑲ 최후의, 맨 마지막의
⑨ 맨 마지막으로

☐ **lie in** — ~에 있다

☐ **according to** — ~에 따르면

☐ **chemical**[kémikəl] 케미컬 — ⑲ 화학 물질

☐ **romantic**[rouméntik] 로우맨틱 — ⑲ 사랑의 (성적인) 감정을 일으키는

☐ **increase**[inkrí:s] 인크뤼:쓰 — ⑧ 증가하다
[ínkri:s] 인크뤼:쓰 — ⑲ 증가
(↔ decrease ⑧ 감소하다 ⑲ 감소)

☐ **fade**[feid] 페이드 — ⑧ 서서히 사라지다, 약화되다

☐ **over time** — 시간이 지나면서

☐ **secure**[sikjúər] 씨큐어r — ⑲ 안전한, 안정감 있는

☐ **relationship**[riléiʃənʃip] 륄레이션쉽 — ⑲ 관계

☐ **drop**[drɑp] 드롭 — ⑧ 떨어지다; 떨어뜨리다 ⑲ 하락

☐ **analyze**[ǽnəlàiz] 애널라이즈 — ⑧ 분석하다 ⑲ analysis 분석

☐ **volunteer**[vὰləntíər] 발런티어r — ⑲ 자원자

☐ **recently**[rí:səntli] 뤼:슨틀리 — ⑨ 최근에 (= lately) ⑲ recent 최근의

☐ **compare A with B** — A와 B를 비교하다

☐ **sweaty**[swéti] 스웨리 — ⑲ 땀에 젖은, 축축한 ⑲ sweat 땀

☐ **nervous**[nə́:rvəs] 너:r버쓰 — ⑲ 신경이 과민한, 불안해 하는

☐ **stomach**[stʌ́mək] 스떠먹 — ⑲ 위, 복부

☐ **candlelit**[kǽndllit] 캔들릿 — ⑲ 촛불을 밝힌

26 박테리아가 인류 최초의 조상?!

pp. 86~87

☐ **single-celled** [síŋɡəlsèld] 씽글쎌드 — 형 단세포의

☐ **billion** [bíljən] 빌리언 — 명 10억

☐ **evolve into** — ~으로 진화하다

☐ **organism** [ɔ́ːrɡənìzəm] 오ːr거니즘 — 명 유기체, 생물(체)

☐ **reptile** [réptail] 뤱타일 — 명 파충류

☐ **mammal** [mǽməl] 매믈 — 명 포유동물

☐ **swallow** [swálou] 스왈로우 — 동 삼키다

☐ **refuse** [rifjúːz] 뤼퓨ː즈 — 동 거부하다 명 refusal 거부, 거절

☐ **digest** [daidʒést] 다이줴스트 — 동 (음식을) 소화하다 명 digestion 소화, 소화력

☐ **beg for** — ~을 구걸하다, 간청하다

☐ **deal** [diːl] 디일 — 명 거래 동 처리하다, 다루다 ▶ propose a deal 거래를 제안하다

☐ **servant** [sə́ːrvənt] 써ːr번트 — 명 하인, 종 (↔ owner 주인)

☐ **compete with** — ~와 경쟁하다

☐ **cooperate with** — ~와 협력하다

☐ **struggle** [strʌ́ɡl] 스뜨뤄글 — 명 투쟁, 싸움

☐ **transform A into B** — A를 B로 변형시키다

☐ **organ** [ɔ́ːrɡən] 오ːr건 — 명 장기, 기관

☐ **internal** [intə́ːrnl] 인터ːr널 — 형 내부의 (↔ external 외부의)

☐ **exist** [iɡzíst] 이그지스트 — 동 존재하다 명 existence 존재

27 도깨비 도로의 비밀   pp. 88~89

☐ **hill** [hil] 히을   몡 경사로, 언덕

☐ **road** [roud] 로우ㄷ   몡 도로, 길

☐ **park** [pɑːrk] 파ːrㅋ   통 주차하다 몡 공원

☐ **slope** [sloup] 슬로웊   몡 경사지

☐ **go up**   올라가다, 오르다

☐ **by itself**   저절로

☐ **spook** [spuːk] 스푸ːㅋ   몡 유령, 귀신 (= ghost)

☐ **bottom** [bátəm] 바럼   몡 바닥, 아래쪽 (↔ top 위, 꼭대기)
▶ at the bottom of ~의 밑에, 바닥에

☐ **roll** [roul] 로울   통 구르다, 굴러가다

☐ **legend** [lédʒənd] 레전ㄷ   몡 전설 혱 legendary 전설적인

☐ **battle** [bǽtl] 배를   몡 전투 (= war)

☐ **the Civil War**   (미국) 남북 전쟁

☐ **take place**   일어나다

☐ **be known as**   ~로 알려져 있다

☐ **haunted** [hɔ́ːntid] 헌ːㅌ드   혱 귀신[유령]이 나오는

☐ **conduct** [kəndʌ́kt] 컨덕ㅌ   통 (특정한 활동을) 하다
▶ conduct a study on ~에 대한 연구를 하다

☐ **measure** [méʒər] 메줘r   통 측정하다
▶ measuring device 측정 장치

☐ **point** [pɔint] 포인ㅌ   통 가리키다, 향하다

☐ **downhill** [dàunhíl] 다운힐   혱 내리막의 몡 내리막길
(↔ uphill 혱 오르막의 몡 오르막길)

☐ **optical** [áptikəl] 압티컬   혱 시각적인
▶ optical illusion 착시 현상

☐ **occur** [əkə́ːr] 어커ːr   통 일어나다, 발생하다

☐ **the horizon**	수평선
☐ **surrounding** [səráundiŋ] 써**롸**운딩	형 주위의 명 환경
☐ **landscape** [lǽndskèip] **랜**ㄷ스께잎	명 풍경
☐ **appear** [əpíər] 어**피**어r	통 ~처럼 보이다 (= seem); 나타나다 명 appearance 외모, 겉모습; 출연, 등장
☐ **local** [lóukəl] **로**우컬	형 지역의, 현지의
☐ **truth** [truːθ] 츄**루**ː쓰	명 진실, 사실
☐ **deceive** [disíːv] 디**씨**ː ㅂ	통 속이다, 현혹시키다 명 deception 사기, 기만
☐ **attract** [ətrǽkt] 어츄**뢕**ㅌ	통 끌어당기다
☐ **solution** [səlúːʃən] 썰**루**ː션	명 해결책, 해법 통 solve 해결하다

28 인공 습지의 재발견   pp. 92~93

□ **saying** [séiiŋ] 쎄잉   몡 속담, 격언

□ **when it comes to**   ~에 대해서라면

□ **wastewater** [wéistwɔ̀:tər] 웨이스트**와:**러   몡 폐수, 오수

□ **equipment** [ikwípmənt] 이**퀲**먼트   몡 장비, 설비 통 equip 장비를 갖추다

□ **in particular**   특히 (= particularly)

□ **wetland** [wétlænd] **웻**랜드   몡 습지

□ **release** [rilí:s] 릴리:쓰   통 방출하다; 개봉하다 몡 방출; 개봉

□ **oxygen** [áksidʒən] **악**씨쥔   몡 산소

□ **break down**   (물질을) 분해하다

□ **pollutant** [pəlú:tənt] 펄**루:**턴트   몡 오염 물질 통 pollute 오염시키다

□ **harmful** [há:rmfəl] **하**r암펄   혱 해로운 (↔ harmless 무해한)

□ **remove** [rimú:v] 뤼**무:**브   통 제거하다 몡 removal 제거

□ **pass through**   빠져나가다

□ **soil** [sɔil] **쏘**일   몡 토양, 흙

□ **artificial** [à:rtəfíʃəl] 야:r터**피**셜   혱 인공의 (= man-made)
 튄 artificially 인위적으로; 부자연스럽게

□ **promote** [prəmóut] 프뤄**모**우트   통 촉진하다

□ **provide** [prəváid] 프뤄**바**이드   통 제공하다, 주다 몡 provision 공급, 제공

□ **preserve** [prizə́:rv] 프뤼**저:**r브   통 보존하다
 몡 preservation 보존, 보호; 유지

□ **economical** [èkənámikəl] 에커**나**미컬   혱 경제적인, 실속 있는 몡 economy 경제

□ **inexpensive** [ìnikspénsiv] 인익스**펜**씨브   혱 비싸지 않은 (↔ expensive 비싼)

□ **wildlife** [wáildlàif] **와**일드라이프   몡 야생 생물 *cf.* wild 야생의

☐ **be limited to** — ~에 제한되다

☐ **tend to** — ~하는 경향이 있다

☐ **as well** — 또한

☐ **human being** — 인간

☐ **determine**[ditə́:rmin] 디**터**:r민
- ⑧ 결정하다 (= decide)
- ⑲ determination 결정

☐ **immune**[imjú:n] 이**뮨**:
- ⑱ 면역의, 면역이 된 ⑲ immunity 면역(력)
- ▶ immune system 면역 체계

☐ **infection**[infékʃən] 인**펙**션 — ⑲ 감염, 전염병 ⑧ infect 감염시키다

☐ **disease**[dizí:z] 디**지**:즈 — ⑲ 병, 질병 (= sickness)

☐ **be better at** — ~을 더 잘하다

☐ **fight off** — ~와 싸워 물리치다

☐ **likely**[láikli] **라**이클리
- ⑱ ~할 가능성이 있는, ~할 것 같은
- ▶ be likely to ~할 가능성이 있다

☐ **broad**[brɔ:d] 브**뤄**:드 — ⑱ 폭넓은 (↔ narrow 좁은)

☐ **design**[dizáin] 디**자**인
- ⑧ 설계하다, 만들다 ⑲ 설계, 디자인
- ▶ be designed to ~하도록 만들어지다

☐ **make sure (that)** — 반드시 ~하도록 하다[명심하다]

☐ **diverse**[divə́:rs] 디**버**:r쓰 — ⑱ 다양한 ⑲ diversity 다양성

30 핑크 노이즈를 들으면 귀가 행복해져요 pp. 96~97

☐ **have ~ in common** — (특징 등을) 공통적으로 지니다

☐ **share** [ʃɛər] 쉐어*r* — 통 (감정, 생각 등을) 공통적으로 갖다

☐ **characteristic** [kæ̀riktərístik] 캐릭터뤼스틱 — 명 특징, 특질

☐ **pleasing** [plíːziŋ] 플리:징 — 형 즐거운, 기분 좋은

☐ **breeze** [briːz] 브뤼:즈 — 명 산들바람, 미풍

☐ **flow** [flou] 플로우 — 통 흐르다 명 흐름, 유입

☐ **stream** [striːm] 스츄륌: — 명 개울, 시내

☐ **present** [prézənt] 프뤠즌트 — 형 존재하는 (↔ absent 부재한) 명 선물
　　　　　　[prizént] 프리젠트 — 통 주다, 수여하다

☐ **artificially** [àːrtəfíʃəli] 아:*r*터피셜리 — 부 인공적으로, 인위적으로

☐ **physicist** [fízisist] 피지씨스트 — 명 물리학자 *cf.* physics 물리학

☐ **conduct** [kəndʌ́kt] 컨덕트 — 통 (특정한 활동을) 하다
　　　　　　▶ conduct research on ~에 관한 연구를 하다

☐ **classical** [klǽsikəl] 클래씨컬 — 형 고전적인 *cf.* classic 최고 수준의

☐ **contain** [kəntéin] 컨테인 — 통 ~이 들어 있다

☐ **educator** [édʒukèitər] 에쥬케이러*r* — 명 교육자

☐ **improve** [imprúːv] 임프루:브 — 통 향상시키다, 개선하다
　　　　　　명 improvement 향상, 개선

☐ **it is reported that** — ~라고 보고되다

☐ **develop** [divéləp] 디벨럽 — 통 개발하다; 발달하다
　　　　　　명 development 개발; 발달

☐ **relaxing** [rilǽksiŋ] 륄랙씽 — 형 편안한, 느긋한 통 relax 편안해지다

☐ **twitter** [twítər] 트위러*r* — 통 (새가) 지저귀다, 짹짹거리다

Unit

☐ **found**[faund] 파운ㄷ   통 설립하다, 세우다 (-founded-founded)

☐ **track and field**   육상 경기

☐ **caring**[kέəriŋ] 케어링   형 배려하는, 보살피는
cf. care 통 배려하다, 상관하다 명 돌봄; 걱정

☐ **spiked**[spaikt] 스파잌ㅌ   형 스파이크(운동화 바닥의 뾰족한 못)가 박힌

☐ **widely**[wáidli] 와이들리   부 널리, 폭넓게 형 wide (폭이) 넓은

☐ **comfortable**[kʌ́mfərtəbl] 컴퍼r터블   형 편안한 (↔ uncomfortable 불편한)
명 comfort 안락함 (↔ discomfort 불편함)

☐ **athlete**[ǽθliːt] 애쓸리ː트   명 운동선수

☐ **rubber**[rʌ́bər] 뤄버r   명 고무

☐ **sole**[soul] 쏘울   명 (신발·양말의) 바닥, 밑창

☐ **silly**[síli] 씰리   형 바보 같은, 유치한

☐ **pour**[pɔːr] 포ː어r   통 붓다, 쏟아 붓다

☐ **bottom**[bátəm] 바럼   명 바닥, 맨 아래(부분) 형 맨 아래 쪽에

☐ **lead**[liːd] 리ː드   통 이끌다, 인도하다 (-led-led)
▶ lead to ~로 이어지다, 이끌다

☐ **breakthrough**[bréikθrùː] 브뤠잌쓰루ː   명 (과학·기술 등의) 획기적인 진전; 돌파구

☐ **industry**[índəstri] 인더스트뤼   명 산업

☐ **achievement**[ətʃíːvmənt] 어취ː브먼트   명 업적 통 achieve 이루다, 성취하다

32 깨진 유리창과 범죄율의 관계   pp. 104~105

☐ **gangster**[gǽŋstər] 갱스떠*r*   몡 갱, 폭력단원 *cf.* gang 갱단

☐ **crime**[kraim] 크롸임   몡 범죄 *cf.* criminal 범죄자
     ▶ commit a crime 죄를 저지르다
     ▶ crime rate 범죄율

☐ **alley**[ǽli] 앨리   몡 골목
     ▶ back alley 뒷골목

☐ **messy**[mési] 메씨   혱 지저분한, 엉망인 몡 mess 엉망인 상태

☐ **theory**[θíːəri] 씨:어뤼   몡 이론

☐ **unrepaired**[ʌnripέərd] 언뤼페어*r*드   혱 수리되지 않은

☐ **take A as B**   A를 B로 받아들이다

☐ **neglect**[niglékt] 니글렉트   몡 방치 동 방치하다, 소홀하다

☐ **tempt**[tempt] 템트   동 유혹하다 몡 temptation 유혹
     ▶ be tempted to ~하도록 유혹 받다

☐ **disorder**[disɔ́ːrdər] 디스오:*r*더*r*   몡 무질서 (↔ order 질서)

☐ **mayor**[méiər] 메이어*r*   몡 시장

☐ **free of**   ~가 없는

☐ **ride**[raid] 롸이드   동 (승객으로 차량을) 타다, 타고 가다

☐ **action**[ǽkʃən] 액션   몡 조치, 행동 동 act 행동하다

☐ **signal**[sígnəl] 씨그널   동 알리다, 신호를 보내다 몡 신호

☐ **take control of**   ~을 장악하다, 지배하다

☐ **significantly**[signífikəntli] 씨그니피컨틀리   붘 상당히, 크게 혱 significant 중요한

☐ **policy**[páləsi] 팔러씨   몡 정책

☐ **microbiologist** [màikroubaiá:ləʒist]
　　　　　마이크로우바이**알**:러쥐스트 — 몡 미생물학자

☐ **disease** [dizí:z] 디**지**:즈 — 몡 병, 질병　혱 diseased 병에 걸린

☐ **germ** [dʒəːrm] **줘**:*r*엄 — 몡 세균, 미생물

☐ **oppose** [əpóuz] 어**포**우즈 — 동 ~에 반대하다, 이의를 제기하다

☐ **compare A to B** — A를 B에 비유하다

☐ **be attracted to** — ~에 끌리다

☐ **rotten** [rátn] **롸**튼 — 혱 썩은, 부패한　동 rot 썩다, 부패하다

☐ **smelly** [sméli] 스**멜**리 — 혱 냄새 나는　몡 smell 냄새

☐ **land** [lænd] **랜**드 — 동 내려앉다, 착륙하다

☐ **go for** — ~을 얻으려고 애쓰다, ~로 끌리다

☐ **body tissue** — 신체 조직

☐ **remove** [rimúːv] 뤼**무**:브 — 동 없애다, 제거하다

☐ **immunity** [imjúːnəti] 이**뮤**:너티 — 몡 면역력

☐ **unjustly** [əndʒʌ́stli] 언**줘**스틀리 — 뷔 부당하게　*cf.* justice 정의

☐ **blame A for B** — B를 A의 탓으로 돌리다

☐ **prescribe** [priskráib] 프리스크**롸**입 — 동 처방하다　몡 prescription 처방전

☐ **antibiotic** [æ̀ntibaiátik] 앤티바이**아**릭 — 몡 항생제, 항생물질

☐ **unreasonable** [ʌnríːznəbəl] 언**뤼**:즈너블 — 혱 불합리한, 부당한
　　　(↔ reasonable 타당한, 합리적인)

☐ **deathbed** [déθbèd] **데**쓰베드 — 몡 임종(의 자리)

☐ **proper** [prápər] 프**롸**퍼*r* — 혱 적절한, 제대로 된　뷔 properly 적절하게

☐ **nutrition** [njuːtríʃən] 뉴:**트뤼**션 — 몡 영양분, 음식물　*cf.* nutrient 영양소

☐ **deny** [dinái] 디**나**이 — 동 부정하다, 부인하다 (-denied-denied)

34 온도조절기 같은 사람이 되세요! pp. 110~111

☐ **be compared to** ～에 비유되다

☐ **thermometer** [θərmá:mətər] 써r머:머러r 명 온도계

☐ **thermostat** [θɔ́:rməstæ̀t] 써:r머스태트 명 자동 온도조절기

☐ **measure** [méʒər] 메줘r 동 측정하다 명 measurement 측정, 치수

☐ **temperature** [témpərətʃər] 템퍼뤄처r 명 온도 cf. temper 성질, 성미

☐ **respond to** ～에 대응하다, 반응하다

☐ **turn on** (전등·라디오 등을) 켜다 (↔ turn off 끄다)

☐ **allow** [əláu] 얼라우 동 허용하다 명 allowance 용돈; 비용[수당]

☐ **take over** 점거하다, 지배하다

☐ **make a decision** 결정을 하다

☐ **take action** 조치를 취하다

☐ **It's up to you.** 그것은 당신에게 달려 있다.

☐ **excuse** [ikskjú:s] 익스큐:쓰 명 핑계, 구실
▶ make an excuse 변명을 하다

☐ **take one's time** 천천히 하다

☐ **follow** [fálou] 팔로우 동 따라가다
▶ follow one's heart 마음 가는 대로 하다

□ **expert** [ékspəːrt] 엑스퍼ː르트   몡 전문가

□ **predict** [pridíkt] 프뤼딕트   동 예측하다 몡 prediction 예측
     혱 predictable 예측할 수 있는

□ **refer to**   ~을 나타내다

□ **extremely** [ikstríːmli] 익스트륌ː리   튄 극도로, 극히

□ **user data set**   사용자가 만들었거나 사용한 자료의 집합체

□ **analyze** [ǽnəlàiz] 애널라이ㅈ   동 분석하다 몡 analysis 분석

□ **pick out**   ~을 고르다

□ **log on to**   ~에 접속하다

□ **go through**   ~을 살펴보다, 조사하다

□ **frequently** [fríːkwəntli] 프뤼ː퀀틀리   튄 자주, 흔히

□ **figure out**   ~을 알아내다

□ **interest** [íntərest] 인터뤠스트   동 ~의 관심[흥미]을 끌다 몡 관심, 흥미

□ **recommend** [rèkəménd] 뤠커멘ㄷ   동 추천하다 몡 recommendation 추천

□ **monitor** [mánitər] 마니터r   동 모니터하다, 감시하다

□ **keep track of**   ~을 기록하다, 파악하다

□ **behavior pattern**   행동 패턴

□ **demand** [dimǽnd] 디맨ㄷ   몡 요구, 수요 동 요구하다

□ **career** [kəríər] 커뤼어r   몡 직업 (= job)

□ **consider** [kənsídər] 컨씨더r   동 고려하다 몡 consideration 고려, 배려

□ **promising** [prámisiŋ] 프롸미씽   혱 유망한 cf. promise 동 약속하다 몡 약속

□ **social media**   소셜 미디어 (소셜 네트워크 서비스)

36 따뜻한 손이 상대의 마음을 움직인다   pp. 114~115

☐ **participant** [pɑːrtísəpənt] 파ː*r*티써펀ㅌ
명 참가자 동 participate 참여하다
cf. participation 참여

☐ **hold** [hould] 호울ㄷ
동 (손·팔 등으로) 잡고[들고] 있다 (-held-held)

☐ **rate** [reit] 뤠이ㅌ
동 평가하다 명 비율; 요금

☐ **personality** [pəːrsənǽləti] 퍼ː*r*써낼러티
명 성격 (= character)

☐ **conclude** [kənklúːd] 컨클루ː드
동 결론을 내리다 명 conclusion 결론

☐ **physical** [fízikəl] 피지컬
형 육체의, 신체의

☐ **warmth** [wɔːrmθ] 워ː*r*엄ㅆ
명 따뜻함 형 warm 따뜻한

☐ **view** [vjuː] 뷰ː
동 (~라고) 여기다[보다, 생각하다]
명 의견; 관점; 경치

☐ **favorably** [féivərəbli] 페이버러블리
부 호의적으로 형 favorable 호의적인
명 favor 호의

☐ **generous** [dʒénərəs] 줴너뤄ㅆ
형 관대한, 너그러운 명 generosity 관대함

☐ **psychologist** [saikάlədʒist] 싸이칼러쥐스ㅌ
명 심리학자

☐ **process** [práses] 프롸쎄ㅆ
동 처리하다 명 절차, 과정

☐ **feeling** [fíːliŋ] 피일링
명 감정, 기분

☐ **object** [ábdʒikt] 압직ㅌ
명 물체, 대상

☐ **positive** [pázətiv] 파져티ㅂ
형 긍정적인 (↔ negative 부정적인)

☐ **trusting** [trʌ́stiŋ] 츄뤄스팅
형 신뢰하는, 잘 믿는
cf. trust 동 믿다, 신뢰하다 명 신뢰

☐ **reject** [ridʒékt] 뤼줵ㅌ
동 거절하다 명 rejection 거절; 배제